本译著受武汉大学人文社会科学青年学者学术团队建设计划（whu2016025）资助

全球化时代的学术资本主义

Academic Capitalism in the Age of Globalization

[美]布莱登·坎特维尔　[芬]伊尔·科皮伦　编著
殷朝晖　译

中国社会科学出版社

图字：01-2015-1337

图书在版编目（CIP）数据

全球化时代的学术资本主义 /（美）布莱登·坎特维尔，（芬）伊尔·科皮伦编著；殷朝晖译 . —北京：中国社会科学出版社，2018.1

书名原文：Academic Capitalism in the Age of Globalization

ISBN 978-7-5203-0710-9

Ⅰ. ①全… Ⅱ. ①布…②伊…③殷… Ⅲ. ①高等教育—世界—文集 Ⅳ. ①G649.1-53

中国版本图书馆 CIP 数据核字（2017）第 163690 号

Copyright @ 2014 Johns Hopkins University Press
All rights reserved. Published by arrangement with The Johns Hopkins University Press, Baltimore, Maryland

---

出 版 人	赵剑英
责任编辑	王 琪
责任校对	刘 娟
责任印制	王 超

出　　版	中国社会科学出版社
社　　址	北京鼓楼西大街甲 158 号
邮　　编	100720
网　　址	http://www.csspw.cn
发 行 部	010-84083685
门 市 部	010-84029450
经　　销	新华书店及其他书店

印　　刷	北京君升印刷有限公司
装　　订	廊坊市广阳区广增装订厂
版　　次	2018 年 1 月第 1 版
印　　次	2018 年 1 月第 1 次印刷

开　　本	710×1000　1/16
印　　张	17.25
字　　数	302 千字
定　　价	75.00 元

凡购买中国社会科学出版社图书，如有质量问题请与本社营销中心联系调换
电话：010-84083683
版权所有　侵权必究

合著者介绍

　　Brendan Cantwell 是美国密西根州立大学高等、成人和终身教育的助理教授。他的研究涉及高等教育的政治经济研究，主要包括一些关于政策、财政和组织方面的问题。

　　Tuukka Kaidesoja 是赫尔辛基大学政治经济学系芬兰卓越研究中心的社会科学研究方向的博士后研究生，他的研究兴趣集中在社会本体论、社会理论和科学政策等方面。

　　Ilkka Kauppinen 是于韦斯屈莱大学社会科学和哲学学系的大学讲师，同时还是乔治亚大学高等教育所的客座研究员。他的主要研究领域为社会理论、全球化和跨国高等教育。

　　Roger P. King 是巴斯和昆士兰大学的访问学者，并且是英国议会的高等教育委员会的一员。他以前曾任林肯大学的副校长和校长。

　　Alma Maldonado-maldonado 是墨西哥 CINVESTAV 教育调查研究所的研究员，她的研究兴趣集中在比较高等教育、国际化、全球化、学术流动性以及高技术移民。

　　Charles Mathies 是于韦斯屈莱大学战略规划和发展部的高级专家。他的研究兴趣集中在高等教育政策、科学政策以及大学治理和管理的实证研究。

　　Brian Pusser 是弗吉利亚大学科里教育学院高等教育的副教授，他的研究主要关注高等教育政治与政策、公共领域下的大学理解，以及高等教育机构的管理和组织。

合著者介绍

Keijo Räsänen 是赫尔辛基阿尔托大学商学院组织和管理专业的教授,他正在从事学术工作的参与性和理论性的实践导向的研究。

Gary Rhoades 是亚利桑那大学高等教育研究中心的教授和主任。他的研究主要关注学术职业与组织机构的重建。

Jacob H. Rooksby 是匹兹堡杜肯大学(Duquesne University)法学院法律学助理教授,他在该校教授知识产权、侵权、法律和高等教育等方面的课程。他的研究兴趣集中于知识产权法和高等教育政策问题。他从弗吉利亚大学取得哲学博士学位。

Sheila Slaughter 在任乔治亚大学高等教育研究所首位高等教育学 McBee 讲座教授之前,曾在亚利桑那大学高等教育研究中心工作多年,作为多本书籍和文章的作者,她最著名的应该是《学术资本主义:政治、政策和创业型大学》(与 Larry Leslie 共同著作),以及《学术资本主义和新经济:市场,国家与高等教育》(与 Gary Rhoades 合作)。Slaughter 的学术成就集中在国家、联邦以及全球范围内的高等教育政策所表现出的知识与权力之间的关系。

Hei-hang Hays Tang 是中国香港大学职业和继续教育学院的亚洲研究方面的讲师,一个社会学家,他的专业领域主要是学术职业、国际化和应用型学术。

Jussi Välimää 是于韦斯屈莱大学高等教育学教授,他主要研究作为社会现象的高等教育。

Judith Walker 是英属哥伦比亚大学教育学院和牙医学院的成人和健康职业教育的博士后研究人员,她的研究兴趣主要在于如何去理解创造可以扩展我们的认知、培养我们的情感以及理解我们之间互联性的教学和学习环境。

Leasa Weimer 是于韦斯屈莱大学的博士后研究人员,她的研究主要关注的是国际学生市场和对学费、政策、学生流和大学为国际学生服务的认知方面。

序

受国家留学基金委全额资助，译者2012年盛夏时节赴美国乔治亚大学（the University of Georgia）高教所访学，师从学术资本主义概念和理论的提出者希拉·斯劳特（Sheila Slaughter）教授。在一年的访学时间里，得以近距离面对面地感受她睿智的学术思想和科学严谨的治学态度，也加深了对学术资本主义理论的理解。在斯劳特教授的引荐下，译者结识了本书的编著者之一芬兰学者伊尔·科皮伦（Ilkka Kauppinen），他当时也在斯劳特教授的门下访学，而且正在集合美国、加拿大、英国、芬兰、墨西哥和中国香港的学者编著此书。

1997年，希拉·斯劳特和拉里·莱斯利（Larry Leslie）合著出版了《学术资本主义：政治，政策和创业型大学》（*Academic Capitalism: Politics, Policies, and the Entrepreneurial University*）一书。他们调查了经济全球化对美国、英国、澳大利亚和加拿大四国高等教育的影响，并集中论述了这种影响是如何使四国高等教育来自政府的拨款大幅减少，从而使院校和教师不得不日益展开对外部资金的竞争。书中正式提出了"学术资本主义"的概念。进入21世纪，高校开始越来越主动地与产业界联系，高校内部以营利为导向的活动也日益频繁，学术资本主义关注的重点也转向以利益为导向的院校行为和院校能力提升之间的内在关系。2004年，希拉·斯劳特和加里·罗兹（Gary Rhoades）出版了著作《学术资本主义和新经济：市场，国家和高等教育》（*Academic Capitalism and the New Economy: Markets, State, and Higher Education*），该书深入地剖析了美国的学术市场化，为学术资本主义注入了全新的理解，不再局限于现象的描述

序

和概念的提出,而是构建了一个全新的较为完整的学术资本主义理论体系。该理论体系主要从新的知识流(new circuits of knowledge),大学内的间隙组织(interstitial organization),公共部门与私有部门之间的中介组织(networks that intermediate between public and private sector)和拓展的大学管理能力(extended managerial capacity)等四个方面,将大学、教师、管理者和学生等核心要素与新经济结合起来。

随着学术资本主义理论研究的影响范围越来越广,这个概念就难免被过度描述,失去它的一些分析的和实证的特点。因此,斯劳特教授认为有必要对学术资本主义理论进行进一步的探究和拓展,她在本书第二章中,对学术资本主义理论在全球化背景下的解释力进行了评价,重新修订了此理论,从而说明了高等教育是怎样与其他重要的全球行动者复杂地联结在一起的。而本书的其他作者则将学术资本主义理论与全球化和战略行动领域的相关理论相结合,探究了在不同的国家,学术资本主义知识/学习系统(academic capitalist knowledge/learning regime)不一样的呈现,为重新审视学术资本主义理论做出了重要的实证和理论探讨,为理解当代高等教育的国际性和跨国性特征提供了重要的见解。

随着学术资本主义浪潮的不断深入,学术资本主义行为已经渗透到大学的各项活动之中,从教学到研究再到管理,对高校发展的影响几乎是全面而且多层次的。自2008年《学术资本主义:政治,政策和创业型大学》一书被翻译成中文出版后,"学术资本主义"开始引起我国越来越多学者的关注,并掀起了相关研究的热潮。因此,本书在不同的规模(地区、国家和全球)范围内研究学术资本主义,重新评价它的理论和实践上的应用是非常有必要的。有了解才有批判和发展,相信本书的出版能推动我国学者在相关领域的研究,为我国高等教育事业在21世纪的全球化和市场化浪潮中健康快速地发展提供有益的借鉴与启示。

殷朝晖

2017年11月

前　言

　　《学术资本主义：政治、政策和创业型大学》（1997）尝试描述四个英语国家形成大学密集市场化初期阶段的政治和政策。《学术资本主义：市场、国家和高等教育》（2004）则集中研究美国，从理论上更加全面地阐释了这一现象，我们相信对美国这个大学市场化的中心地区的剖析能够提供关于大学市场化原因最丰富的理解。新自由主义、知识经济、全球化和跨国资本主义的发展导致美国的学术市场化。我们曾尝试建立不同机制以联结学者与开放的市场以及关注组织过程——新的知识流，间隙组织的出现，媒介组织，拓展的管理能力——也关注叙述、论述、社会技术、资源、奖励和激励机制等，使得大学成员从公共产品知识/学习系统进入学术资本主义知识/学习系统。我们一直都知道尽管学院和大学不是企业，但无论何种市场活动，只要它们参与其中，这类组织都能得到来自联邦政府（通过联邦学生资助或研究经费）或是一些州政府（通过财政拨款或助学金）的大量国家补贴。市场化倾向的行为对高等教育来说通常是不合理的策略，存在对"底线"的严重忧虑。我们知道企业和基金会对大学很有兴趣，因为大学是生产知识和创造人力资本的场所，但是我们了解到大批的学者、专业人士和高级管理人员通过内部竞争和以利润为导向的大学能力的增强参与市场化行为，他们在市场上出售由学院创造的产品，以及发展商业化的产品，这些产品超出传统学术结构的范围，但又与之相关联。我们试图洞悉转化为市场行为或者市场化行为

前　言

的研究和技术，例如在线教育和那些与学生生活相联系的行为（品牌化、出售学校设备、宿舍私有化、餐饮服务、特殊教育服务等），所有这些都创造了一个消费资本主义的隐性课程。尽管我们主要集中考察研究型大学，但我们凭直觉认为高等教育的所有部门都遭遇、考量和抵制学术资本知识/学习系统。

总的来说，我们因学术资本主义理论被接纳而感到高兴。第一本书出版于1997年，是基于我们在20世纪80年代和1991年在澳大利亚做的研究写成的，时间或许有所出入，但不管怎样是25年以前了。一些和学术资本主义相联系的行为，发生的改变超出了我们对于（后）马克思主义最丰富的想象。20世纪90年代以前人们就预见到学校的院系会被拍卖给公司的投标者，就像加利福尼亚大学伯克利分校的植物和微生物学系在1998年被拍卖给了诺华公司。与所有理论一样，我们将学术资本主义理论看作暂时的，可以进行探究、修改、拓展，可以与其他如全球化和战略行动领域等理论相交织，也可以摒弃这个理论。这本书是对学术资本主义知识/学习系统进行（再）理论研究的很好的案例。

当然，从某些方面来说，我们对之前那些书得到的反应感到失望。也许最令我诧异和失望的是很多读者没有领会书中的批判意味，只是把我们的书看作一本指导手册。我们也希望理论家和学者们能将视野放宽，不要局限在这一系列有限的收入来源——学费、科研经费和合同、技术转让等上面，在我们看来这些只是很狭隘的关注点，我们也希望理论家和学者们能去考查市场化是怎样逐步渗透到学术的各个方面。我们有时会对那些对我们研究成果的批评失去耐心，这些批评不是将我们的成果看作美国例外论的又一个例证，就是当作什么应该放之四海而皆准的理论。在1997年的那本书中，我们仔细分析讨论了我们所研究的四个英语国家不同的政治和政策，并阐述了它们是如何制定出某种程度上相似的政策。我们认为那些我们看作必然的过程——如新自由主义和全球化，知识中心和受教育的劳动者，高等教育大众化等——会为学术资本主义知识/学习系统在全球的发展创造更多的可能性，但是我们希望英语国家以外的其他国家，学术资本主义知识/学习系统能有不一样的呈现。那时我们就希望，并且现在依然希望学者能研究这些发展并使其理论化。

我们认为某种程度上已被学者们忽略的领域，尤其是在高等教育领域，行政管理能力在扩大，教授的权力相应地在缩小，作为教职工队伍一部分的终身聘任教师的数量在急剧减少。我们认为需要被纳入学术资本主义理论化中的领域，是那些大学内部各个学科领域的部分（例如科学、技术、工程、数学和人文学科），它们增强了大学的层级分化。大学扮演的角色就像政府、社会或非政府组织在促进、发展市场化机会方面扮演的角色一样，其中很多由于国家持续的补贴繁荣发展起来。就像我们在其他地方说的那样，学院和大学可能是新自由主义组织的模范代表。我们需要研究各种方式，行动者用其来改造组织结构、网络和领域，使行政管理者、教师和学者专家这些不同的人群部署竞争策略、战略进行创新，根据 Brendan Cantwell 和 Ilkka Kauppinen 两位最近的理论成果，企业、基金会、国家机关和跨国网络的一系列活动和资源可能会挑战我们当前对组织界限的理解。学院和大学的成员可能会参加这样的活动，因为大学不是企业，它们因此得到了很多好处——例如州和联邦政府的补贴，免税，使公立大学的各种失职行为豁免起诉，不受企业会计准则、国家和捐赠资金风险的约束。这种独特的地位可能会使大学内部（一些）成员成为组织重组以及各种新组织形式资本化中的重要人物。也许重整组织在某种方式上可以改变我们的世界，就像 20 世纪末信任的形成那样。

迷失在关于学术资本主义的文献资料中是一种有趣但有阻力的研究：我们是怎样反转，通过建立高等教育的新概念来重塑大学？对此中产阶级和形形色色的知识分子会做出热切的回应吗？我们将学术资本主义理论化的目的是使想拥有另一种未来的学者们能了解发生了什么并为另一种选择工作。像所有学者，在我们内心深处，我们相信知识就是力量，了解发生了什么我们才能去改变它。

希拉·斯劳特

（Sheila Slaughter）

目 录

第一部分 重温学术资本主义

第一章 学术资本主义的理论与研究
………… [美]布莱登·坎特维尔　[芬]伊尔·科皮伦（3）

第二章 学术资本主义的概要重述：行动者、机制、领域和网络
………… [美]希拉·斯劳特（10）

第三章 大学改革与学术资本主义：历史的视角
………… [芬]尤西·瓦利玛（33）

第四章 探究学术资本主义的时间体制
………… [加拿大]朱迪斯·沃克（55）

第五章 学会诉讼：知识经济下的大学专利
………… [美]雅各布·路斯比　[美]布莱恩·帕萨（77）

第六章 学术资本主义和实践活动：研究项目的延伸
………… [美]凯吉·奥瑟伦（97）

第七章 突出学术劳动扩张学术资本主义
………… [美]加里·罗德斯（114）

第二部分 学术资本主义和全球化

第八章 高等教育全球产业化
………… [芬]伊尔·科皮伦　[美]布莱登·坎特维尔（137）

目 录

第九章 基于全球产业网的跨国学术资本主义
………… [芬]伊尔·科皮伦 [美]布莱登·坎特维尔（147）

第十章 如何解释学术资本主义：基于机制分析的方法
………… [芬]塔卡·凯德索亚 [芬]伊尔·科皮伦（167）

第十一章 知识驱动的外围经济——学术资本主义的理解
………… [墨西哥]艾尔玛·马尔多纳多（189）

第十二章 中国的学术资本主义：主题与变革
………… 邓希恒（中国香港）（209）

第十三章 风险经营型企业：学术资本主义，全球化和风险大学
………… [英]罗杰·金（226）

第十四章 发展一种概念模型研究国际学生市场
………… [芬]伊尔·科皮伦 [芬]查尔斯·马西斯
[芬]莉莎·韦默（243）

译者后记 ………………………………………………（263）

第一部分

重温学术资本主义

第一篇

第一章

学术资本主义的理论与研究

[美] 布莱登·坎特维尔　　[芬] 伊尔·科皮伦

在19—20世纪，大学是对现代国家建设进程起重要作用的组织。例如，Clark Kerr将"多科性大学"描述为一个对多元化的福利国家有重要作用的机构。① 在过去的20世纪末期到21世纪初期，广泛的社会变革使得许多大学参与市场活动，这一现象经常是全球性的。这并不意味着大学完全脱离了它们国家的政治文化背景，但是我们应该认真努力地去了解大学融入当地的、国家的以及全球的政治经济的复杂方式。② 几乎高等教育的所有方面（例如招生和学习、治理、组织管理和策略、公共政策和学术职业）都嵌入政治经济之中，与市场、非营利组织、非政府组织和国家相联系。

学术资本主义理论③已经被证实是一个研究高等教育怎样与政治经济相结合的颇有成效的视角。学术资本主义提供了系统的涉及多门学科的理论，这些理论可以论证高等教育与国家、市场和全球化相联系的方式。但是我们相信有重新回顾学术资本主义理论的必要。我们没有阐述一个新的理论或者修订这个理论，在本书中，我们集合了正

---

① Kerr, Clark, *The Uses of the University*, 4th ed. Cambridge, MA: Harvard University Press, 2001.

② Marginson, Simon, and Gary Rhoades. "Beyond National States, Markets, and Systems of Higher Education: A Glonacal Agency Heuristic", *Higher Education* 43, 2002 (3), pp.281-309.

③ Slaughter, Sheila, and Gary Rhoades, *Academic Capitalism and the New Economy*, Baltimore: John Hopkins University Press, 2004.

第一部分 重温学术资本主义

在研究的一些重要的课题，不同国家的学者，从不同的理论角度，总结出学术资本主义的贡献和局限性，作为一个框架来理解当代社会、政治和高等教育的经济状况。就其本身而言，本书旨在收集不断增长的相关研究成果，包括 Rhoads 和 Torres（2006）的《大学，国家和市场》，[①] King，Marginson 和 Naidoo（2011）的《全球化和高等教育手册》，[②] Pusser，Kempner，Marginson 和 Ordorika（2012）的《大学和公共领域》，[③] 以及其他很多成果，数量太多就不一一列举了。就像这些书一样，现有的书相当一部分从批判的角度来理解在一个联系愈加紧密的世界中高等教育的情况。但是不同于以上列出的著作，我们的书紧紧围绕学术资本主义的概念。

本书每一章都吸取了 1997 年 Slaughter 和 Leslie 出版的以及 2004 年 Slaughter 和 Rhoades 出版的书中学术资本主义模式的内容。从 1997 年被提出，学术资本主义成为高等教育学术革命的一部分，使得大学和高等教育政策处在一系列更宽广的社会和经济安排之中。随着《学术资本主义和新经济》[④] 的出版，学术资本主义理论的焦点得到扩展。先前 Slaughter 和 Leslie 主要分析了学术研究的技术转让和市场化，[⑤] 但是 Slaughter 和 Rhoades 更广泛地强调"教学、教育材料、软件/课件越来越强的商业化，这与美国及各州知识产权政策改变有关"[⑥]。然而，在扩展它的范围的同时，Slaughter 和 Rhoades 仅就美国

[①] Rhoads, Robert A., and Carlos A. Torres, eds., *The University, State, and Market: The Political Economy of Globalization in the Americas*, Stanford, CA: Stanford University Press, 2006.

[②] King, Roger, Simon Marginson, and Rajani Naidoo, eds., *Handbook on Globalization and Higher Education*, London: Edward Elgar, 2011.

[③] Pusser, Brian, Ken Kempner, Simon Marginson, and Imanol Ordorika, eds., *Universities and the Public Sphere: Knowledge Creation and State Building in the Era of Globalization*, New York: Routledge, 2012.

[④] Slaughter, Sheila, and Gary Rhoades, *Academic Capitalism and the New Economy*, Baltimore: John Hopkins University Press, 2004.

[⑤] Slaughter, Sheila, and Larry L. Leslie, *Academic Capitalism: Politics, Policies, and the Entrepreneurial University*, Baltimore: Johns Hopkins University Press, 1997.

[⑥] Slaughter, Sheila, and Gary Rhoades, *Academic Capitalism and the New Economy*, Baltimore: John Hopkins University Press, 2004.

第一章　学术资本主义的理论与研究

开展学术资本主义研究，并持续关注利用知识产权创造收入的研究。

在美国高等教育背景下的创收和知识产权依然对高等教育的研究非常重要。但是研究者们已经利用学术资本主义理论来研究许多论题，包括本科生创业精神、[①] 博士生社会化、[②] 移民学者的待遇、[③] 教师对组织变革的观点[④]和学术界对金钱的文化意义。[⑤] 其他学者已经用文献证明了美国之外学术资本主义的扩展，[⑥⑦⑧⑨] 和一个演变的学术资本主义的发展。[⑩]

像任何一个理论，随着学术资本主义研究的影响范围越来越广，这个概念就会有被过度描述、失去它的一些分析的和实证的特点的危险，因为这个原因，我们赞成对学术资本主义进行评估以再次评定它的理论和实践运用。《全球化时代的学术资本主义》跨出重要的实证和理论的脚步来实现这个目标。

这本书有两个主要目标。第一个目标是重新审视自 1997 年

---

① Mars, Matthew, M., Sheila Slaughter, and Gary Rhoades, "The State-Sponsored Student Entrepreneur", *Journal of Higher Education* 79, 2008 (6), pp. 638–670.

② Mendoza, Pilar, "Academic Capitalism and Doctoral Student Socialization: A Case Study", *Journal of Higher Education* 78, 2007 (1), pp. 71–96.

③ Cantwell, Brendan, and Jenny J. Lee, "Unseen Workers in the Academic Factory: Perceptions of Neoracism among International Postdocs in the United States and the United Kingdom", *Harvard Educational Review* 80, 2010 (4), pp. 490–517.

④ Gonzales, Leslie, D., E. Martinez, and C. Ordu, "Exploring Faculty Experiences in a Striving University through the Lens of Academic Capitalism", *Studies in Higher Education*, 2013.

⑤ Szelényi, Katalin, "The Meaning of Money in the Socialization of Science and Engineering Doctoral Students: Nurturing the Next Generation of Academic Capitalists?" *Journal of Higher Education* 84, 2013 (2), pp. 266–294.

⑥ Kauppinen, Ilkka, and Tuukka Kaidesoja, "A Shift Towards Academic Capitalism in Finland", *Higher Education Policy*, 2013 (11).

⑦ Slaughter, Sheila, and Brendan Cantwell, "Transatlantic Moves to the Market: The United States and the European Union", *Higher Education* 63, 2012 (5), pp. 583–606.

⑧ Tang, Hei-hang Hayes, "Universities Empowered or Endangered? Academic Capitalism and Higher Education in Macao", Paper presented at the annual meeting of the Association for Asian Studies, Toronto, Ontario, 2012.

⑨ Metcalfe, Amy, S., "Revisiting Academic Capitalism in Canada: No Longer the Exception", *Journal of Higher Education* 81, 2010 (4), pp. 489–514.

⑩ Kauppinen, Illkka, "Towards Transnational Academic Capitalism", *Higher Education* 64, 2012 (4), pp. 543–556.

第一部分 重温学术资本主义

Slaughter 和 Leslie 出版的书后将近 20 年的学术资本主义。在这样做时,参编者在学术资本主义理论的基础上进行了扩展和提炼,有时也会挑战它的应用。第二个目标是研究学术资本主义和高等教育全球化之间的关系。自从学术资本主义第一次被提出,就出现了大量的关于高等教育和全球化的文献著作。这些文献对理解当代高等教育产生了一定影响。但是很少有在全球化背景下对重新审视学术资本主义做出系统研究的。这种研究为理解当代高等教育的国际性和跨国性提供了重要的参考。这两个目标提供了这本书的组织框架:第一部分,重温学术资本主义,是对学术资本主义理论的重新审视;第二部分,学术资本主义与全球化,特别关注全球化。

了解学术资本主义

在定义学术资本主义时,我们指出了两个 Slaughter 和 Rhoades(2004)称之为学术资本主义知识/学习系统的要素。第一个要素是结构方面的,形成一个新自由主义政策和治理机制,通过管理、资金支持和将学院与国家、市场联系起来的连接组织,调整、重建高等教育系统和组织。第二个要素是行为方面的,由政策制定者、行政管理人员、教师和学生的市场化和类市场化行动组成。研究学术资本主义要注意这一现象结构和行为两方面的要素。

学术资本主义当然不是研究高等教育政治、经济和社会状况的唯一可能的途径。那么为什么这本书选择了这个主题呢?本书的选题基于以下几个相关的原因。学术资本主义理论有两个开创性的贡献:(1)一个概念上的框架,用来理解高等教育从社会福利领域转向私人利益和竞争领域;(2)方法工具,可用于追溯将高等教育组织(包括个人)、非营利组织、企业和国家联系起来的这个联结的形成与改革。学术资本主义提供了一个研究知识驱动经济下高等教育学理论维度的载体,因为作为一个提出了结构与行为的概念和理论,它具有广泛的用处,也因为它与其他很多概念和理论有知识上的联系,这些概念和理论对理解知识驱动的经济有帮助。

Sheila Slaughter 的著作中，关于学术资本主义的著作是最突出的，最先利用社会批判理论来理解社会变革过程中高等教育的地位。① 通过吸取经典马克思主义、韦伯思想、福柯式的政府和政体概念，以及当代社会理论家关于全球化的著作，包括 David Held 和 Manuel Castells，学术资本主义在高等教育研究、组织社会学、政治经济和全球化研究之间勾画出了清晰的联系。正是这个社会理论的根基使得学术资本主义在评价高等教育的社会、政治和经济状况方面发挥了很大的作用并富有成效。它的社会理论渊源也保证了学术资本主义不仅在高等教育领域，还在其他学术领域，包括社会学、科学技术和地理学研究中引起了学者们浓厚的兴趣。学术资本主义是将高等教育与科研政策和其他领域的学问联系起来的，对全球化尤其是全球化知识生产感兴趣的为数不多的概念中的一个。②

此外，学术资本主义被认为既是研究的对象又是一个理论，这使得它成为研究全球化怎样改变了高等教育这个问题的核心部分。作为研究的对象，学术资本主义指的是它的起源、范围和高等教育中"市场与市场化倾向行为"的结果，③ 作为一个理论，学术资本主义被当做一个框架用来预测和解释大学中转变的组织模式和生产模式，以及大学、国家、市场之间正在改变的关系。④ 该理论把跨国的网络和结构以及个人或集体行动者作为研究分析的要素。本书反映了这一变化。

学术资本主义理论也引发了论战和重要的辩论。一些学者质疑学术资本主义的理论地位，例如，关于它是一个描述性的叙述而不是一

---

① Pusser, Brian, "The State, the Market and the Institutional Estate: Revisiting Contemporary Authority Relations in Higher Education", In *Higher Education Handbook of Theory and Research*, 2008 (23), pp. 105–139.

② Metcalfe, Amy, S., "Research Policy Studies: Between Science and Higher Education", *Higher Education Perspectives* 3, 2007 (2), pp. 11–19.

③ Slaughter, Sheila, and Larry L. Leslie, *Academic Capitalism: Politics, Policies, and the Entrepreneurial University*, Baltimore: Johns Hopkins University Press, 1997.

④ Slaughter, Sheila, and Gary Rhoades, *Academic Capitalism and the New Economy*, Baltimore: John Hopkins University Press, 2004.

个解释性的理论的争论。① 其他学者甚至更有批判性地声称学术资本主义停留在奇闻轶事阶段，实际上仅仅是对高等教育中默顿规范衰弱的抱怨。② 鉴于这种批评，在不同的地域（本地区、国家和全球）范围内研究学术资本主义来重新评价它的概念上的实用性和效果是很有用的。因为学术资本主义包含一些理论传统，并且在结构和行为层面都进行了分析，这个理论为解释高等教育与全球化相关的社会理论之间的关系，提供了一个理想的路径。

重温学术资本主义

第一章，重新审视学术资本主义理论。

在第二章，Shelia Slaughter 在全球化背景下评价了学术资本主义的解释力。她将学术资本主义与其他相关制度领域和政策网络的当代理论相比较，重新修订了学术资本主义。通过突出美国精英型大学之间广泛的联结的情况，Slaughter 证明她新修订的学术资本主义是最适合解释高等教育是怎样与其他重要的全球行动者复杂地联结在一起的。

在第三章，Jussi Välimaa 将学术资本主义置于广阔的历史背景之中。Välimaa 追溯了高等教育的发展历史，从它的中世纪欧洲的根源一直到当代全球网络大学。他分析了古腾堡革命（1460—1560 年）以来的"大学革命"时期，目的是更有批判性地评价学术资本主义理论的解释力。Välimaa 证明学术资本主义不是一个普遍性的理论，因为各个国家的大学在面对如何适应市场与市场化倾向行为的压力时，其反应是不同的。Välimaa 也强调了这个理论真正的价值，在他看来，这个理论的真正价值在于它怎样把注意力集中到大学内部发生的改变上来。

---

① Välimaa, Jussi, and David Hoffman, "Knowledge Society Discourse and Higher Education", *Higher Education* 56, 2008 (3), pp. 265 – 285.

② Geiger, Roger, and Creso M. Sá., *Tapping the Riches of Science: Universities and the promise of Economic Growth*, Cambridge, MA: Harvard University Press, 2008.

在第四章，Judith Walker 也将关注点放在学术资本主义与时间上。但是她没有区分政府治理范式转变的不同历史时期，她批判性地从理论上阐述了时间作为学术资本主义的一个维度影响了每一个个体。Walker 证明学术资本主义对包括学生、教师和工作人员在内的学术主体实施了一个新的时间制度。在这个过程中，她从理论上开辟了一条新渠道来阐述学术资本主义是一个时间的、结构的和行为的过程。

在第五章，Jacob H. Rooksby 和 Brian Pusser 重新阐释了技术转换和知识产权等学术资本主义的中心。他们增进了我们对学术资本主义和技术是怎样使大学可能暴露在恶化的财政危机中，而不是作为收入的良方为大学服务的理解。知识产权的开发利用一直被认为是学术资本主义的特点，但是 Rooksby 和 Pusser 说明申请专利仅仅是一个开始。从知识产权中获利要求防止侵权，而与花费百万美元进行专利诉讼的公司相比，大学处于明显的劣势。

第六章和第七章讲述了学术劳动者。在第六章，Keijo Räsänen 将关注的焦点放在学术主体的情况上。通过研究道德哲学和实践社会学的传统，他探索一些学者怎样能够在他们日复一日的工作中发现意义，甚至像推动学术资本主义扩散的政策。Räsänen 提醒我们抵抗学术资本主义并不总是大规模的争论和政治上的操纵，而有可能是一个存在于每天的学术活动中更敏感的部分。

最后在第七章，Gary Rhoades 谈论了更新修订学术资本主义的劳动者。Rhoades 解释了嵌入在学术工作中的权力关系始终是学术资本主义理论的中心，但是要注意的是这个理论的这一部分经常被忽视。用当代的例子，他提出了关于劳动者怎样重组的一个生动的描述，不仅影响个体学者，还改变了存在于高等教育规定之下的社会关系。Rhoades 的贡献在于指出个体和跨国化进程之间复杂的联系是学术资本主义重要的组成部分。

第二章

学术资本主义的概要重述：
行动者、机制、领域和网络

[美] 希拉·斯劳特

许多理论家聚焦于创业型大学和市场之间的联系，普遍利用功能主义、制度主义或者非制度主义的视角把焦点主要集中于高等教育系统或设置一个特定国家内的机构。[1][2][3][4][5] 这些理论家把"第三种途径"的资金作为建立创业型大学和商业实体之间的重要的联系纽带，但是他们通常不纠缠于学术界、产业界和慈善事业之间的细枝末节的联结问题，更不用说这些组织领域的关系。相比之下，理论学习研究政策主要专注于学术研究和行业之间的联系，通常是从经济或商业角度出发，假定这样的联系应加强，以更好地促进发现和技术的发展，以及经济增长和创造就业

---

[1] Bok, Derek, *Universities on the Marketplace: The Commercialization of Higher Education*, Princeton, NJ: Princeton University Press, 2003.

[2] Clark, Burton, R., *Creating Entrepreneurial Universities: Organizational Pathways of Transformation, Issues in Higher Education*, New York: Emerald Group, 1998.

[3] Fallis, George, *Multiversities, Ideas, and Democracy*, Toronto: University of Toronto Press, 2007.

[4] Gumport, Patricia, J., and Brian Pusser, "A Case of Bureaucratic Accretion: Context and Consequences", *Journal of Higher Education* 66, 1995 (5), pp. 493 – 520.

[5] Morphew, Christopher, C., and Peter, D., Eckel, eds., *Privatizing the Public University: Perspectives from the Across the Academy*, Baltimore: Johns Hopkins University Press, 2009.

第二章 学术资本主义的概要重述：行动者、机制、领域和网络

机会，①②③④⑤⑥⑦⑧ 科学政策理论家通常不把高等教育作为一个整体；相反，他们高度专注于 STEM（科学、技术、工程和数学）领域。然而，这种组织方式，在任何给定的研究型大学中，都忽视了大部分的行动者。

基于 1997 年我与拉里·莱斯利（Larry Leslie）⑨ 的研究成果，我和罗兹（Gary Rhoades）⑩ 发展了研究高等教育的多部门走向准市场和市场机制的学术资本主义理论，这项工作最近被拓展了。⑪ 我们认为从政治经济学的角度来看，大学转向组织被嵌入其中的市场。除了了解个别机构和领域，我们也想知道通过高层次的学习，院校除了高等教育之外是如何塑造和被塑造的。

其他理论家也关心这些问题，寻求超越组织甚至这一领域，了解广泛的动态变化。在这一章，我关注了很多理论家，包括《领域理论》的

---

① Bercovitz, Janet E. L., and Maryann P. Feldman, "Fishing Upstream: Firm Innovation Strategy and University Research Alliances", *Research Policy* 36, 2007 (7), pp. 930 – 948.

② Colyvas, Jeannette, A., "From Divergent Meanings to Common Practices: The Early Institutionalization of Technology Transfer in the Life Sciences at Stanford University", *Research Policy* 36, 2007 (4), pp. 456 – 457.

③ D'Este, Pablo, and Pari Patel, "University-Industry Linkages in the UK: What Are the Factors Underlying the Variety of Interactions with Industry?" *Research Policy* 36, 2007 (9), pp. 1259 – 1313.

④ Etzkowitz, Henry, Andrew Webster, and Peter Healey, eds., *Capitalizing Knowledge: New Interaction of Industry and Academe*, Albany: State University of New York Press, 1998.

⑤ Gibbons, Michael, Camille Limoges, Helga Nowotny, Seimon Schwartzman, Peter Scott, and Martin Trow, *The New Production of Knowledge: The Dynamics of Science and Research in Contemporary Societies*, Thousand Oaks, CA: SAGE, 1994.

⑥ Lam, Alice, "Knowledge Networks and Careers: Academic Scientists in Industry-University Lines", *Journal of Management Studies* 44, 2007 (6), pp. 993 – 1016.

⑦ Shinn, Terry, and Erwan Lamy, "Paths of Commercial Knowledge: Forms and Consequences of University-Enterprise Synergy in Scientist-Sponsored Firms", *Research Policy* 35, 2006 (10), pp. 1465 – 1476.

⑧ Stuart, Toby, E., Salih Zeki Ozdemir, and Waverly W. Ding, "Vertical Alliance Network: The Case of University-Biotechnology-Pharmaceutical Alliance Chains", *Research Policy* 36, 2007 (4), pp. 477 – 498.

⑨ Slaughter, Sheila, and Larry L. Leslie, *Academic Capitalism: Politics, Policies, and the Entrepreneurial University*, Baltimore: Johns Hopkins University Press, 1997.

⑩ Slaughter, Sheila, and Gary Rhoades, *Academic Capitalism and the New Economy: Market, State, and Higher Education*, Baltimore: Johns Hopkins University Press, 2004.

⑪ Slaughter, Sheila, and Brendan Cantwell., "Transatlantic Moves to the Market: Academic Capitalism in the United States and European Union", *Higher Education* 63, 2012 (5), pp. 583 – 603.

作者——Neil Fligstein 和 Doug McAdam（2012）和《新政策网络和新自由主义》的作者——Stephen J. Ball（2012），比较他们的工作和学术资本主义理论的区别。我从引入一些理论的主要内容开始，同时理解一本书有限的章节将限制对组织、领域和网络等维度的变化或稳定性做复杂的并且高度细致入微的解释。接下来，我试图通过考量每一个理论者是如何解释某一特定问题的来分析他们关于变化解释的优劣性；研究型大学的董事在大学与市场或准市场相联系方面起着怎样的作用呢？

我明白，作为一个理论家我对理论的解释力感兴趣。此外，我能够选择可能说明一些理论的解释力的问题，所有这些都可能使学术资本主义成为一个理论选择。我希望能够超越我的思维局限，并从这项工作中学习。本章不应该成为学术资本主义的赞歌，但是，我认为本章应就学术资本主义理论对读者做出说明。

理论的构成部分

从历史上看，高等教育理论家曾试图解释高等教育发生的变化，通过专注于组织、领域、系统或高等教育在州或联邦一级的政策领域，而很少关注到其他群体、领域、高等教育外部的行动者是如何影响高等教育的。随着高教改革的步伐加快，对未来变化的理解也更宽泛了。每一个在本章研究的理论都有一个特征，这个特征都会围绕一个变化。这个变化要么超过一个增量，要么是有关组织的理解，包括不将他们的文化视作统一的或是不认为这个组织有广泛逻辑支持或标准、理所当然的理解，或是针对组织和网络中以及这个领域中的一些相对统一的行动者们。这些理论还注意到了团队、领悟或组织中行动者之外的那些可能影响核心行动者、网络和领域的问题。

学术资本主义的理论

Slaughter 和 Rhoades（2004）试图梳理出新的体制和组织机构是以何种方式联结国家机关、公司和大学，从而利用自由主义国家提供的开放机会转向了市场。各部门——国家机构、非营利组织和非政府组织（NGO）——企业和大学都包括在内。大学并不是简单地靠外部力量来采取行动。大学的一部分，包括教师、管理人员和学生，参与市场活动和与之关联的竞争，而其他部分抵制（或忽略）。

理论的构成要素

慈善政策组织通常在公共、非营利组织和私营部门发起的政策之间起媒介作用，促进大学的创业活动。在大多数情况下，这些政策重新配置规律、机会和组织，使它们更适合市场。虽然多样化，但中介组织的参与者代表了相当有限的社会组成部分。参与者一般都是商界精英，中层或高级的政府官员或具有高级学位的教授。他们往往只看到独特的国家、非营利组织和营利组织在新自由主义框架下创造新机遇的优势。

中介网络促进了联结国家机构、企业和大学在创业研究和教育事业中的新知识流。新知识流运用到商业和工业、专利申请、授权、创业和其他创业活动中，如大学对研究园区和孵化器以及课程和学生市场活动的拨款；在线学习，用来招收海外学生和支付他们的学术访问的全部费用。

新资金流的出现支持了创业科学和教育。由于与市场紧密结合，围绕创业科学的叙述和话题往往能牵引出新的资金来源。新的知识流往往被重新定向和扩大的政府资金资助。例如，经常举的例子就是承担了所有学科领域本科学生学费的联邦学生资助，被重新定位为支持STEM领域的研究与发展，[1][2][3] 这反过来又产生了重新定向于扩展

---

[1] Ehrenberg, R. G, M. J. Rizzo, and G. H. Jakubson, "Who Bears the Growing Cost of Science at Universities?" *Science and the University*, 2007, pp. 19–35.

[2] Newfield, C., *Unmaking the Public University*, Cambridge, MA: Harvard University Press, 2008.

[3] Taylor, Barret, J., Brendan Cantwell, and Sheila Slaughter, "Quasi-market in US Higher Education: Humanities Emphasis and Institutional Revenues", *Journal of Higher Education* 84, 2013 (5), pp. 675–707.

STEM 领域的费用。这种重新定向和拓展与 STEM 领域是否产生了导致技术转让的市场发现无关。

在大学里的行动者，对于接近新资源的机会很敏感，间隙组织的出现能促进一个新的创业知识的产业链产生。间隙组织出现在大学内部现有组织的空隙中。[①] 间隙组织的出现明显是为了研究商业化或技术转让，或是为了营销和招收全额付费的海外留学生。这些间隙组织对于新知识流而言，像传送能量的设备一样创造新的职业生涯。

大学同时拓展其管理能力以促进它们作为经济参与者发挥作用。在同一时间，间隙组织从传统组织例如院系、中心和机构的空隙出现并最终被制度化，管理结构改变，使大学能够面对和参与塑造州和新自由国家之间的机构关系。高校扩展其管理能力来监督、激励、惩戒日益多样化的师资队伍，以及日益增长的高等教育的非学术性的专业人士。

所有参与者发展了叙述性的话语和社会技术证明这些变化已经调整并规范化。例如，人力资本与竞争力的叙述和话语往往开始于跨公立、私立和非营利组织的中介机构，并重新配置这些部门，以促进知识经济时代企业的成功。

这些现象的出现，没有特别的顺序。它们可以连续地、偶然地、独立地或递进地发生。它们解释了高校在科学和工程领域，以及在横跨多种领域时是如何市场化的。

领域的理论

Fligstein 和 McAdam（2012）这两个社会学家同时提出了在微观水平上社会变革和稳定的一般理论。他们认为战略性行动领域是"经济、公民社会和国家的现代政治、组织生活大厦的基本构成要素。"此领域的个体和集体的行动者在共享的基础上相互作用，虽然

[①] Mann, Michael, *The Sources of Social Power*, Vol.1, Cambridge: Cambridge University Press, 1986.

第二章 学术资本主义的概要重述:行动者、机制、领域和网络

没有达成共识,"了解此领域,在此领域中与他人的关系(包括谁有权力,为什么),以及规范此领域的合法行为的规则"。这些共识与知识和制度的逻辑不尽相同,相反,我把这一领域看作正充满着矛盾纠纷,随之而来的是为地位和机会而相互欺骗。尽管在这一领域内行动者之间有着激烈的争论,但是随着时间的推移,这一领域常常可以实现稳定和再生产。

每个领域都有在职者和挑战者。在职者是那些在某一领域拥有权力或其思想可以支配这一领域的行动者们。挑战者在他们的领域有着对职位的批判性思考,他们通常遵循该领域的主导概念,但是当他们挑战逻辑和机构时,通常要等一段时间。大多数领域都有内部治理单位,如行业协会,能给再生产提供援助通常也保有在职者的特征,使挑战者更难推动变革。

社交技能是个人和集体行动者理解人与环境的能力,使他们能够制订一项引人入胜的行动计划并动员其他人来支持他们。在职人员在面临挑战时,把他们的重点放到再生产领域,当这一领域变得不稳定、激起变化时,挑战者会进行部署。换句话说,该领域中存在着社会或高校的创业者。

领域不是孤立的,而是被复杂网络或其他领域包围的,就像俄罗斯套娃。我们研究的领域与策略行动领域要么近、要么远,或相互依赖或独立。领域有政府领域和非政府领域之分:政府领域经常持有王牌,因为"政府行动者拥有可进行干预的权威,制定规则,能宣布大多数非政府领域的合法性与合理性"[1]。

相互依存领域是"常规的来源,使现代社会翻滚动荡"[2]。竞争在任何给定领域中都是常规的,虽然通常很稳定。变化作为外生冲击的结果是最有可能发生的,是导致争论的一个小插曲,而挑战者为了适应变化需要抓紧行动。不管挑战如何,在职者往往能够恢复秩序,因为他们拥有物质、文化和政治优势。不管挑战者还是在职者占上

---

[1] Fligstein, Neil, and Doug McAdam, *A Theory of Fields*, New York: Oxford University Press, 2012.

[2] Ibid..

风,从规避竞争的角度,一个新的解决问题的涵盖领域规则和文化风范的机构会出现。

网络、新自由主义和政策流动性

虽然 Ball(2012)没有提出具体的理论,但他给出了废除国家权威和教育市场的多种解释,用新马克思主义和福柯对于新自由主义的理解去解释这些变化是如何发生的。从马克思主义的传统中,他关注"以营利为目的社会生活的'经济化'和'创作'的新机遇",并从福柯的角度采取了"治理性分析……特别是通过生产'意志'、'自治'自我创业来管理人们"。他认为新自由主义不是作为经济理论或具体的政治工程,而是"作为一个复杂的、常常不连贯的、不稳定的,甚至是矛盾的一套做法,按想象中的市场组织起来的实践作为基于市场的社会关系的普及化的基础,并相应地渗透到我们生活的话语,或是商品化的时间、资本的积累和盈利的每一方面"[①]。

他用理论分析了政策网络,他把政策网络看作为减少国家特权地位,在某种程度上,用一种具有相互依赖、资源交换、游戏规则和脱离政府的自治特点的自我管理、相互联系的组织网络来代替它。这使得政府、社会和私有政策制定的界限模糊了。[②] 虽然离连贯和稳定还很遥远,但这些网络是治理的一种新形式,是国家利益和全球利益,是引进政策维护的新观点,为政策加入教育领域话语体系提供了新的场所和渠道,在多边机构、国家政府、非政府组织、智囊团和宣传组、顾问、社会企业家、国际企业之间,在某种程度上,创造一种新型的政策空间,在政策制定上超越传统场所和

---

① Shamir, Ronen, "The Age of Responsibilization: On Market-Embedded Morality", *Economy and Society* 37, 2008 (1), pp. 1–19.

② Rhodes, Rod, A. W., *Understanding Governance: Policy Networks, Governance, Reflexivity and Accountability*, Buckingham: Open University Press, 1997.

圈子。① 这些网络混合了官僚机构、市场和网络,从而在不同的层次上促进政策的流动性,同时也使网络实现了合法性。

Ball（2012）把创业政策看作理解代理机构在政策制定和政策流动性中角色的表现形式。继 Kingdon（1995）后,他认为政策创业者能够利用建设和对外开放政策的窗口。Ball 批判 Kingdon 主要的关注点在公立院校的参与者,他还通过强调资金、慈善政策组织的角色和话语来扩展政策创业者的概念。他认为政策网络是创业政策的基本构成要素,因为政策从大量的网络和论坛中产生,并且成功的政策总是有通过慈善事业得来的充足的资金,包括智囊团。智囊团支持这个网络关系内的参与者,它为这些参与者创造新的机会。他认为慈善活动和非政府机构为政策网络关系内的创业政策制定者提供了物质基础。

Ball 对教育政策的研究主要是基于基础教育,偶尔也涉及中学后教育、考察父母选择和学校私有化的趋势以及管理和企业行业的教育改革。他的研究主要是依据教育政策网,在这个网络中,企业家们表现出对地区、国家乃至全球层面都具有极大的兴趣。他们声称,我们正在实现由政府到网络、由教育传播到合约的转变。按 Peck 和 Tickell 的话说（2002）,国家力量被削弱了,私有部门签订合约盈利的机会增多了。

问　　题

我想通过理论角度来考虑问题：私立院校是美国大学联盟的一部分,私立院校的董事在联结大学与市场和准市场之间的关系中扮演着什么样的角色呢？这个问题有待理论家去探讨。因为它同其他要素之间是相关的,每一要素都需要解释。学术资本主义认为董事

---

① Ball, Stephen, J., *Global Education Inc: New Policy Networks and the Neo-Liberal Imaginary*, New York: Routledge, 2012.

是网络的中间环节，推动学术科学向创业方向转变。[①][②] 从领域理论的视角来看，研究型大学推选出的董事通常都是商业领导，他们通常领导大公司并兼任其他公司的董事。但是，作为董事，他们对非营利实体承担法律、信托和道德责任，从技术上将董事会划分为慈善机构。董事们找到了对待高等教育、非营利机构和公司这些领域的新方法。政策网的方法对私立院校董事的思考十分有用，因为他们被紧紧地网罗在了一起（以下可知），毫无疑问，同其他网络也是紧密相连的。这些关系网可以资助政策创业者，他们能够制定州和联邦的政策来击败高等教育的支持，并为私有商业创造机会。

问题背景

同其他大学的董事相比，美国大学联盟中私立大学的董事们所处境地更加艰难，美国大学联盟是北美最古老的（成立于1900年）也可以说是最顶尖的研究型大学的联盟。它形成了与学术研究、毕业以及专业教育相关问题的国家政策阵地，并且提供了一个在更广的范围内讨论其他院校问题的论坛。它是一个"只认原则"的组织：只要这些大学的校长出席圆桌会议，替补人员将不允许参加。美国大学联盟的成员资格是很受欢迎的，只能授予受邀者。在美国大学联盟中一共有60个成员。它们一贯是在各项研究指标中都排名靠前的院校，包括政府拨款和契约基金、科研和专利文献引用、专利品、营业许可收入、创办的公司、专家领域内的同行质量评价以及国家和国际排名。

无论是历史上还是现在，这些美国大学联盟中的院校董事都通常

---

① Mathies, Charles, and Sheila Slaughter, "University Trustees as Channels between Academe and Industry: Toward an Understanding of the Executive Science Network", *Research Policy* 42, 2013 (6-7), pp. 1286-1300.

② Slaughter, Sheila, Scott L. Thomas, David R. Johnson, and Sondra N. Barringer, "Institutional Conflict of Interest: The Role of Interlocking Directorates in the Scientific Relationships between Universities and the Corporate Sector", *Journal of Higher Education* 85, 2014 (1), pp. 1-35.

来源于大公司董事会，院校与大公司通常是紧密联系的。①② 但是公立院校和私立院校在联系度方面存在很大的差异。③（见图2—1）私立院校的董事们在公司数量方面，普遍将他们所在的大学与公司管理者联系起来，这些公司直接或间接地联系在一起。但公立院校董事之间的联系不那么紧密。

尽管私立院校董事之间的联系十分紧密，但董事的选拔过程却鲜为人知。美国大学联盟的私立院校中70%的董事为校友。这些院校的毕业生不成比例地领导了从公司到政府的各个机构。④⑤⑥⑦ 但是没有数据显示为什么特定的公司领导被选举产生。我们也不知道30%的非校友是如何选拔出来的，尽管我们知道校友同公司的联系是非校友的1.5倍，表明董事会成员的产生存在策略方面的原因，包括他们代表的科技公司的研究兴趣。许多大学的董事是一个或更多公司董事会的董事，这样就形成了密集的网络联系。

---

① Beck, Hubert, P., *Men Who Control Our Universities: The Economic and Social Composition of Governing Boards of Thirty Leading American Universities*, New York: King's Grown Press, 1947.

② Pusser, Brian, Sheila Slaughter, and Scott L. Thomas, "Playing the Board Game: An Empirical Analysis of University Trustee and Corporate Board Interlocks", *Journal of Higher Education* 77, 2006 (5), pp. 747–775.

③ Slaughter, Sheila, Scott L. Thomas, David R. Johnson, and Sondra N. Barringer, "Institutional Conflict of Interest: The Role of Interlocking Directorates in the Scientific Relationships between Universities and the Corporate Sector", *Journal of Higher Education* 85, 2014, No. 1, pp. 1–35.

④ Domhoff, William G., and Thomas R. Dye, eds., *Power Elites and Organizations*, Newbury Park, CA: SAGE, 1987.

⑤ Dye, Thomas, R., *Who's Running American? The Bush Era*, 5th ed, Englewood Cliffs, NJ: Prentice Hall, 1989.

⑥ Dye, Thomas R., *Who's Running American? The Clinton Years*, 6th ed, Englewood Cliffs, NJ: Prentice Hall, 1994.

⑦ Dye, Thomas R., *Who's Running American? The Bush Restoration*, 7th ed, Englewood Cliffs, NJ: Prentice Hall, 2002.

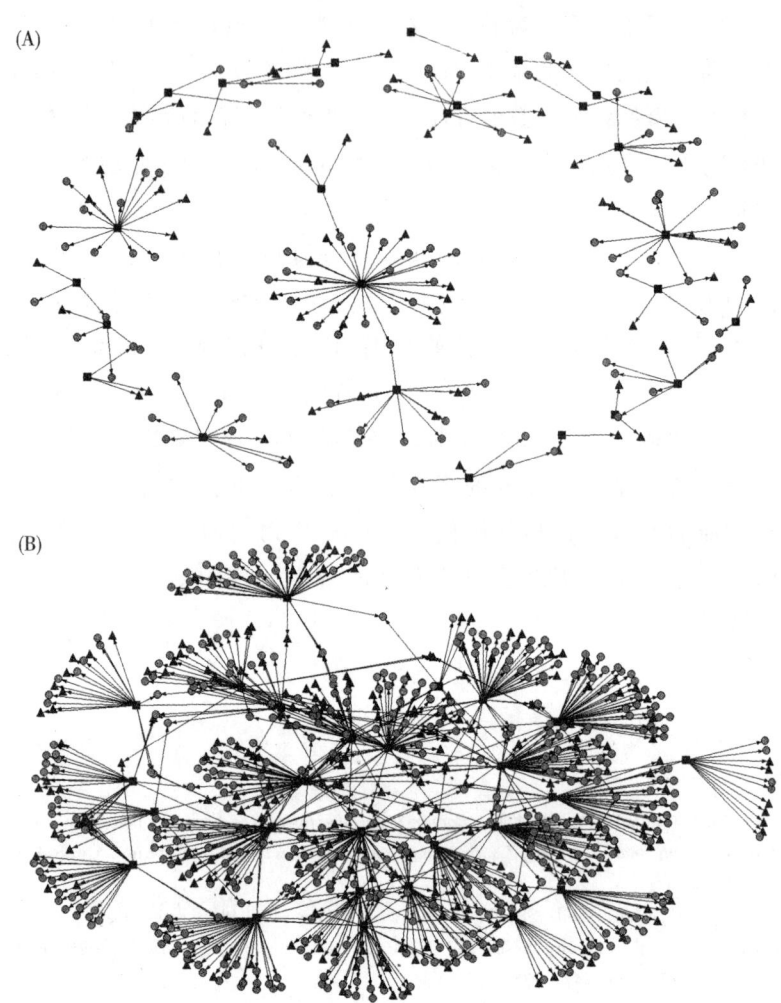

图 2—1 2005 年按院校类型划分的美国大学联盟组织网络
（A）公立院校子网络；（B）私立院校子网络
说明：黑色方框代表大学；灰色三角代表专利公司；浅灰色圆圈代表非营利公司。

应用不同理论分析与董事有关的问题

尽管研究董事是否将研究型大学和市场、准市场联系起来，以及这种联系如何发生的问题已经具体化了，但是不同的理论家在具体问题上的观点是不同的。因此，我根据理论家想要解决什么问题、这些假设将带来什么问题以及他们的解释方法等对这些理论进行了分析（机制、关系网、领域、参与者、方法），最后，我比较了这几种理论的优缺点。

学术资本主义理论

学术资本主义提出了一系列关于董事的广义的研究问题：董事在公益知识/学习制度方面发挥什么样的功能？这种角色是否随着时间发生了改变？这种改变是否转向市场化，或是转向学术资本主义理论/学习制度？基于这些问题的一种假设是新自由主义的兴起为创业教育和科技进展带来了许多机遇。新自由主义的兴起被深入地研究却被认定是理所当然的研究背景。

在公共产品制度的影响下，董事被理解为是大学、政府和经济之间的一个缓冲器。在学术资本主义理论/学习制度的影响下，董事被寄希望于促使大学朝科研方向转变，去迎合公司的需要，而不是提升创业科学：大学成为公司的实验室，专注研究更具创业前景的广博的问题，取代了历史上被誉为工业实验室的功能。尽管研究人员所围绕的研究机制推动了大学市场化，但是他们的研究机制被大学内、外的不同组成人员用来抵制创业型大学，以维持知识/学习制度的公共属性。

董事，被概化为完成这些转变的参与者，但是他们没有被描述为社会或组织的创业者，正如 Fligstein 和 McAdam 所述（2012），他们也没有被视为创业政策的制定者。如 Ball 所述（2012），他们与大学外的多种网络相连，他们被商业领导支配，商业领导的目的在于转变政策。当然了，那些位居科技公司领导或是董事会的董事们被看作一起行动来实现与他们公司相关的广泛科技领域的狭隘利益。兴趣（某方面合理的兴趣）决定了参与者的选择。董事的兴趣表现在他们的专利申请和投资活动上。

随着时间的变化，被私立研究型大学董事代表的公司的专利行为同被管理的大学越来越相似。在一项以结构对等性分析为依据的董事们的公司专利分类与大学专利分类的相似性研究中,我们发现,与一所院校内董事的公司密切相关的专利百分数 1977 年为 5.61%,到 2001 年增加到 19.01%,2005 年达到了 26.6%。[①] 另一项研究[②]表明 1997—2005 年美国大学联盟中的私立研究型大学的企业科学领域和研究领域融合在了一起。我们研究了公司的研究领域和大学广泛的研究领域之间的融合。研究表明:私立研究型院校的董事起到了中枢关系网的作用。它就像管理科学网,在决定这个领域内国家研究计划和保障研究基金方面起到了重要作用。也正是在这个领域,实现了企业科研和大学科研的碰撞。董事们使它们本身坚持大学研究计划,但是事物都存在两面性,大学高级管理层喜欢物色能代表大学中处于优势地位且打算扩张的相关领域的科技公司的董事。

新知识流出现了,如上所述,专利普适于董事和大学,董事的科技公司同大学广博的研究领域,实验研究表明,董事所代表的科技公司能够为从事共同领域的大学工作者提供系列活动,包括咨询、合同研究、测验、领域实验、培训,以及致力于研究这些领域的专业研讨会,大学教师和企业科学家有时会出席研讨会。

新知识流要求提升管理能力。技术转移办公室和创业科学的员工数量上有所增长,例如,就像法律顾问在致力于专利权的辩护、管理职位的授予和提供基础设施信息技术办公室中做得一样。董事不得不同意这些扩张,同时也要裁决商业性策略,比如大学专利家族的专利诉讼。

新的资金流向享有特权的 STEM 领域,因为有可能推动创业科学的出现,特别是在具有创业可能性的基础领域,以创造全新的商业科

---

① Slaughter, Sheila, Scott L. Thomas, David R. Johnson, and Sondra N. Barringer, "Institutional Conflict of Interest: The Role of Interlocking Directorates in the Scientific Relationships between Universities and the Corporate Sector", *Journal of Higher Education* 85, 2014 (1), pp. 1 – 35.

② Mathies, Charles, and Sheila Slaughter, "University Trustees as Channels between Academe and Industry: Toward an Understanding of the Executive Science Network", *Research Policy* 42, 2013 (6 – 7), pp. 1286 – 1300.

技。计算机科学、生命科学以及更新的纳米技术、脑科研计划都是很好的例子。尽管我们并没有研究董事在通过代理机构决定联邦科学政策基金优先权之中扮演什么角色，也没有研究形成他们可以行使政策影响的概念化的机制。我们猜想董事在政策推行过程中十分活跃。

领域理论

领域理论阐述这样一个问题："在特定社会环境中社会参与者如何实现流动性和变化"。将其视为战略行动领域，[①] 认为界定一个领域通常有一些不确定性。举例来说，任何一个组织，比如一所大学就可能成为一个领域，但是大学作为一个群组也可以成为一个领域或者是只包括研究型大学，或者美国大学联盟中的院校和大学（依据情境而定）可能同时是许多领域的组成部分（举例来说，一些特定的国家或地区的高等教育领域），及同一个国家或地区的经济领域甚至是全球经济领域的组成部分。有必要的话，我们可以建构一个领域，随着情境的转变把参与者联系起来。

我们尝试理解美国大学联盟的一部分，私立大学的董事在联系大学与市场、准市场中所扮演的角色，解释了描述一个领域的困难。这个领域由包括董事这一部分的美国大学联盟的院校组成吗？而鉴于他们之间的商业联系，他们很有可能被视为美国大学联盟的一部分，无论是作为公司领导，还是董事会的成员。那么这些公司本身就是领域吗？当公司和大学同属于这一领域时，这些结论是成立的。但考虑到商业和大学之间的竞赛规则具有相当大的差异，这些结论就可能不成立。可能董事（正如图2—1所示，他们彼此紧密相连）本身就是战略行动领域，他们经常是不止一家公司的董事，他们当中大多数会有规律的相互影响。但是当谈到关系网和领域的差异这个复杂问题时，董事们也可以被看作一个关系网。

---

① Fligstein, Neil, and Doug McAdam, *A Theory of Fields*, New York: Oxford University Press, 2012.

可能董事的战略行动领域最好被概化为是大学的董事和其他非营利组织之间共享的,即大学从慈善组织或国家组织转变为更企业化或市场化。换言之,这些董事可能会向其他的董事看齐,特别是非营利性机构的管理者,他们提供收费日益增加的产品和服务,比如医疗保健中心、安全保证机构以及博物馆。

为理解这种变化和稳定性模式,领域理论要求我们理解在过去为董事创造的稳定性的规则(竞赛规则),以识别这些任职者和挑战者。至于战略领域,变化的时间很难进行清晰的界定,通常是一带而过。鉴于将稳定性与来自经营变化的促进者(即使不是驱动者)带来的冲击视作准则,研究者需要呈现其范围宽广、深厚的历史知识。

说起董事,我们提出了一个时间框架,大概从19世纪70年代到现在。在19世纪70年代以前,董事受制于"谨慎的人"的规则。这些规则是由曼彻斯特最高法院于1830年在哈佛学院提出的。[①] 董事被视为管理者,他们有责任去管理和保护大学的所有权和财产。他们为大学的利益而非个人兴趣而奋斗。他们倡导保守性的投资战略,以最大可能地确保资金回笼。一些州甚至在这些深谋远虑的规则允许范围内颁布了法案,这些法案规定了投资类型。人们认为董事们对他们所在组织的完整性负有道德责任。在19世纪70年代早期,把非营利性组织看作慈善组织的目的旨在为需要的人们提供帮助,比如接受高等教育的学生和享受医疗保障的病人,这种规则现在发生了转变。人们揣测非营利战略行动领域的任职者是那些遵守、支持"谨慎人"管理制度的规则和逻辑的董事。但也有可能是想要基金最大化或从事创业研究的挑战者。一个由金融家、律师、学术工作者、基金受托人组成的小群组开始推动改革,改革将允许受托人使用基金从事带有风险的工作。1972年,资助巴克报告的福特基金会推动了投资主体从

---

① Humphreys, Joshua, Christi Electris, Yewande Fapohunda, Justin Filosa, James Goldstein, and Katie Grace, *Educational Endowments and the Financial Crisis: Social Costs and Systemic Risks in the Shadow Banking System, A Case Study of Six New England Schools*, Boston: Center for Social Philanthropy and Tellus Institute, 2010.

拥有稳定收入到在长期内实现总收入最大化的转变。① 不久，院校基金统一管理法出台了，法律给予了投资方案更多的自由。国家高等教育协会和大学商务办公室从中解脱出来，可作为非营利部门的内部管理单位。

尽管这些转变可能被视为对一个职位进行竞争和谋划，这在领域内经常发生。但证明这种转变的证据已经越来越多了，规则确实发生了变化。正如 Weisbrod（1988）所言，非营利性组织已经成为伪装的营利组织，或者按 James 的话说，许多非营利组织已经成为"假的"非营利组织。在20世纪90年代，耶鲁投资捐赠模式已经在私立研究型大学中占据了主导地位。这种模式超过了20世纪七八十年代的变化，它更倾向于以"透明、公开交易的股票、债券和货币市场为主要工具的流动性差的'另类投资'，例如避险基金、风险投资和其他的私人股份、商品、私人房地产及其他的'现实资产'"②。非营利性组织能够从市场的易变性、速度和规模中获利，因为它们得到免税的资助，同时减少并鼓励风险，导致捐赠激增。Weisbrod 对六个新英格兰私有学校进行了研究，其中三个都是在 AAU，Humphreys 等注意到，那些既在投资公司工作，同时又作为学校管理者管理捐赠的人数是惊人的。

在这段时间，金融、保险和房地产公司的信托人会在耶鲁模式方面限制机会，然而，也没有明显的证据表明是由于蔓延到私立研究型大学的竞争引起的外部冲击。并且，新自由主义政府为公共、私有和非营利实体之间模糊而开放的界定创造了机会，这不同于以前固定的界限。尽管2008年经济的坍塌可以看作一个外来打击，考虑到捐赠资金流失的数量，信托人将市场与学校联系起来的激进管理行为似乎没有变化。

---

① Humphreys, Joshua, Christi Electris, Yewande Fapohunda, Justin Filosa, James Goldstein, and Katie Grace, *Educational Endowments and the Financial Crisis: Social Costs and Systemic Risks in the Shadow Banking System, A Case Study of Six New England Schools*, Boston: Center for Social Philanthropy and Tellus Institute, 2010.

② Ibid..

董事会内关于争论的报告也没有变化。但是我们不能确切地知道,因为私立 AAU 院校的信托人一般是有权力的男性(和部分女性),法律没有规定他们必须像公立大学信托董事会成员那样公示审议,并且他们也很少这样做。但是挑战者们似乎已经信服当权者捐赠投资和科技公司及研究型大学之间的交换策略是正确的,没有大惊小怪和吹牛。

如果我们把董事所代表的公司和大学看作一个领域,而不是从整体上看成一个非营利性组织,那么我们对变化和稳定性就会有不同的理解,然后把这个领域扩展到将会接近从整体上包含经济和政治的程度,或者至少是垄断的和新自由主义的部分,这减弱了领域的解释效力。领域理论能够很好地解释社会运动与组织交叉的领域并改变组织的稳定性,但是它似乎不能很好地解释精英网络中的变化,然而,这可能是广泛社会变化结果的一部分。

网络、新自由主义和政策的移动性

如果 Ball(2012)审视大学的董事们,他会寻找能表达商业利益和教育的政策网络。他期待这些网络会击退政府,为商业开创机会。如果董事们构成的是这样的网络,他会期待他们制定减少政府特权和权威职位的政策,最后创造一个商业化慈善组织的层次,这适用于政府也能使统治私有化。在某种程度上,慈善组织是关键,因为它们给政策企业家提供充足的资助,他们在学术圈和政府外被推崇为专家,他们能够在其中充当改革促进者,为商业创造更多的机会来从教育中获益。

正如 Ball 所认为的,董事们寻找机会把他们科技公司的研究议程运用到他们的大学中去。他们的公司也能从专利、许可和公司赞助的研究发现中获利。研究型大学也涉及许多与其董事的公司其他类型的交换。如果我们把西北大学作为例子,可以发现雅培公司、巴克斯特、波音、卡夫和摩托罗拉都与这个大学的不止一个学院建立了研究伙伴关系。在加州理工学院,我们观察了两个中心——脑神经系统工

第二章 学术资本主义的概要重述：行动者、机制、领域和网络

程中心、材料研究科学和工程中心，都受到国家科学基金的资助，每一个都有两个董事的公司——英特尔和通用公司——作为工业附属机构（四个其他董事的公司也和这些院校相关，但不是作为工业附属机构①）。这些合作恰恰强调了为什么这个领域会被理解为一个有执行力的科学体系，正如他们所指出的公司董事会成员和主要科技公司的首席执行官在涉及商业、联邦政府和最初的研究型大学的战略性科学举措中监督和参与的方式。

这样做，私立大学可能被看作慈善团体，当然也是组织（美国认为是合法的非营利性组织），历史上可能参与筹集公共资金使之与公共任务相适应，来让董事们的公司获利。美国大学联盟中私立大学的高级管理者和董事们可能组成一个执行科学网络，旨在通过研究策略和投资设制投入到工业政策的量，但是成功很大程度上取决于联邦的研发部，它们仍然支付着60%学术科学的账单。董事们的网络可以通过和慈善、商业的层级合作来使政府权威私有化，而不是击败政府。这个网络可能游说政府将支出增加到全额资助的商业行为。与Ball的观点不同，政府不是被击败，而是资助曾由公司拨款的学术研究。

我们没有考察其他董事参与的网络，但是董事和高级管理者在制定国家研究政策方面扮演着重要角色。这些政策能推动科技发展、经济创新和工作机会。我们知道董事们是联合者并且参与许多超越大学董事会的慈善的和政策的网络，例如他们在促进大学和知识经济联合的高级商业教育论坛等政策团体中。②

我们专注把美国大学联盟的董事们当作科技公司的关系网，并且考察公司的科技利益和董事们所在大学的科学领域的关系是如何通过专利和研究资助表现的。但是，我们知道在董事中最大的分网

---

① Slaughter, Sheila, and Barrett Jay Taylor, "The Executive Science Network: University Trustees and the Organization of University Industry Exchanges", NSF Grant Proposal 1262522, Science of Science Policy, Washington, DC: National Science Foundation, 2012.

② Slaughter, Sheila, *The Higher Learning and High Technology: The Dynamics of Higher Education Policy Formation*, Albany: State University of New York Press, 1990.

络是 FIRE，而不是科技公司。代表 FIRE 公司的董事可能相较于代表科技公司的董事从属于不同的网络，并且他们也可能有不同的政策策略和目标。

如果我们随意地选择几个麻省理工学院的非科学的董事，并在网上查询美国的传记百科，我们发现许多人都是富人、商人、共和党人或是自由主义者和多项政策网络的参与者。例如董事会主席 John S. Reed 是花旗银行和纽约股票交易的首席执行官，是多个董事会的成员，同时也是斯坦福行为科学高等研究中心的董事，外交关系委员会成员以及 MDCR 董事会成员。

有些董事，如 Samuel Wright Bodman Ⅲ 是麻省理工学院董事会的终身成员，也是美国前能源和商务秘书长，他把政府、商业和研究联系在一起。Bodman 是一家化学公司 Cabot 的负责人，为美国研究发展公司董事会效力，被推崇为风险投资的鼻祖。[1]

这些证据显示董事们参与大量的政策网络，其中很多例子证实了这些转变：将董事从理解为"严谨的人"到倾向于赋予这个概念更广泛的从事风险性活动的含义，并把市场作为从事风险活动的舞台。这意味着，AAU 董事的网络参与如此广泛以至于很难理解网络关系活动的意义。实际上，科学和教育增长得越多，人们之间的联系就越紧密，这也引起了许多问题，网络参与度该如何测量？多网络会员制是阻碍还是提高了参与度？网络中存在等级吗？这种等级该怎样绘制出来？如果网络促进政策，我们如何才能知道这些政策是否已经出台？如果政策已经成为法律，那么它该如何执行？等级制又如何呢？是一个网络还是一系列网络呢？它和政府之间又是如何相互影响的呢？Ball 没有详述这些问题，反而，他着力于说明政策企业家和相对明显的慈善资金流动。

---

[1] Hsu, D. H, and M. Kenney, "Organizing Venture Capital: The Rise and Demise of the American Research Development Corporation, 1946–1973", *Industrial and Corporate Change* 14, 2005（4），pp. 579–616.

第二章 学术资本主义的概要重述：行动者、机制、领域和网络

结 论

这几个理论有许多相似点。它们都想解释改变的幅度，是否应该概念化为一个远离公益学术知识/学习制度到学术资本主义知识/学习制度的转变，或是一个从以一系列竞赛规则为特征的解决方案转变为与之不同的解决方案，或是从自由主义转变为重塑教育的新自由主义政治经济。所有理论都把组织看成动荡的地方，参与者们借机谋取职务和机会来推动或是捍卫他们的策略。所有的理论都认为研究单一机构是不够理解组织内甚至领域内的变化的。参与者可能对他们所在的组织和与其他类似组织的关系达成了共识，但是理所当然，这种共识不能使他们走向联合。参与者们推动或拉拢组织，挑战或改变组织的逻辑，使组织朝不同方向前进。

这意味着存在不同的领域。领域理论认为生命存在于中观层面，但是这个理论试图提供一个关于变化性和稳定性的普适理论，这听起来像个宏观层面的理论，这也是它的不足之处。当一种领域理论将社会运动理论（改变）和多样的制度（稳定）联系起来时，它关注的必然是广泛的变化和多个领域，使得领域变换了名称，它被分析单元细化为一门艺术而不是（社会）科学。Flighstein 和 McAdam（2012）如果进一步加深他们的理解，即支持当权者，承认当权者有良好的定位并增强抵抗改变的压力，那么他们可能对领域变化做出更清晰的分析。

当挑战者和当权者起了冲突，争论就存在逻辑上的问题。当"真实的"争论在十几年间一直出现，那么对问题解决方案的理解就取决于以后的认识，并不能给斗争的参与者带来什么。看起来像是支持挑战者的制度也许只是在以前当权者时期，长期困扰并引起持久争论的插曲（在美国发生的堕胎权运动就是这样的例子）。Flighstein 和 McAdam（2012）运用俄罗斯套娃的结构来描述领域的结构。然而他们对领域的描述不是嵌套的，认为它更像是网络。我们可以理解为争论的结果，这并不是因为外部冲击产生的，而是一个广义的经济学概

念。它防止我们审视机构和领域如何应对冲击。尽管它们之前的差异是惯例，至少也是值得期待的。

Ball（2012）的方法集中于网络。他提出对比领域网络间逻辑力量关系的问题。网络饱受争议的是，它们是一种追踪参与者之间关系的方法，却很少阐明这些关系意味着什么，以及它们是怎样产生作用的，而不是推论相似性与分离性。[1][2] Ball 的作品在很多方面，都阐述了这种批评。他研究的网络，例如克林顿全球倡议中的一部分内容就是追踪了一个能把营利性的低成本的私立学校倡议从美国推广到印度海德拉巴的网络推广政策，在那建立学校后再回到美国。印度所谓的成功是用其使国内相似的倡议合法化，如果精确地去看，它是很难遵循的。为了应对缺乏精确性的问题，Ball 尝试着通过引进政策企业家的概念来阐明他曾研究过的关于网络的作品。但是到最后，除了知道政策企业家们很活跃，能够从击败政府的活动中获益，也能从教育方面开创商业机会，我们就不了解他们的重要性和策略了。我们不太确定政策企业家会如何清晰地表达涉及政策企业家和跨国宣传组织倡议的复杂的政治经济过程。商业利益、新慈善都是新的全球范式的核心，也是改变发生的过程。

学术资本主义，不是关于领域的理论，可能是着眼于高等教育中观层面组织领域的理论，但是这些领域是隐蔽的、假定的而不是前瞻性的。取而代之，这个理论依赖于机制概念——包括新的知识流、间隙组织、媒介组织、扩展的管理能力、新资金流、学术讲演以及社会技术而不是领域内的竞争、嵌套或是用其他方式来解释变化。尽管领域界限是任意元素，然而学术资本主义能利用领域观点来获益，以便更好地理解管理美国大学联盟竞赛场的竞赛规则和董事在规则中所扮演的角色。对管理者的内涵的理解从"严谨的人"到置身于市场风险中的管理者，从而使大学和与董事相关的公司受

---

[1] Burt, Ronald, S., *Structural Holes: The Social Structure of Competition*, Cambridge, MA: Harvard University Press, 1992.

[2] Granovetter, Mark, S., "The Strength of Weak Ties", *American Journal of Sociology* 78, 1973 (6), pp. 1360 - 1380.

第二章 学术资本主义的概要重述:行动者、机制、领域和网络

益的理解的这种改变。在这方面,界限和跨界将成为研究者特别的兴趣所在。那些可能会被问到的问题是:董事们何时管理?他们何时代表?或者他们跟鲜有界限的高层管理有亲密合作吗?如果是这样,那么董事是否代表了非营利界和营利界之间的界限?非营利领域又给研究型大学的管理者带来了怎样的改变呢?相近的还是遥远的?全部还是部分?

有参与到学术资本主义中的行动者,但那些将大学和市场拉近的动机被看作狭隘的,代表与理性选择理论没有关系的具有讽刺意味的利益,是那些利己者或经济人。仔细考虑参与者的动机就会更深地了解公益知识/学习制度是如何转变到学术资本主义知识/制度的。包括分析组织企业家的社交能力,这被 Flighstein 与 McAdam（2012）看作与促进合作、拟定日程、使别人信服目标的可完成性、经济人协议、衔接不同领域参与者使其更好理解如何努力去实现转变或维持现状等同样重要。

Ball（2012）关于政策流动性的研究主要集中于分析网络。尽管我们声称美国大学联盟的董事是一个网络,我们并没有系统地分析在这个网络中董事间相互作用的模式。Flighstein 和 McAdam（2012）认为没有基于网络的领域理论。基于网络的领域理论也许是问题化的,但是网络可以被学术资本主义用来联结领域和理解领域内的转变方式,无论近的或是远的、独立的或是依赖的。换句话说,我们很有可能跟踪到人、观点、金钱和机制在领域间的流动。基于现在网络分析的方法、计算能力和多种新的程序软件,我们有可能了解董事参与政策网络的程度、他们有多活跃、他们试图完成什么。他们的参与必须通过程序系统地建立起来,例如那些我们研究用来确定董事作为公司董事会成员职务的程序,但是多数网络的记录是不完整的。政策语言可以通过网络的程序语言被追踪到。网络覆盖的密度可能是我们理解网络意义面临的最大挑战。因为随意输入可能会有问题。我们有能力完成它吗?我们最后会清楚地理解中观层面是如何发生转变的,例如在大的政治经济背景下,与参与者和组织相联系的研究型大学。

注　释

整篇文章中，我用"我们"而不是"我"，因为学术资本主义从来不是一个个人的研究。我的合作者在把学术资本主义发展为一个理论和从理论的视角探讨一些诸如董事等议题方面，与我本人的贡献是可以相提并论的。

第三章

大学改革与学术资本主义：
历史的视角

[芬] 尤西·瓦利玛

  大学和社会环境之间组织关系的变化形成了大学发展的特征，学术资本主义作为中型社会理论，或许旨在对这些关系中最近的改变提供仅仅一种可能的解释，为了更好地弄清学术资本主义所解释的关于这些改变等相关理论的哪些方面发生了变化，首先要从历史的视角，从大学所扮演的不同角色以及社会的知识产出角度进行分析，而对于大学巨变时期或大学革新时期进行分析是极其有用的，因为这些分析有助于说明面对巨变或者革新，大学当时的作为或者不作为情况，以及其在相应的社会环境中的变化。大学革新涉及大学历史发展和（或）知识产出受到新观点、新技术或新政策挑战这一时期。①

  在分析高等教育变革时，需要谨记的是：大学始终以不同的方式与当时的社会相关联。此外，大学一直作为一个非常复杂的社会实体存在，像一些组织机构一样为他们的组织提供不同功能

---

① Nybom, Thorsten, "A Rule-Governed Community of Scholars: The Humboldt Vision in the History of the European University", *University Dynamics and European Integration*, Higher Education Dynamics, 2007 (19), pp. 55–80.

的服务。①②③④ 由于这一因素，我们需要注意的是学术工作内容的改变，组织结构以及社会关系的改变，因而发现什么变了，什么没变以及不同焦点的结果与变化节奏。我们应该把高等教育和知识生产列入考虑中，因为知识生产中的技术创新——比如在出版业和网络方面——影响了学术界的研究内容、中心和工作方式，还可能挑战高校传统的学术以及行政工作和功效。同样的，社会政策和政治可能改变大学内部的权力关系并影响学术工作的内容。

根据 Nybom 的理论（2007），我们在分析高校巨变和知识生产的时候应关注以下几个维度：

（1）大学制度及（或）组织层面的改变，这些改变很好地呈现了社会与高校之间的组织关系，这种关系同样有助于阐述大学和其他高等院校的内部组织关系。

（2）教学实践及（或）课程内容与结构的改变，通过对它们的改变以及欠缺改变的分析，有助于我们弄清教育学的内容发生了哪些变化。

（3）职业身份与实践的改变，将学术与职业的理想、实践的改变考虑进去能协助我们弄清这些正式的组织结构与实际的学术工作是

---

① Clark, Burton, R., *The Higher Education System: Academic Organization in Cross-National Perspective*, Berkeley: University of California Press, 1983.

② de Ridder-Symoens, Hilde, ed., *A History of the University in Europe*, *Universities in the Middle Ages*, Cambridge: Cambridge University Press, 1992, p. 1.

③ de Ridder-Symoens, Hilde, ed., *A History of the University in Europe*, *Universities in Early Modern Europe* (1500 – 1800), Cambridge: Cambridge University Press, 1996, p. 2.

④ Rüegg, Walter, "Themes", *A History of the University in Europe*, *Universities in the Middle Ages*, 2003a (1), pp. 3 – 34. Rüegg, Walter, "Epilogue: The Rise of Humanism", *A History of the University in Europe*, *Universities in the Middle Ages*, 2003b (1), pp. 442 – 468.

Rüegg, Walter, *A History of the University in Europe*, *Universities in the Nineteenth and Early Twentieth Centuries* (1800 – 1945), 2004a (3).

Rüegg, Walter, *A History of the University in Europe*, *Universities Since 1945*, 2004b (4).

如何联系起来的。这些关系的冲突能帮助理解改革与改革成果的需要。

（4）社会关系及学术心态的转变。对大学目标与学术工作潜在变化的关注是很有益的。

（5）与国家或其他类似的政治力量关系的改变通常被认为是高教变化和改革最重要的方面。它同样也是欧洲高等教育研究的重要论题。[1] 但对于国家政策与政治变革的分析应与上述维度相关联，以检验组织机构的重要性、权力关系以及高校的学术工作。

在 Nybom（2007）观点的支撑下，这五个维度有助于研究欧洲大学历史上经历的重大变革的六个时期：①古腾堡改革（1460—1560年）；②应用科学革命（1600—1750年）；③洪堡改革（1810—1860年）；④现代研究型大学改革（1860—1920年）；⑤高等教育大众化变革（1960—1970年）；⑥知识型社会变革（1990年至今）。

运用这些维度，更便于研究大学的这些变化是如何使它所有的职能产生改变的或在保持其他方面不变的情况下，使其中的某个部分改变的。当我们对高等教育变化的实质进行思考时，我们应当记得，改变通常源于高校的内部（比如自然发展）或者外部（比如政治的革新）的因素。变化的实质可能就是一个持续发展的过程或是一个突变的过程。[2] 在这个研究中，我们主要关注的是高等教育的巨变与知识的生产。

我在本章中所提出的第一个关键问题是：在大学变革时期，大学是如何发生改变的？我们的讨论基于现存的学术文献，它们可以为大学发展的研究打开历史的视角。而第二个主要的问题是：学术资本主义是怎样用来解释高等教育当前的改变的。我们的研究始于对欧洲大学历史根基的思考，因为如果不厘清大学的起源，变革也会难以理

---

[1] Saarinen, Taina, and Jussi Välimaa, "Change as an Intellectual Device and as an Object of Research," In *Managing Reform in Universities: The Dynamics of Culture, Identity and Organizational Change*, 2012, pp. 41–60.

[2] Ibid..

解。接着，是对于六个时期所产生的不同变革的分析，在结论中，我将学术资本主义当作一种智能系统以对当代高等教育变革的产生进行阐释。

大学的基础

为了弄清大学的变革，我们首先要弄清大学是怎样且为什么建立的。从历史的观点来说，早在第一所大学完全建成之前，社会与大学之间的矛盾便已显现，一个在历史上具有讽刺意味的事实是：第一批欧洲大学，如博洛尼亚和巴黎大学，竟从未有真正意义上的成立。相反的是，它们与中世纪的欧洲社会一起出现和发展起来，大学承担了中世纪社会所需人才培养的任务，社会需要高水平的律师、神职人员和有文化的市民，并捍卫他们对社会生活和商业扩张的要求。在典型的中世纪社会，甚至大学的名称——Universitas——原本是指不同的行会，如手工业行会、市政委员会等（在 11—13 世纪）。到了 14 世纪，Universitas 才作为大学的概念去解读。[1]

可以说，大学的出现是欧洲社会的一种本土的革新，对于未来大学成功发展至关重要的是它们的行会特征。正如 Cobban（1988）指出，欧洲大学源于最初的"特权组织的拥有者以及拥有管理章程、行政管理机构以及学位授予权力"。典型的传统大学实际上是一个集合了各种学问的机构（集合了伦理、法律、医学、艺术等传统学科），从而促进学生在离开大学之前获得广泛的教育。中世纪的改革实际上是调节教学与学位之间的关系，并逐渐使课程结构化与合理化，教学的主要形式是讲授与讨论，引导中世纪学生进行传统的知识积累并被公认的权威们所评价。因为缺乏纸质课本，学生的口头和文字辩论技巧都在教师家里或学校进行练习和反复训练。这样，让教学

---

[1] Cobban, Alan, B., *The Medieval English Universities: Oxford and Cambridge to c. 1500*, Aldershot, UK: Scolar Press, 1988.

和学习进行下去的只能是记忆。①

这些也许被视为是很小的革新,但它们却极其重要,因为它们使学术工作的内容以及大学行政管理结构更加优化,从最初开始,大学在自身组织结构的帮助下捍卫自己的院校自治权,从而来对抗代表主教、君主、市议会的政治压力。

然而,欧洲大学的学术基石是信仰与信念,这些也对以后的学术实践发展提供了支撑。根据Cobban的理论(1988),包括以下几点:

(1)"对于人尊严的信仰,即使处于社会最底层,也应具有令人敬畏的精神与心灵的成长",换句话说,中世纪学者注重教育并相信学生能够被教育。

(2)"对于有序的宇宙能向我们展现理性认识的信仰",在现代的环境中,这种观点意味着人们能通过研究来更好地认识世界。换言之,中世纪的学者们对研究与学问十分重视。这是一个重要的理论,即使他们的研究方式、研究的焦点、学术研究经历了几个世纪已经改变。

(3)"人们通过自己的才智以及知识与经验的累积,能认同其生存环境的信仰。"在现代的环境之中,这说明了研究的实用性。中世纪的学者十分崇尚研究的效用,即使在大学的历史上,对于"人们能适应身处的环境"这句话的意思与定义的理解多有不同,但它仍旧有助于未来大学的发展。

除了学术基础之外,两个现实状况强有力地推动了大学的发展以及学者的好奇心。也就是Cobban(1988)强调的:被天主教的人道主义所推动。对无论是古典的还是现代的东西进行质疑与分析的鼓励的文化,表明学者的批判性思维受到鼓励。

接着,Water Rüegg强调中世纪的大学也被下面的因素所推动:

---

① Schwinges, Rainer Christoph, "Admission", In *A History of the University in Europe*, Universities in the Middle Ages, Cambridge: Cambridge University Press, 1992 (1), pp. 171 – 194.

研究的公开性与开放性的讨论。①

这些信仰和价值观念已经被数个世纪的历史进程所检验，在以知识为中心的所有欧洲大学中存留下来，并继续在现代大学中占有重要的位置，因为知道批判性思维研究的重要性，以及教与学的价值。对于高等院校来说，捍卫机构自治和捍卫社会结构同等重要。

以上所论述的看似有些肤浅与过分简单，且对于过去的大学与现代的大学有美化的嫌疑，但这并不是这一章的目的。我们需要了解欧洲大学的价值基础从而更好地弄清在这段历史时期内，大学为什么以及是怎样变化的。在 19 世纪以前，大学扩大到欧洲以外的地区，欧洲大学的基础已融入了其他的文化背景，高等院校正被进行新的文化解读，并扮演着新的社会角色。

古腾堡改革（1460—1560 年）

15 世纪 50 年代第一次信息技术革命时期，Johannes Gutenberg 的书本印刷技术真正地挑战了欧洲大学的众多方面。根据 Nybom（2007）的观点，这次革命迅速地改变了知识传播的社会角色，并有专业化和课程化两层含义，同时转变了大学教授的身份，把他们从以前的传统教会的代言人转变为一群有批判意识的知识解读者，甚至是一个新的、原创知识的缔造者。由于对积极的生活方式的渴望，人道主义作为一种改革运动出现在大学之中，对原始资料的解读也作为一种目标成为学者们研究的关键。② 然而，就像 Nybom（2007）所指出的那样，这样急速的信息技术变革实际上并未影响到大学现存的教学或教育思维模式。学术行会和学院等中世纪社会实践持续不断地束缚

---

① Rüegg, Walter, "Themes", In *A History of the University in Europe*, *Universities in the Middle Ages*, 2003a（1），pp. 3 – 34.

② Rüegg, Walter, "Epilogue: The Rise of Humanism", In *A History of the University in Europe*, *Universities in the Middle Ages*, 2003b（1），pp. 42 – 68.

大学使其逐渐僵化。①

什么是革新期间至关重要的？是信息技术已经并将会一直对知识的生产与分配产生影响这一观念，它同样影响了大学以及它的知识生产与社会环境的关系。然而，对大学的前景很重要的一点是，第一次信息技术革命并未对大学造成影响，也未为大学的组织结构以及中世纪教学实践带来革新。

科学革命（1600—1750 年）

根据 Nybom（2007）的观点，欧洲大学第二个关键的时期是经验主义科学的扩张时期。半独立的科学院在大学外部开始发展起来。事实上，每个欧洲国家都有半独立的科学院建立，最早的有 L'Académie Francaise（1635 年）和 The Royal Society（1660 年）。对于大学在科技革命中扮演的角色一直存在着争议。因为，正如 Poter（2003）指出的，它们培养了第一个科学院的大多数成员。不过，大多数人都普遍赞成，除了 Padua 大学与 Leiden 大学之外，其他的大学都未对科技革命的发展做出过积极的贡献。② 根据 Rüegg（2003b）的理论，原因之一是人道主义的切实发展，它开始于 15 世纪的大学革新运动，后简化为一种使现代社会倒退的活动。"大学越来越多地演变为一种与现代社会相异化的中心"。传统大学曾演变为以传教为中心的机构，主要服务于教堂与君主。裙带关系是一种典型的社会现象，特别是在德国的大学，但在其他地方也是随处可见的。③④

---

① Rüegg, Walter, "Epilogue: The Rise of Humanism", In *A History of the University in Europe*, *Universities in the Middle Ages*, 2003b（1），pp. 42 – 68.

② Porter, Roy, "The Scientific Revolution and Universities", In *A History of the University in Europe*, *Universities in the Early Modern Europe*, 2003（2），pp. 531 – 562.

③ Charle, Christopher, "Patterns", In *A History of the University in Europe*, 2004（3），pp. 33 – 81.

④ Nybom, Thorsten, "A Rule-Governed Community of Scholars: The Humboldt Vision in the History of the European University", In *University Dynamics and European Integration*, Higher Education Dynamics, 2007（19），pp. 55 – 80.

这段时期在大学以外的地方，引入了一种现代科学家的知识分子想法，并成为一种新的专业的与欧洲化的观点。这种观点有助于将传统的自然哲学家转变为客观公正的科学家，他们也获得了一种新的自主权并能够给任何问题提供认知的标准。正如 Gaukroger（2006）所说，这便是现代科学的起点之一。科技革命同样强有力地支撑着最初被理解为国际性的共同事业的经验主义科学研究进入国际化。传统的神学和人道主义的学者也更加有教条主义的倾向。

从社会方面来说，这种发展的结果之一是大学演变为教会大学并招募本地或国际学生和学者。在中世纪以后的英格兰，没有任何大学建立，除了相当于沉睡的牛津大学与剑桥大学，苏格兰大学是个很大的例外，但早在 18 世纪，欧洲大学也仍旧将经验主义科学纳入其中。①② 但在 19 世纪，苏格兰大学并未对新的欧洲大学提供一个典范，新的欧洲大学开始学习德国大学的模式。在 19 世纪法国大革命与拿破仑战争期间，大学对于快速革新的需求十分明显。

洪堡改革（1810—1860 年）

根据众多学者的观点，③④⑤ 拿破仑战争时期是欧洲大学历史上至关重要的时期，有充分的理由相信，大学被当作过时的机构并被裙带关系所腐蚀，并不能服务于社会的需要。用大学的数量作为衡量标准，大学危机的标志之一是 17 年内欧洲大学的数量从 143 所减到 83

---

① Hammerstein, Notker, "Relations with Authority", In *A History of the University in Europe*, *Universities in Early Modern Europe* (1500 – 1800), 1996 (2), pp. 114 – 154.

② Perkins, Harold, "The Historical Perspective", In *Perspectives on Higher Education: Eight Disciplinary and Comparative Views*, 1984, pp. 17 – 55.

③ Charle, Christopher, "Patterns", In *A History of the University in Europe*, 2004 (3), pp. 33 – 81.

④ Nybom, Thorsten, "A Rule-Governed Community of Scholars: The Humboldt Vision in the History of the European University", In *University Dynamics and European Integration*, Higher Education Dynamics, 2007 (19), pp. 55 – 80.

⑤ Wittrock, Björn, "The Modern University: Its Three Transformations", In *The European and American University Since 1800*, 1993, pp. 303 – 362.

所。大学数量递减在法国也同样显著，24所综合性大学转变为职业学校。在德国，34所大学中的18所也不复存在了。在西班牙，25所大学中的10所还存留着学术活动。① 而平复这场危机，欧洲用了超过一百年的时间。从组织机构的观点来看，这场危机给法国和德国的大学系统带来了内部、外部、学术、制度等全方位的下降。然而，传统大学设法在不列颠群岛以及欧洲的南部与北部存活了下来。②

欧洲大陆的大学为应对这场危机采取了两种解决途径。第一种是拿破仑的措施，他建立并加强了法国高等专科学院体系，这些处于最高地位的高等院校主要为新兴的法兰西共和国培养精英，大学由此变成了教学机构，因此影响了知识的产出与学术活动。并且，学术活动只在巴黎受到许可，在巴黎以外的大学中，学术研究是被禁止的，从而导致了我们常说的"知识荒漠化"。③ 但其他的欧洲国家并没有学习这种高等教育模式，例如俄国也同样受到了法国高等教育的影响，但俄国的高等教育却结合了法国与德国大学的特征，这是第二种途径。

对欧洲大学的拯救从柏林开始，在这里，普鲁士军队的战败为此营造了一个合适的社会契机以及心理认同的转折点，从而支持了对普鲁士社会新方向的探索。④⑤ Wilhelm von Humboldt 努力说服普鲁士的统治者，新的国家应建立在教化的基础之上，并秉承德国新人文主义和唯心主义的精神。在政治上，这意味着这个新的独立国家的目标是成为一个文教之国，而要达到这个目标必须依靠教育与学术研究。因此，这样的政治局面帮助人们认识到大学改革的必要性，通过这种改革来重塑普鲁士王国的目标，因此柏林大学的改革不仅是大学的革

---

① Rüegg, Walter, *A History of the University in Europe*, Universities in the Nineteenth and Early Twentieth Centuries (1800–1945), 2004a (3).

② Charle, Christopher, "Patterns", In *A History of the University in Europe*, 2004, Vol. 3, pp. 33–81.

③ Ibid..

④ Ibid.; Rüegg, Walter, *A History of the University in Europe*, Universities in the Nineteenth and Early Twentieth Centuries (1800–1945), 2004a (3).

⑤ Rüegg, Walter, *A History of the University in Europe*, Universities in the Nineteenth and Early Twentieth Centuries (1800–1945), 2004a (3).

新,同样也是教育在社会上地位的改变。我们通常会忘记的是,洪堡也同样革新了德国的教育,他通过创设一个新的系统——高中会考,来联结中等教育系统与大学体系,通过高中会考也成为允许进入大学的前提与条件。①

对于大学来说,这种改革对其组织、教学法、学术工作以及学术生涯产生了重要的影响,关于改革影响的主要观点之一便是其保障了大学的自主权。基本上,国家只给大学提供资金但并不干涉大学的内部事务。但为了杜绝裙带关系等陋习,教授由普鲁士国王进行任命。对于研究与教学来说,自由教学保障了学生与学者们的学术自由,从教学法上来看,学术研讨会被引入到各系来加强教学与研究之间的联系。将教学与研究相结合作为一种目标是至关重要的,因为教学与研究被认为是一个不可分割的联合体。在那个时候,大学的主要宗旨是对科学、学问以及真理的追求,将教与学相结合是极其理想的,它同样也影响了学术工作的本质,其成果之一是使哲学系取代了神学系成为大学最重要的学科,哲学也被公认为是保障知识完整性的最重要学科。无俸讲师系统是学者们无偿进入一所大学讲学的体系,它有力地支撑了德国大学的学术活动与机动性。这是由于高水平的年轻博士们想在充满竞争的学术大环境中打响自己的名声。这种对于普鲁士高等教育的计划性变革的成果是将新的德国大学变成了动态的追求真理以及学术的场所。②③

这也并不是说所有的德国大学都跟随这个模式,那些大学在 20

---

① Nybom, Thorsten, "A Rule-Governed Community of Scholars: The Humboldt Vision in the History of the European University", In *University Dynamics and European Integration*, Higher Education Dynamics, 2007 (19), pp. 55 – 80.

② Charle, Christopher, "Patterns", In *A History of the University in Europe*, 2004, Vol. 3, pp. 33 – 81. Nybom, Thorsten, "A Rule-Governed Community of Scholars: The Humboldt Vision in the History of the European University", In *University Dynamics and European Integration*, Higher Education Dynamics, 2007 (19), pp. 55 – 80.

③ Rüegg, Walter, *A History of the University in Europe*, Universities Since 1945, 2004b (4).

世纪洪堡未完成的一个备忘录被发现后才称为洪堡大学。① 然而,作为一个目标,这种模式是十分重要的,因为它有助于德国大学的复兴,而并不在乎它有多么充分的实施。它同样也给其他国家的政治家们提供了一个可模仿的成功范例。然而,就像 Nybom(2007)所指出的那样,历史上具有讽刺意味的事实是,将知识视为不可分割的整体的理想,甚至是将教学与研究相结合的观点在 19 世纪末期世界其他国家开始接受德国的大学体系之时逐渐消逝了,曾充满动态与活力,并被美、英、法、日等同盟国所接受的德国研究型大学,也不再跟随洪堡的脚步了。②③

现代研究型大学的改革(1860—1920 年)

根据 Nybom(2007)的观点,研究型大学的发展是第五次大学革命,将它作为一次革命是因为它改变了大学的功能,研究经费、科学知识的产出、学术活动以及学术共同体等方面。对于新的研究型大学来说,需要坚持的原则之一是知识的统一性,因为自然科学和人文科学被划分为众多不同的课程和方向,在这种情况下,德国哲学家开始将传统的自然学科和人文学科区分开来是十分正常的。科学的普及促使大学开设更新、更具体的课程,然而科学也变得更像一个"知识工厂",并由高素质的教授群体来操控。由此也涌现出一种新型大学,即技术型大学。研究型大学的发展也促使学术工作更加专业化。正如 Wittrock 指出的那样,同性质的共同体有力地支撑了这个过程,而且伴随着新兴的国际以及国内学术会议以及持

---

① Humboldt, W., "Denkschrift and Antrag auf Einrichtung der Universität Berlin Juli 1808", In *Wilhelm von Humboldt als Staatsman* Ⅰ - Ⅱ, 1896 - 1899.

② Nybom, Thorsten, "A Rule-Governed Community of Scholars: The Humboldt Vision in the History of the European University", In *University Dynamics and European Integration*, Higher Education Dynamics, 2007(19), pp. 55 - 80. Perkins, Harold, "The Historical Perspective", In *Perspectives on Higher Education: Eight Disciplinary and Comparative Views*, 1984, pp. 17 - 55.

③ Perkins, Harold, "The Historical Perspective", In *Perspectives on Higher Education: Eight Disciplinary and Comparative Views*, 1984, pp. 17 - 55.

续增长的学术刊物越发稳定，并为教授们与相关领域带来了崇高的社会地位。学位与学术工作变得更加错综复杂，国家官僚机构也扩张了。① Wittrock（1993）指出，大学处理好与新兴国家政权的关系对双方都有益。

整合研究与教学问题的出现为研究机构的建立做出了贡献，科学实验室和临床诊所的出现成为学术研究与教学的新基地。此外，研究者们继续在各个学科中建造社会空间为学生与学者们提供探寻真理的机会。

简而言之，知识生产、教学实践、学术工作的改变与德国大学的组织层面相关联，机构的自主权支持了学术工作的发展，大学教授变为独立的责任人，管理教职工事务，并设置了许多相关的学科。讲座制不但有利于学术自由，也为一批无俸讲师们提供了学术职业，但同样也使教职工内部形成了分层的等级关系。从本质上来说，自由的研究和教学也对研究与教学活动的结合产生了推动力，有力地支持了新兴的科学共同体。

高等教育大众化的变革（1960—1970 年）

与 19 世纪洪堡改革相类似的是，高等教育大众化的扩张与政治目标相关联。在第二次世界大战之后，西方社会建成了福利制国家，为了提高国际竞争力，从而借力于教育与学术研究。然而，随着这种扩张，高等院校在社会上扮演的角色发生了巨大的改变。Martin Trow（1974）首先使这种转型概念化，他通过强调特定年龄的学生群体数量超过一定比例的情况，来说明高等教育的社会角色是如何发生改变的。据统计，当特定年龄的学生群体进入高校的比例超过 15% 的时候，我们就不能将平等教育定义为精英教育了，而应该定义为大众化的高等教育。而这种教育，为劳动力市场创造了高素质的劳动力

---

① Nybom, Thorsten, "A Rule-Governed Community of Scholars: The Humboldt Vision in the History of the European University", In *University Dynamics and European Integration*, Higher Education Dynamics, 2007 (19), pp. 55 - 80.

群体。

随着高等教育的扩张，大学的教育、学习、行政、管理的各方面也发生了改变。引入了众多新的教学方法以及不同的教学论，为学生人数的扩张等相关联的问题提供解决办法。同样的，这种扩张也引入了新的专业团体进入高校。因此，学者们更加依赖于与从事行政管理的技术职工相配合。但是在20世纪60年代，大学最剧烈的变革主要集中于改革旧的行政与管理结构，以及对学者而不是大学教授开放的大学议会的进程。高等教育大众化是促进大学进行评定、评估、审计以及打开高校"黑匣子"的重要因素之一。"有责任""有质量""化繁为简"是高等教育众多部门反复强调的口号，受到教育目标政策的影响，也被经济合作与发展组织以及国际财政基金所限定，这种口号和政治目标以及与由于高等教育急速扩张带来的持续增长的开支相关联。这个问题涉及所有的公立以及私立高校，因为学校的经费与学术研究经费很大程度上依赖于各国的公共资金。相反的，高等教育的开销是一个政治性的问题，而传统福利性国家的全球性资金危机同样给了高等院校沉重一击，而这也是公共资金自主的社会服务的一个重要部分。在高等教育大众化变革期间，教学法、专业性、政治性以及高等教育的组织层面都发生了变化。

知识社会改革（1990年至今）

高等教育的最后一次改革始于1990年，伴随着三次不同的社会和技术发展的高速扩张：第一次是网络和最近的无线电信息技术的扩展；[1] 第二次是网络作为社会生活方式、交流以及工业生产的扩展；[2] 第三次也是最根本的改变是整个社会知识角色的更新。[3] 这三者同时

---

[1] Castells, Manuel, Mireia Fernandez-Ardevol, Jack Linchuan Qiu, and Araba Sey, *Mobile Communication and Society: Global Perspective*, Cambridge, MA: MIT Press, 2006.

[2] Castells, Manuel, *Communication Power*, Oxford: Oxford University Press, 2009.

[3] Stehr, Nico, *Knowledge Societies*, London: SAGE, 1994.

发生、部分重叠,共同推动了网络知识社会的进程。① 如果没有更深入地研究这个复杂的社会学理论,我们可能会说高等教育和知识生产面临着重要的挑战,因为信息、通信、技术和知识生产的网络社会框架以及宣传方式的改变,同样也因为要为市民、社会、非政府组织和工商业产生可靠的以及及时的知识的多元化需要。所有这些全球化的社会趋势都会对学术、高校的传统以及高校在社会中的地位产生挑战。依据 Altbach、Reisberg 和 Rumbley(2010)所说,"一个人,能毫不夸张地谈论学术'改革'——一系列的改变已经影响了全世界研究生教育的大多数方面"②。在研究型大学的改革中,当研究经费在很大程度上被工商业、国民经济看做一种基本竞争要素时,通过研究的帮助来发展经济这一趋势已经开始了。③ 对当今改革起决定性作用的因素是变化的速度以及在社会的各个领域知识生产和消费的增强。在全球化的时代,知识生产的社会作用几乎在世界每个地方都是政府议程的核心。事实证明,将知识从"知识工厂"(大学)中转变为产业是一个很复杂的工作。④

为了看清社会和经济的变化对高等教育所造成的影响,我们必须通过比较新出现的网络知识社会与以控制为基础的传统社会还有分等级的社会关系,清晰地定义一个组织的内外部边界等,来研究最重要的变化。

与受大学影响的传统基础功能相联系的知识的生产、传播和储存也发生了很多变化。首先,可以很明显地发现,知识只是从本土和国家的向全球的变化。其次,知识本质之所以改变,是因为在传统的分

---

① Välimaa, Jussi, "The Corporatization of National Universities in Finland", In *Universities and the Public Sphere: Knowledge Creation and State Building in the Era of Globalization*, 2012, pp. 101 – 120.

② Kwiek, Marek, ed., *Knowledge Production in European Universities: State, Markets, and Academic Entrepreneurialism*, Frankfurt: Peter Lang, 2012.

③ Nybom, Thorsten, "A Rule-Governed Community of Scholars: The Humboldt Vision in the History of the European University", In *University Dynamics and European Integration*, Higher Education Dynamics, 2007 (19), pp. 55 – 80.

④ Kwiek, Marek, ed., *Knowledge Production in European Universities: State, Markets, and Academic Entrepreneurialism*, Frankfurt: Peter Lang, 2012.

等级的社会中知识生产者或者公共权力控制着知识,而在网络知识社会,理想化的形态就是分散的知识被免费获取。知识生产的模型同样在发生变化。在传统社会,学者被大学和研究机构雇用主要是研发新的知识,而在网络知识社会,学者与很多搭档在全球的学术和商业环境中研发新知识。这种强调知识应用或强调国家、大学与工业合作的三螺旋场研究的形式与第 2 种知识生产模型更普遍。[1][2] 知识生产的模式基于所有人都能获益的网络,而不是为了专利保护和封闭的知识。[3] 知识生产,被夸张的学者或者公共知识分子,或多或少地当做一种责任,同时它逐渐成为一种基于协同生产的合作商业模式。[4] 另外,知识储存曾经是档案室与图书馆的职责,也只限于亲身前往的使用者们才能获取他们想要的资源,而现在已转变为互联网资源公开的模式,可供那些联入互联网的用户们使用。知识的获取,曾被权威们严格把控,而现在已被观点自由与知识公开化所取代。最后,以学生为中心的教学方法正挑战着用以教师为中心的教学方法来传播知识的模式,形成了一种新的以互联网为平台的课程形式,而这个转变在技术革新的前提下也变为可能(诸如云技术和电子学习环境)。社交媒体同时也充当着传递思想观念甚至是教学素材的工具(诸如大规模开放网络课程,或 MOOCs)。有许多理由可说明,这种新型的、以信息技术为主导的科技拥有着改变教学环境的潜力,因为基于这种技术,学习不再需要真实存在于同一个教室甚至是同一个国家的学生们,教学在一周 7 天、一天 24 小时内的任何时间与任何地点都可进行与完成。所有的这些变革对教师们都是一种挑战,让他们不断去改

---

[1] Etzkowitz, Henry, and Loet Leydesdorff, "The Dynamics of Innovation: From National Systems and 'Mode 2' to a Triple Helix of University-Industry-Government Relation", *Research Policy* 29, 2000 (2), pp. 109–123.

[2] Gibbons, Michael, Camille Limoges, Helga Nowotny, Simon Schwartzman, Peter Scott, and Martin Trow, *The New Production of Knowledge: The Dynamics of Science and Research in Contemporary Societies*, London: SAGE, 1994.

[3] Benkler, Yochai, *The Wealth of Networks: How Social Production Transforms Markets and Freedom*, New Haven, CT: Yale University Press, 2006.

[4] Ibid..

变自己的态度以及他们教学方面的技能。建构学习理论认为教师是学习者的启发者而不仅仅是传统知识的灌输者,而新自由主义者倾向于把学生看作客户一样的消费者主体。所有这些变化发生在一个全球化和网络化的知识社会。它们潜在地对大学学习方式的传统地位和大学传统的教学、管理实践产生挑战。由于上述原因,将这些变化定义为学术革命是合理的。

除了在学术工作本质方面和高等院校与社会关系方面有改变外,一个不应该忘记的方面就是高等院校政策环境的变化。许多国家同时面临着高等教育预算消减,因为财政投资由人文学科、社会科学、教育学之类的"软"学科转向"硬"学科,尤其是应用科学类。最近有一个现象就是由于受越来越重要的高等院校排名的影响,多数发达国家和发展中国家把升入世界一流大学地位作为政策目标。这个目标一般是以美国研究型大学理想化的形象作为基础。

学术资本主义是分析新大学改革的一个方面吗?

在分析学术资本主义是怎样设法解释高等教育的近期变化之前,我先说一下我对这个理论的理解。学术资本主义是一个旨在解释新自由主义经济动力怎样渗透进高等教育机构的中等社会理论。Slaughter 和 Leslie(1997)把学术资本主义作为一个用来研究有组织的专业市场或致力于获取外部资金的类似于市场的行为的概念。他们描述了学术人员是怎样在越来越激烈的市场竞争环境中转变成利用他们的学术资本国家补贴的企业家。市场化倾向行为指为钱竞争的机构和学院(例如专利、衍生公司、产学合作园),而市场行为是以机构为主体的营利性活动和产品出售、服务于教育行业取得收入的更世俗的方法。他们也陈述了学术资本主义是一场已经悄然发生的改革。

Slaughter 和 Leslie(2004)进一步通过集中研究受到新自由主义政治规范约束的美国来发展这个理论。他们阐述了高等教育、市场、政府等的边界在营利性行为适应和渗透高等院校的时候是怎么模糊的。Slaughter 和 Cantwell（2012）反过来又认为学术资本主义制度一样存在于欧洲高等教育，虽然其发展路径不同于美国。在美国高等教育中，促进非政府组织和大学之间竞争的政策转变成学术资本主义制度的驱动力，而在英国，学术资本主义制度的驱动力是政府支持的新公共管理（NPM）议程，这个议程引导了很多新自由主义政策精神领域的高等教育改革。

本章节的研究是回答下列问题：学术资本主义作为概念和理论视角在致力于解释这种学术进行得如何和"静悄悄的改革"在高等教育里进行得如何？我将试图利用定义的维度和解决下列问题来回答：

（1）高等院校的机构和组织方面怎样发生了变化？
（2）教学实践和课程怎样发生了变化？
（3）职业身份和实践怎样发生了变化？
（4）社会关系和学术精神氛围怎样发生了变化？
（5）和国家的关系怎样发生了变化？

机构和组织方面怎样发生了变化？

在实证研究的基础上，学术资本主义这一概念出现的时代并没有目睹新的高等院校类型的出现。但是高等院校内部已经发生了相关权力平衡的变化和由于市场力量、国家政策引起的变化。通过 Slaughter 和 Leslie（1997）的分析，这些单位接受他们自己的资金独立于他们的从属机构并且在高等院校内部获得更多的权力，导致了单位与单位之间的分化，在这种情况下单位更接近于市场获益的行为。国家政策尤其是欧洲的新公共管理已经给了中央行政和管理机构更多的权力。[①] 然而市场倾向和新公共管理政策也许相互排斥，导致了基础学术单位更加薄弱的后果。就如 Slaughter 和 Leslie（1997）说的"权力

---

① Ferlie, Ewan, Christine Musselin, and Gianluca Andresani, "The Steering of Higher Education Systems: A Public Management Perspective", *Higher Education* 56, 2008 (3), pp. 325–348.

或多或少地变得有些集中了"①。这似乎也就是除了英、美国家的欧洲大陆高等教育的情况。作为一个理论解释，学术资本主义有助于说明大学不是单一的实体，而是一个在学科和学术之间以及它们的管理机构之间充满利益冲突特点的组织。

教学实践和课程怎样发生了变化？

学术资本主义并未考虑到高等教育教学的问题，这一理论集中于知识产出效益，这是这个理论可理解的不足之处。然而，对于教学方面缺乏关注是成问题的，因为没有注意到大学和社会之间的这个最重要联系：学生的思想和人力资本流动是服从于劳动力市场的需求的。根据上述讨论，信息、通信、技术是高等教育机构的一个重大挑战。慕课正是代表这一领域未来发展趋势的一个例子。

职业身份和实践怎样发生了变化？

学术资本主义理论广泛关注学者（或教师）和行政管理人员对于工作的理解和定义方面的变化，作者详细地讨论了学术身份和工作绩效是怎样受同事之间的竞争和有市场倾向的商业和工业企业的紧密合作的双重影响的。越来越多的合作同样也有改变学术身份的可能。作者还建议，以 Clark Kerr 的观点为参考，即在学术界存在教师群体对学术团体的贡献减少，而更多地致力于经济产出因素方面的范式转变。② 即使他们对这个问题没有给出确切的回答，Slaughter 和 Leslie 也全面而深刻地讨论了在这个高等教育全球化的环境里由市场和有市场倾向行为所造成的压力。这个讨论是最精华的部分，因为它开辟了在学者和学术职业自主性领域的新兴紧张局势和潜在问题的新前景。

---

① Slaughter, Sheila, and Larry L. Leslie, *Academic Capitalism: Politics, Policies, and the Entrepreneurial University*, Baltimore: Johns Hopkins University Press, 1997, p. 226.

② Ibid..

社会关系和学术心态怎样发生了变化？

社会关系和学术心态与职业身份和实践是密切相关的。市场和倾向市场的行为从两个方面影响着教师和研究者对学术工作的自我认识。第一，科研是个人以及单位和机构获取更多资金的最有效的方法。所以，高等院校、学术单位、个人都认为科研是比教学更为重要的工作。此外，进行科研始终是大学职业生涯最安全可靠的一条发展路径。第二，至少在西方国家来说，大多数的高等院校和学者感受到了做科研更多的压力。有些人认为学者们会觉得他们的工作比以前有更多的压力。然而令人惊讶的是，这并不是基于学术职业变革和欧洲情况的研究。[①] 一个可能的解释是，高等院校的工作环境恶化程度低于外部劳动力市场，作为学术资本主义，这些实证研究结果是有趣的，因为研究表明，学者们已经能相当好地在由于市场和市场倾向行为所带来的压力环境下生存了。

和国家的关系怎样发生了变化？

《学术资本主义：政治、政策和创业型大学》和《学术资本主义与新经济：市场、国家和高等教育》这两本书分析了高等院校和社会之间正在改变的关系。书中用实证研究并结合理论讨论了新经济政策是怎么改变或潜在地改变着高等院校的社会角色和学术工作的本质方面、高等院校的内部和学科之间的权力结构。换句话说，它有助于阐明科学和技术类的应用型"硬学科"获得更多的公共和私人资金而教育、人文科学、社会科学类的"软学科"逐渐失去这些项目资金的原因。

通过学术资本主义理论的基本假设，在竞争环境中高等院校将愿

---

① Teichler, Ulrich, and Ester Ava Hähle, eds., *The Work Situation of the Academic Profession in Europe: Findings of a Survey in Twelve Countries*, The Changing Academy—The Changing Academic Profession in International Comparative Perspective 8, New York: Springer, 2013.

意尽可能地采取市场行为挣钱,这些行为的实现通常需要以学术自由、机构自治为前提。然而就如 Leasa Weimer(2013)的解释,这些几乎是高等院校行为的普遍解释。在实证研究的基础上,Weimer 指出,芬兰的大学不遵循学术资本主义的逻辑,是因为芬兰不愿意从国际欧盟外的学生收取学费来获益。同时她也指出了存在与高等教育目的相互矛盾的观点。在职者看到了高等教育使整个芬兰社会受益,而挑战者保持着征收学费是应对全球经济条件下国际压力的最好方式。在职者界定高等教育是一种公共产品并且强烈反对学术资本主义的基本假设,认为这将误导市场规则和使所谓的学生成为消费者。相反,就如学术资本主义理论假设所说,挑战者更多地认为高等教育是私人产品,可以在国际市场上进行购买和销售。然而芬兰目前没有决定向国际学生收取学费。芬兰和欧盟国家的学生在任何情况下无须支付学费。

Weimer 的论文有助于发展这样一种观点:如果学术资本主义理论不能解释一个国家的高校和学者的学术行为,那么这个理论不是通用的,而是一种在某些社会中解释社会动力学的特殊理论。学术资本主义阐述了与英、美世界的高等教育相关的社会动态是已经被证明的事实了,但是在这种文化语境之外其解释力是很不确定的。除了芬兰,在其他北欧国家也许能找到一个相似的社会环境,并且这些国家的高等教育都有一种强大的国家建设功能,例如墨西哥和其他拉丁美洲的国家。

总　　结

这一章旨在表明大学的历史不是一个明显的成功的历史。高校经常与其相关的社会存在矛盾和挑战。有时,高校会失去它们的社会合法性和公信力,甚至是它们作为教学机构的重要性。在社会和经济环境里,激进而快速的变化迫使大学改变或者适应。

学术界人物至少会从三个领域阐述高等教育的当代变迁。第一个是政策领域,即 Michael Peters(2007)提出的政界人士和政策制定

第三章 大学改革与学术资本主义:历史的视角

者倾向于使用不同的学术理论作为行为动作意识形态。在这个领域,决策制定规则和学术研究的马基雅维利思想仅仅服务于政治目的。第二个是学术事业领域,在这个领域,学者们为了对人文科学或者是社会科学里的关于历史或者是当代现象的最好解释而争论。在这个领域,荣誉就是金钱。书籍、文章、报告可以转化为权力和地位。第三个是学术思考领域,即学者们为了一个与名誉关系不大的现象的最好解释或者最好理论而竞争,这个现象有可能使名誉增加或者失去。学者们是为了寻找真相。通常情况下,大多数学者主张在校长和名誉学者的演讲中发挥这一领域的精神,因为这一领域最密切和最牢固植根于高校核心主价值观。所有这些领域来自不同理论派系观点,我将不做详细探讨,因为这里的目的是反映学术资本主义已被使用的领域。

基于引文检索,学术资本主义已经在学术生涯领域里有强大的存在了,因为其在高等教育领域里有强大的声誉。这本书的出版就是学术资本主义声誉的证据。基于学术奖励,学术资本主义已经成为真理的一个有力探索。它已被公认为学术思考领域里一个优秀的真实例子。但学术资本主义在政策制定领域里只有很微弱的存在。这其实是一个很自然的事情,因为学术资本主义作为一种理论批判了几十年来已在全球高等教育政策制定议程中一直作为最有影响力政策观点的新自由主义的政治实践。

学术资本主义理论的真正价值在于其一直集中于学术界发生的变化进程。这比只是关注新公共管理的批判家经常强调的旨在改变高校的管理结构或与国家的关系的政治意识形态更为重要。即使这些关系很重要,但是并不是高等教育社会现象研究领域里最重要的。就如学术资本主义展示的,我们应该对逐渐发生的改变敏感,"静悄悄的变革"正发生在高等教育的政策背景下。同样的,管理工作和学术工作之间的关系一样重要,但是更为重要的是影响学术工作性质发生根本性变化的动力学。由于这些原因,我们应该分析不同方面的改变、特点和大学学术职能以了解高等院校和知识生产在基本操作层面上哪里发生了改变、是如何变化的,以及这些变化在哪些方面以及是如何挑战高等院校和学术界去改变或者不改变的。

注　释

1. "学术工作"被用作一个中性词。此"工作"包括学者和学生在高校从事的以下工作：教学、学习、研究、治理和管理。

2. "高校"和"大学"这两个词是可以互换的，因为在17世纪以前，只存在"大学"，而在20世纪六七十年代，随着高等教育和新的高等教育机构的出现，"高校"这个现代词汇才开始变得流行。

第四章

探究学术资本主义的时间体制

[加拿大] 朱迪思·沃克

> 我们必须利用时间,而不是任其流逝。
>
> ——瓦尔特·本雅明

在学术界,我们每个人都在选择如何利用自己的时间。举例而言,我选择投资 X 个小时来写这篇文章,以换取学术界"信誉经济"中可使用的一定财富。[1] 然后我可以取出这笔财富而去求职,去领取绩效工资,或去促进研究合作;如此我的时间(虽然有限)会很有价值。我的内心有一股信念,那就是:在一定时间内,我可以完成一定量的任务——教一堂课,参加一场委员会会议,或者写这篇文章。就好像花钱去买自己喜欢的东西一样,我的时间安排是由自己主宰的,我们将时间视为资源、资本或投资。我们每个人都知道,在一定程度上,我们将时间物化是一种错觉。但自资本主义出现以来,将时间视为有形的、可定义的、可交换的这种想法已经融入在我们的集体意识里了。[2][3] 此外,资本主义的变化与全球后现代时代相关的技术发明赋予了时间不同的概念与可操作性。想想最近一些并入流行话语

---

[1] Blackmore, Paul, and Camille B. Kandiko, "Motivation in Academic Life: A Prestige Economy", *Research in Post-Compulsory Education* 16, 2011 (4), pp. 399–411.

[2] Marx, Karl, *Capital: A Critique of Political Economy*, New York: International, 1967.

[3] Weber, Max, *The Protestant Ethic and the Spirit of Capitalism*, New York: C. Scribner, 1958.

的观念，例如"实时""网络化时间""刚刚即时生产"和"同步"或"异步"的对话。这样有选择性的使用和思考时间渗透到我们个人和集体的心智当中，它也渗透到高等教育机构、教学以及学习当中。

  本书是关于全球化时代背景下的学术资本主义，或者说是关于高等教育和劳动力市场日益全球化的背景下，使得大学变得更加企业化、与商业联系更紧密、更具竞争力，以及更好地与适应市场需求的学科相结合的一些方式。[1][2][3][4][5] 斯劳特和莱斯利在 17 年前就认识到他们所谓的学术资本主义即使到了今天也一样重要。如果当时有大学的话，在不同的国家，在很多方面我们的大学会变得更加具有学术资本主义性质。[6][7][8][9] 虽然这些经验和理论分析对于更好地理解学术资本主义的知识/学习制度很重要，[10] 但是我们需要更加详细地审视我所说的学术资本主义的时间制度（ACTR）。如果我们想要更好地理

---

[1] Bok, Derek, *Universities in the Marketplace: The Commercialization of Higher Education*, Princeton, NJ: Princeton University Press, 2003.

[2] Brown, Phillip, and Hugh Lauder, "The Great Transformation in the Global Labour Market", *Soundings* 51, 2012, pp. 41 – 53.

[3] Marginson, Simon, and Mark Considine, *The Enterprise University: Power, Governance and Reinvention in Australia*, Cambridge: Cambridge University Press, 2000.

[4] Mendoza, Pilar, "The Role of Context in Academic Capitalism: The Industry Friendly Department Case", *Journal of Higher Education* 83, 2012 (1), pp. 26 – 48.

[5] Slaughter, Sheila, and Gary Rhoades, *Academic Capitalism and the New Economy: Markets, State, and Higher Education*, Baltimore: Johns Hopkins University Press, 2004.

[6] Mars, Matthew M., and Gary Rhoades, "Socially-Oriented Student Entrepreneurship: A Study of Student Change Agency in the Academic Capitalism Context", *Journal of Higher Education* 83, 2012 (3), pp. 435 – 459.

[7] Metcalfe, Amy Scott, "Revisiting Academic Capitalism in Canada: No Longer the Exception", *Journal of Higher Education* 81, 2010 (4), pp. 489 – 514.

[8] Choi, Po King, "Weep for Chinese University: A Case Study of English Hege-money and Academic Capitalism in Higher Education in Hong Kong", *Journal of Education Policy* 25, 2010 (2), pp. 233 – 252.

[9] Slaughter, Sheila, and Brendan Cantwell, "Transatlantic Moves to the Market: Academic Capitalism in the United States and European Union", *Higher Education* 63, 2012 (5), pp. 583 – 603.

[10] Slaughter, Sheila, and Gary Rhoades, *Academic Capitalism and the New Economy: Markets, State, and Higher Education*, Baltimore: Johns Hopkins University Press, 2004; Smith, Adam, *An Inquiry into the Nature and Causes of the Wealth of Nations*, London: J. F. Dove, 1826.

解学术资本主义对于我们作为教师、研究人员、学生和管理员来说意味着什么，那么我们就需要"利用时间"。

我在本节里努力尝试把时间在学术资本主义全球化背景下进一步理论化，这是我在2009年首次探讨的话题。① ACTR 是学术界、资本主义和时间之间关系重新配置的结果，主要反映着现代化和后现代性。在发展这个理论的过程中，我仔细研究了时间和资本主义之间、时间和学术界之间、学术界和资本主义之间的关系。由此，我重点强调一些ACTR的悖论，然后引入"关键时刻"和"时间"的附加维度，以帮助我们进一步理解高等教育系统内时间是如何运转的。为了进一步发展这个理论，我说明了ACTR是如何在大规模开放网络课程（MOOCs）的情况下进行全球化运作的。这篇文章是以对ACTR的风险更为深度的讨论以及它在学术界对我们思维方式、行为产生的现有的和潜在的影响来结束的。

学术资本主义时间制度的时间关系

时间轴代表了资本主义与学术界。② 在本节中，我把时间与社会的关系分为三个主要时代——前现代、现代和后现代——专注于现代性和后现代性。

时间与资本主义

资本主义从根本上改变了人们对时间的使用方式和看法。③④ 在前现代性和前资本主义时期，时间被大事件所标记，且普遍被认为具

---

① Walker, Judith, "Time as the Fourth Dimension in the Globalization of Higher Education", *Journal of Higher Education* 80, 2009 (5), pp. 483–509.
② Adam, Barbara, *Time*, Cambridge: Polity Press, 2004.
③ Fenves, Peter, *The Messianic Reduction: Walter Benjamin and the Shape of Time*, Stanford, CA: Stanford University Press, 2010.
④ Marx, Karl, *Capital: A Critique of Political Economy*, Vol. 1, New York: International, 1967.

有周期性，时间的变化也是渐进的。①② 知识被认为是一些固定的东西，像智慧一样代代相传。③ 随着工业革命的开展，时间开始和空间及自然界分离开来，转而成为一个精确的测量单位，适时地满足了工业化经济的需求。④ 新的劳动分工要求把时间划分成量化单位来进行规划、调度和日常商品的生产。⑤ 这种新的时间观念对于确保速度、纪律、秩序、精度和效率是必不可少的。⑥

我们在谈论资本主义的时候，无法忽略时间这个要素。⑦⑧ 工业/现代资本主义时期，大部分人的时间意识都是被压制的。对时间的训练在它富有层次性的结构中是很常见的。在马克思和恩格斯（1978）对工业资本主义时期工人的异化世界进行的描述中，我们看到工人在工厂车间累死累活，生产与他们的劳动果实相分离的无价值的产品。令人讽刺的是，明明是工人生产了产品，他们却根本无力购买。由于我们从"度过"时间转向到"耗费"时间，低效率的时间利用已成为一个道德性的失败。⑨ "时间就是金钱"，韦伯⑩宣布，勤俭节约是游戏的名称。正如韦伯所指出的，准时和长时间工作在资本主义社会都是美德。基督教伦理要求人们现在吃苦、以后受苦的价值自然会被

---

① Castells, Manuel, *The Rise of the Network Society*, 2nd ed., Malden, MA: Blackwell, 2000.

② Lash, Scott, and John Urry, *Economies of Signs and Space*, London: SAGE, 1994.

③ Hongladarom, Soraj, "The Web of Time and the Dilemma of Globalization", *Information Society* 18, 2002, pp. 241–249.

④ Giddens, Anthony, *Modernity and Self-Identity: Self and Society in the Late Modern Age*, Cambridge: Polity Press, 1991.

⑤ Marx, Karl, *Capital: A Critique of Political Economy*, Vol. 1, New York: International, 1967.

⑥ Thompson, Edward P., *Customs in Common: Studies in Traditional Popular Culture*, New York: New Press, 1992.

⑦ Weber, Max, *The Protestant Ethic and the Spirit of Capitalism*, New York: C. Scribner, 1958.

⑧ Marx, Karl, *Capital: A Critique of Political Economy*, New York: International, 1967.

⑨ Thompson, Edward, P., *Customs in Common: Studies in Traditional Popular Culture*, New York: New Press, 1992.

⑩ Weber, Max, *The Protestant Ethic and the Spirit of Capitalism*, New York: C. Scribner, 1958.

证明。我们的加尔文主义宿命论可以通过我们如何利用时间来证明。在工厂或商务办公室里努力工作,以及延缓我们的满足感,这是我们应得的随后奖励的一个标志。

时间从现代/国家向后现代/全球资本主义移动

在工业资本主义和现代时期,重点是以国家背景为主的商品生产。同时伴随着工作周(例如,朝九晚五,周一至周五)和非工作周末的引进,这里有明确的角色划分,[①][②] 以及针对大部分工人而进行的明确的时间划分。

全球性的资本主义始于20世纪的后半期,部分以商品和制造业为基础的经济转向了以服务和知识为基础的经济(特别是在西方),并且经济也从物质化到非物质化。由于技术的发明和资本主义的变化,工人们的角色有了一个转变,我们看到了创造者阶层、[③] 知识工作者[④]以及象征性的分析员[⑤]的崛起。我们与空间的关系开始发生变化。我们见证了全球化公民[⑥]的出现,对于这些人来说,他在哪里工作没有多大的重要性。多孔边界和供给经济学意味着经济竞争已经变得更加激烈。[⑦] 即使是高等教育也不能将我们从这种竞争中拯救出来。[⑧]

---

① Engels, Frederich, "On the Division of Labour in Production", *In The Marx-Engels Reader*, 1978, pp. 718 – 727.

② Smith, Adam, *An Inquiry into the Nature and Causes of the Wealth of Nations*, London: J. F. Dove, 1826.

③ Castells, Manuel, *The Rise of the Network Society*, 2nd ed., Malden, MA: Blackwell. 2000.

④ Drucker, Peter, F., *Post Capitalist Society*. New York: HarperBusiness, 1993.

⑤ Reich, R., *The Work of Nations: Preparing Ourselves for 21st Century Capitalism*, New York: Fist Vintage, 1991.

⑥ Friedman, Thomas, L., *The World Is Flat: A Brief History of the 21st Century*, New York: Farrar, Strauss & Giroux, 2005.

⑦ Castells, Manuel, *The Rise of the Network Society*, 2nd ed., Malden, MA: Blackwell. 2000.

⑧ Brown, Phillip, and Hugh Lauder, "The Great Transformation in the Global Labour Market", *Soundings* 51, 2012, pp. 41 – 53.

空间变化的内在联系是时间上更进一步的商品化与压缩化。① 由于电子市场、交通体系、信息和通信技术的更加普遍化，思想的全球传输几乎是瞬时的，商品在全球范围内的运输更加有效率，及时制造的商品满足了消费者的需求。② 随着信息的迅猛增长和传播，产品和知识的保质期往往较短。为了保证利润最大化与工作灵活性，雇用关系的维持时间也越来越短。③ 尽管随着后现代时代的到来，人们的工作效率不断提高，时间却永远都不够。④

随着速度和效率进一步被重视，后现代主义背景下的资本主义也已经促进了时间伦理上的变化。⑤ 此外，后现代、全球化的知识型员工继续利用时间来保持他的优势，因为他要迅速适应、创新和重塑，以及尽可能在最短的时间内抓住新的机会。⑥ 专业人士和服务行业人员在他们的工作中都有可能拥有更多的灵活时间和较少的对外时间而有更多的灵活时间，但由于实际工资的减少和成本的上升，他们的绝对时间可能会减少。

时间和学术界

从前现代到后现代，时间已经在学术界发生了转变。柏拉图学院是以长期的时间轴为基础。学生们从进入大学就开始研究各种学科，例如哲学、数学和法律，以及做一个好人意味着什么，保持幸福意味着什么及生活在一个正常运转的社会中意味着什么。⑦ 苏格拉底式的提问方法可以被理解为一个探索的旅程，时刻伴随着曲径

---

① Harvey, David, *The Enigma of Capital and the Crisis of Capitalism*, Oxford: Oxford University Press, 2010.

② Castells, Manuel, *The Rise of the Network Society*, 2nd ed., Malden, MA: Blackwell, 2000.

③ Harvey, David, *The Enigma of Capital and the Crisis of Capitalism*, Oxford: Oxford University Press, 2010.

④ Stix, Gary, "Introduction: Real time", *Scientific American*, 2006.

⑤ Stein, Janice Gross, *The Cult of Efficiency*, Toronto: House of Anansi Press, 2001.

⑥ Reich, R., *The Work of Nations: Preparing Ourselves for 21st Century Capitalism*, New York: Fist Vintage, 1991.

⑦ Plato, *The Republic*, London: Penguin Books, 2007.

和死角；这些对话都是耗时的，并且往往是迂回的。材料的掌握同样耗时。在这种前现代的大学，期限、计划与正式课程都是没有的。想法是以历史为基础的，并倾向于它们在今天往往所不具有的相对较短的寿命。

现代大学创建学科，提供研究框架，要求更好的个人纪律。[①][②]它们开始变得既需要更多的时间同时也是有时效性的。随着印刷业的出现，它向社会大众持久不断地提供更多的有用信息。同时，学院机构开始授予学位，项目开始变得受计划和时限的约束。随着高等教育在20世纪的大众化，定时讲座已成为教学的主要方式。

学术界，也像资本主义一样，在全球化背景下发生了转变，已经进入了一个具有流动性、灵活性和非物质性的时代。[③]随着越来越强调个性化和自主化的学习，学位在某些情况下变得不太受时间的约束。在过去的几十年中，我们也看到一大批学生涌入西方大学，走向国际，这些学生主要来自印度、中国和中东国家，他们往往都有不同的时间观念。同样的，发达国家的知名大学也为了学生而在其他国家开设国际分校。但是，在时间和学术界两者关系之间最具有革命性的变化可能是虚拟学生的大规模增长，这些学生就读于其从未踏足过的某个城市或国家的大学。我们已经进入虚拟教育的时代，现在所有大学生30%的时间都在网上学习，然而在2002年的时候这个比例却不到10%。[④]由于学生们在网络上接受虚拟学习、异步学习和同步学习，所以虽然他们存在，但肉眼却看不见。

此外，有越来越多的学术时间的削减表明，[⑤]学者们作为学术型

---

① Delanty, Gerald, "The University and Modernity: A History of the Present", *In The Virtual University? Knowledge, Management, and Markets*, 2003, pp. 31-48.

② Gould, Eric, *The University in a Corporate Culture*, New Haven, CT: Yale University Press, 2003.

③ Delanty, Gerald, "The University and Modernity: A History of the Present", *In The Virtual University? Knowledge, Management, and Markets*, 2003, pp. 31-48.

④ Economist, "Higher Education: Not What It Used to Be", *Economist*, 2012a.

⑤ Grove, Jack, "Stressed Academics Are Ready to Blow in Pressure-Cooker Culture", *Times Higher Education*, 2012, (10).

知识员工处于"来不及多想"①的"不眠于学术界"②的状态中。然而，教师反映了不同时期的观点甚至是前现代的时间概念仍然存在，并非所有的学者都被众所周知的时钟所约束。③

近观学术资本主义的时间制度

由于受到新自由主义全球化的影响，学术资本主义开始探讨高等教育开始资本主义化的方式，包括其外源性和内源性的原因。为了满足知识经济的需求，提高它们的国家和国际排名，以及吸引更多的学生、明星教员和财富，世界各地的大学已变得更加富于进取了。④⑤时间是理解学术资本主义以及它和全球化之间的关系所缺失的因素。学术资本主义时间制度把有关时间、学术界和资本主义的现代和后现代的合并部分从根本上汇集起来。

悖论

ACTR 在多个层面上是自相矛盾的。下面我将阐明五种不同的悖论。

第一，尽管对高速和高效率有需求，⑥但事实上有很多有关学校低效和停滞不前的证据。在它们试图融入全球知识经济的同时，大学

---

① Menzies, Heather, and Janice Newson, "No Time to Think: Academics' Life in the Globally Wired University", *Time and Society* 16, 2007 (1), pp. 83–98.

② Acker, Sandra, and Carmen Armenti, "Sleepless in Academia", *Gender and Education* 16, 2004 (1), pp. 3–24.

③ Ylijoki, Oili-Helena, and Hans Mäntylä, "Conflicting Time Perspectives in Academic Work", *Time and Society* 12, 2003 (1), pp. 55–78.

④ Marginson, Simon, and Mark Considine, *The Enterprise University: Power, Governance and Reinvention in Australia*, Cambridge: Cambridge University Press, 2000.

⑤ Slaughter, Sheila, and Brendan Cantwell, "Transatlantic Moves to the Market: Academic Capitalism in the United States and European Union", *Higher Education* 63, 2012 (5), pp. 583–603.

⑥ Wildavsky, Ben, and Robert E. Litan, "It's Time to Go Back to School on Higher Education Reform", *Huffington Post*, 2012 (5).

锁定成本效益、效率和性能。① 短时间内发布更多信息传达出一个讯息，那就是自从学术资本主义被首次认可后，其强度在不断提升。而学生，作为消费者，现在需要更多的响应。少花时间和金钱多做实事——是21世纪大学的口头禅。但是，我们这些在高校里工作的人都明白，变化的概率几乎为零。如果大学是一个企业，那也是一个不好的企业，正如学者们所沉思的那样。②③ 在臃肿、效率低下的官僚机构影响下，大部分大学停留在资本主义的高层次和产业模式上。《华尔街日报》（2012）最近指出，在2001年和2011年之间，在整个美国，受雇来管理人事、项目或政策的大学行政人员的数量比教师的数量提高了50%。换句话说，大学不是一个灵活的、动态的21世纪的团体，而是一个创新、效率和成本有效性都有待提高的机构。

第二，尽管ACTR意味着工作更长时间，但我们似乎只在每项工作上花了更少的时间。这种"超速行动"对质量产生了负面的效果。如上所述，在后现代资本主义时代，学者工作时间更长。④⑤⑥ 学术界是一个"长时间工作文化"，⑦ 在这个领域，要得到重视就必须表现出（持续）在工作的状态。同时，也有这样一种感觉，就是没有一个人真正有时间做某事。⑧ 根据Barbara所说，学术界很少写有深度

---

① Walker, Judith, "Time as the Fourth Dimension in the Globalization of Higher Education", *Journal of Higher Education* 80, 2009 (5), pp. 483–509.

② Bok, Derek, *Universities in the Marketplace: The Commercialization of Higher Education*, Princeton, NJ: Princeton University Press, 2003.

③ Manicas, Peter T., "Globalization and Higher Education", *In The Blackwell Companion to Globalization*, 2007, pp. 461–477.

④ Castells, Manuel, *The Rise of the Network Society*, 2nd ed., Malden, MA: Blackwell, 2012.

⑤ Grove, Jack, "Stressed Academics Are Ready to Blow in Pressure-Cooker Culture", *Times Higher Education*, 2012 (10).

⑥ Menzies, Heather, and Janice Newson, "No Time to Think: Academics' Life in the Globally Wired University", *Time and Society* 16, 2007 (1), pp. 83–98.

⑦ Ylijoki, Oili-Helena, and Hans Mäntylä, "Conflicting Time Perspectives in Academic Work", *Time and Society* 12, 2003 (1), pp. 55–78.

⑧ Cabin, Robert, J., "Skin This Article (or Just Skip It)", *Chronicle of Higher Education*, 2010 (3).

的评论或者仔细地阅读什么；他声称，材料充其量也只是接收到表面的处理。学术界已经经历了时钟时间的加速期，① 但是花更少的时间在完成任务上——无论这个任务是研究、写作或者教学，这也就意味着质量大大降低。

第三，时间的个性化随着时间的标准化和限制而增长。在学术资本主义的知识/学习制度②中，一个主要的趋势就是个性化、差异化和自调节式教学。在这个新的时间风景线上，学生可以根据他们需要学习的材料来选择长时教育还是短时教育。以能力为基础的教育——迅速成为健康专业教育的准则——这是一个有关胜任力的问题，而不仅仅是为了完成一个四年计划。但是我们获得学位仍需要大量时间，例如，医疗（MD）和牙科项目（DMD 或 DDS）一般需要四年。也许某些机构的一些学生可以复读一年；但是，由于收费往往非常高昂——有时甚至仅每年学费就上涨 50000 美元（如在哈佛大学口腔医学院）——学生们很少复读或者辍学（例如，美国牙医协会 2012）。此外，随着博洛尼亚进程在欧洲的实施，我们看到在学位课程上时间标准化的更好体现。例如，在欧洲，三四年本科课程的标准化有利于国际流动，同时也导致一些人担心机构（和国家）的自主性遭到破坏。③

第四，尽管在学术界，时间变得更加短和线性，但是认为时间变得更加长期的观点仍然存在。我们现在处于学者恩德斯（2000）所说的"高等教育临时工"时代，同时伴随着短期合同和项目的扩散。例如，研究人员有可能被锁定到由行业或政府资助的有时间限制的项目当中去。同时，并不是每个人都是时间的奴隶。④ 科学家们依然拒绝对一个发现可能花费多长时间而给出有时限性的答案，并继续在重

---

① Adam, Barbara, *Time*, Cambridge: Polity Press, 2004.

② Slaughter, Sheila, and Gary Rhoades, *Academic Capitalism and the New Economy: Markets, State, and Higher Education*, Baltimore: Johns Hopkins University Press, 2004.

③ Pechar, Hands, and Ada Pellert, "Austrian Universities under Pressure from Bologna", *European Journal of Education* 39, 2004 (3), pp. 317 – 330.

④ Ylijoki, Oili-Helena, and Hans Mäntylä, "Conflicting Time Perspectives in Academic Work", *Time and Society* 12, 2003 (1), pp. 55 – 78.

大问题上工作着。即使是工作时间固定的研究人员都不能把时间设想为仅仅是线性的和短期的。例如，在学者霍基（Hockey）的研究中，合同研究参与者就被两种时间所安排和组织着。首先，由于考虑到他们的合同期限以及自己的实际科研课题，他们认为时间是线性的和价值相关联的。其次，他们把时间视为周期性的。例如，像根据要求给出提议，或者开始新的计划、合同，也就意味着回到一个周期的开始。

第五，ACTR 意味着被更多地控制范围内的自由。问责制的要求、监视和管理主义的技术已经愈演愈烈，并在学术著作上施加更大的控制权。[1] Ylijoki 和 Mantyla（2003）指出，更多的学者投入自己的工作，更多的工作已经超过了他们的负荷。有一条成文的规定，那就是工作量加大或者减少是可以由学者自己决定的。但是学术成功的标准仍然是处于暗示中的而不是明确的传达。通常情况下，控制是内部的。他们经常拿自己来和别人进行比较，因此他们经常体会到未能生产出"足够的资本"来作为信誉经济中的学术成果而产生的失败感。[2] 当然，也有因为缺乏绩效工资、晋升或者固定任期而不能充分利用时间而产生了一些外部后果。个人时间纪律既是他律的，也是自律的，并且随着时间的推移，有持续不断的内部和外部的斗争。例如，是否愿意将时间花在服务、研究或教学上。Hockey（2002）表明，会议中的研究人员可以从他们的工作中来"偷"时间，以此来帮助他们获得职业的未来。例如，他们开拓工作时间和重新转向学术出版，这种做法可以在一个竞争激烈的学术劳动力市场为他们带来更大的资本。然而，随着竞争的加剧，来源于出版的资金或者接受的补助金逐渐减少，总会有人工作更长的时间并取得更多的成果，以此来证明自己在学术界的崇高地位。

---

[1] Menzies, Heather, and Janice Newson, "No Time to Think: Academics' Life in the Globally Wired University", *Time and Society* 16, 2007 (1), pp. 83–98.

[2] Blackmore, Paul, and Camille B. Kandiko, "Motivation in Academic Life: A Prestige Economy", *Research in Post-Compulsory Education* 16, 2011 (4), pp. 399–411.

关键时刻和空间概念

时间是我们学术生活的基础,而在我们工作的时候,它是难以捉摸的,是虚幻的、不可名状的。但是,它对于探索时间的不同概念(隐喻)非常有意义并能更好地理解 ACTR,"关键时刻"与"空间概念"这两个词都源于古希腊,并由此引出两种截然相反的时间观。关键时刻所指的时间就是我们生活的此时此刻。关键时刻与历史无关,它仅仅表示现在。它是积极的,比如心理学家特米哈伊于 1975 年在"涌流"中将 Carpe Diem 译为"当下的力量"。这也可以用相似的方式来理解"本雅明的弥赛亚时间",因为现在时间站在历史之外,将即时性和永恒的强烈感受联系在一起,其特点是断裂。[1] 作者认为,关键时刻也指的是我们不想超越今天,不想超越我们的欲望和我们自己。然而,空间概念描述伴随着进步的时间的连续性或进展。[2] 它也可以包括与本杰明有关的同质或者空白时间的概念——他认为,这种时间被定义为(现代)资本主义——它代表着连续性的单调无聊;然而它更多的意味着相同,而不是走向进步的游行。[3] 为了本章的写作目的,我们将"关键时刻"理解为短时概念,将"空间概念"理解为长时概念。

我们的院校现在变得越来越以关键时刻的少和多为基础。日益增长的压力,日益延长的工作时间,和从目前的一个任务到另一个任务的多重任务阻碍注意力的集中。打个比方,在对话或讲座之中来查看我们的智能手机或平板电脑的消息,也意味着我们不能活在当下。急于发布学术成果,成为相关领域有影响力的学者,意味着我们不能完全反映和表达在我们的脑海和思维中的想法。以信用为基础的社会,是关键时刻;及时行乐同样是关键时刻。作为 21 世纪的学生和教师,

---

[1] Fenves, Peter, *The Messianic Reduction: Walter Benjamin and the Shape of Time*, Stanford, CA: Stanford University Press, 2010.
[2] Ibid..
[3] Ibid..

我们能够生活在亚当斯和格罗夫斯所谓的"现在的未来"。① 在关键时刻的状态，我们都以目前为目标，都是时间乐观主义者（或许是时间文盲），只是想着我们现在的工作，根本没有考虑过我们过去做过的事情，也不会过多地考虑未来。立足于现在、面对未来的人们，将未来视作广阔而且可控的未知地域。② 在资本主义后现代时期，我们所接受的教育是未来，是我们自己创造的，我们可以不断地重塑自己。基于对芬兰合约工的研究，于力约基（Ylijoki）2010 年发现对未来的三种定向观，其中两个可以被视为主要面向"关键时刻"和"现在的将来"理论：（1）即时的生活，即事实将完全专注于现在；（2）多样化的未来，员工一边着眼于目前的工作与生活，一边为未来做准备。

相反，空间是连续性和时间在流逝的概念。在学术界，我们的知识和信息，都是建立在前人提供的信息基础之上的；医学的进步同样来自于前人的探索。我们在彼此的工作基础上进行深入持续的研究。科技的帮助使现在与未来联系得更加紧密。我们可以在脸谱网和微博上记录我们的思维活动，而这些网站上的数据是不会被真正删除的。我们发现研究者、教授、学生的过时之处，于是在网上发表博客进行反对。大学鼓励我们对于未来有所期待，建立一个"未来时空定向体系"③，在这里我们不断进行自我完善、自我监督和自我提升。这是那些立足于未来的工作者自我调节的方式。这也是于力约基在她对芬兰学者进行研究的著作中提到的时间定向观的第三种类型——计划性的未来，它描述的那些受访者为了实现不一样的未来，对自己有非常详细而有建构性的计划。他们的工作目标转向了在未来完成不同的职业成果。

---

① Clegg, Sue, "Time Future: The Dominant of Higher Education", *Time and Society* 19, 2010 (3), pp. 345–364.

② Giddens, Anthony, *Modernity and Self-Identity: Self and Society in the Late Modern Age*, Cambridge: Polity Press, 1991.

③ Brooks, Rachel, and Glyn Everett, "The Prevalence of 'Life Planning': Evidence from UK Graduates", *British Journal of Sociology of Education* 29, 2008 (3), pp. 325–337.

大规模的开放网络课程（慕课）和在线教育/学习制度

虽然远程教育伴随我们已经有一个世纪了，在线教育也于 20 世纪 90 年代开始发展，但慕课相对而言是一个新的现象。慕课指的就是大规模（从数百名学生到几十万学生）开放（无信用记录、无入学要求、无学费）网络课程（独立的课程，不是更广泛项目的一部分）。

最初的慕课是 2008 年由马尼托巴大学的两位教授开始发起的，① 从那时起慕课就迅速发展，他们今天被一些人认为是对传统高等教育的威胁。② 目前在慕课的世界里有三种主导力量（Udacity、EDX, and Coursera）。③ 我们正在进入高等教育的"变革"时代，而慕课改变了全球的大学文化景观。

慕课提供了一个在全球范围内探索 ACTR 的理想案例研究，慕课反映了 ACTR 探索的悖论，乍一看，它们断然不是资本主义的范畴。慕课抵制高等教育成本上升的趋势。④ 虽然世界各地的传统大学学费在不断上涨，慕课却几乎不收取任何费用。它们还表示对"文凭主义"的反对：大多数慕课很少提供有效学分（但这正在发生改变）。它们没有冗多的技术专家（正如我们所见，大学里不断上涨的行政管理费用），也没有指导教师，因此慕课教学不必支付任何额外的费用。教师和学生都充满教学和学习的热爱。此外，没有（目前尚未出现）一个教育技术公司从中谋利。⑤

与此同时，慕课体现后福特主义、新自由主义和学术资本主义的

---

① Daniel, John, "Making Sense of MOOCs: Musing in a Maze of Myth, Paradox and Possibility", *Journal of Interactive Media in Education*, 2012.

② Manjikian, Mary, "Why We Fear MOOCs", *Chronicle of Higher Education*, 2013（6）.

③ Economist, "Higher Education: Not What It Used to Be", *Economist*, 2012a（12）.

④ Economist, "Free Education: Learning New Lessons", *Economist*, December 22, 2012b. www.economist.com/news/international/21568738-online-courses-are-transforming-higher-education-creating-new-opportunities-best.

⑤ Economist, "Higher Education: Not What It Used to Be", *Economist*, December 1, 2012a. www.economist.com/news/united-states/21567373-american-universities-represent-declining-value-money-their-students-not-what-it.

道德。第一，这三个慕课平台都是脱胎于大学作为分拆公司或组织而形成的。第二，它们都是基于一个合作模式（公私合营或公共非营利性）。例如，大学合作伙伴在 Udacity、Coursera 和 EDX（全球三大网络开放课程平台）的平台上提供慕课。Udacity 与谷歌链接。此外，教育技术公司决定是否接受与大学的合作伙伴关系，或申办提供的课程，其在本质上承担、控制学术质量的过程，分流了一些来自大学的权利。第三，Udacity、Coursera 和 EDX 是由企业家兼大学教授为企业家创造的"公司"。虽然 EDX 是大学资助的，但是 Udacity 和 Coursera 都是通过风险资本的投资渠道，像大多数 21 世纪早期创业的企业一样。[1] 第四，直到最近，大多数课程都集中在科学、技术、工程和数学领域；在写作的时候，Udacity 关于工程、计算机科学、统计学和物理学的课程，都涉及一个课程叫"如何建立一个初创"（见网站 www.udacity.com）。第五，虽然大多数是"免费"，但慕课提供商开始收取学生的认可和鉴定费，因为它们与测试合作伙伴以及其他公司，通过面部识别能够确保学生的身份认证和授权证书的发展愿望。[2] 自 2013 年 1 月始，Coursera 提供了一些课程，如果学生支付 50—100 美元便能获得一个真实的证书。[3] 此外，由于众所周知的原因，为公司物色人才也会成为增加收入的一种方式，Coursera 会向一些公司推荐最优秀的学生并向其收取费用。[4]

我们的兴趣之处在于，慕课也改变了我们和时间的关系，以此来与我们以前的阅读内容相符合。网站的建立确保虚拟的学生可以在全球范围内的任何地方访问互联网。在大多数情况下，慕课是对短的（大约 8—10 分钟）、预先录制的讲座进行汇编。它们接近传统的大

---

[1] Economist, "Free Education: Learning New Lessons", *Economist*, December 22, 2012b, www.economist.com/news/international/21568738-online-courses-are-transforming-higher-education-creating-new-opportunities-best.

[2] Koller, Daphne, and Andrew Ng., "The Online Learning Revolution: Learning without Limits", Center for Teaching and Learning Technology Institute, University of British Columbia video, 1: 54: 32, May 31, 2013.

[3] Ibid..

[4] "Free Education: Learning New Lessons", *Economist*, December 22, 2012b.

学讲座，以适应在这个新的时间框架内运行。通常而言，慕课的运行时间少于正规大学的学期时间段。Horn 和 Christensen（2013）预示着"定制需求将推动我们走向迷你课程"。慕课还可以在关键时刻——通过聊天室或谷歌网站启动同步交互操作。永久的讲座和编写异步交互，也反映了知识的连续性。慕课的核心理念就是人们在有限的空间、时间内进行学习：学习向每个人开放，活到老，学到老。

慕课代表个性化的"分拆教育"。我们可以基于自己的喜好选择课程，基于自己的想法参加或多或少的主题讨论。这是灵活性和新自由主义价值观的最终选择。同时，课程一般要求持续固定的时间同时它们（大规模授课）的本质不满足相同级别课程的个性化。慕课需要时间纪律。为了跟上教学内容，必须完成每周一次的测验和作业。当涉及时间，自由是需要极度自觉，只有 10% 的人极度自觉地完成慕课课程，而且并非所有学生的目的都在于完成课业，[①] 他们将需要很强的时间管理能力来完成他们的日常需求。自我规划、自主学习慕课的学生是面向未来的，因为他们投入了珍贵的"空闲"时间在学习上，从而延缓其他生活满足。通常他们甚至收不到学习证书来证明自己付出的努力，并且不知道什么时候他们能收回他们的慕课资本。

慕课将时间的平衡由教师转向学生。由于大多数慕课教师也是大学教学人员，慕课改变了教师和学生在他们本职院校面对面的交流。与此同时，把控制权转移到可以决定做什么和什么时候做的学生（消费者）身上，慕课颠覆了传统课程，将更多的精力投入合作学习上。[②] 一个优秀的印度学生可以快速地回答问题来帮助一个学

---

① Koller, Daphne, and Andrew Ng., "The Online Learning Revolution: Learning without Limits", Center for Teaching and Learning Technology Institute, University of British Columbia video, 1: 54: 32, May 31, 2013, http://mediasitemob1.mediagroup.ubc.ca/Mediasite/Play/62ddb199ab024a73b72cb4c63e1e88481d.

② Ibid..

习困难的加拿大学生，同伴可以为彼此的成果打分。① 学习小组出现在全球各地，原因在于学生可以会面，一起商讨课程以外的内容。

虽然全世界的人都可通过慕课学习，但许多人担心它加剧了全球化不平衡格局的发展。②③ 在大多数情况下，它们把西方的大学课程、教学、学习方式和潜在的霸权文化的假设和做法应用于发展中国家。或许由于在资源访问上的差异（包括时间），它们也正在不成比例地吸引生活在发达国家且已受过高等教育的学生。④ 在有限的期限内做三份工作的人仅仅可以勉强度日，也许不能享受慕课这个奢侈品。同样，只能在一天的特定时间访问互联网的人也不太可能学习慕课。此外，西方和其他国家在时间和直觉上存在差异。慕课仍然是有时限的，有严格的考试和作业的最后期限，最后期限在拉丁美洲和非洲国家可能被认为是"差不多就好"，而在西式慕课中，不存在宽大处理。时区差异使学生同时参与课程的聊天或同步进行课程的其他方面显得困难。思想的跨境交融，包括一个特别现代的时间伦理的跨境流动，⑤ 仍然是单向的，但这种情况可能会改变，因为更多的非西方大学提供不同语言形式的慕课，以适应不同的文化。⑥

在重新配置的现代和后现代思潮背景下，慕课将全球化、资本主

---

① Economist, "Free Education: Learning New Lessons", *Economist*, December 22, 2012b, www.economist.com/news/international/21568738-online-courses-are-transforming-higher-education-creating-new-opportunities-best.

② Liyanagunawardena, Tharindu, Shirley Williams, and Andrew Adams, "The Impact and Reach of MOOCs: A Developing Countries' Perspective", *Elearning Papers* 33. 2013, pp. 1–8.

③ Regalado, Antonio, "Online Course Put Pressure on Universities in Poorer Nations", *MIT Technology Review*, November 12, 2012.

④ Koller, Daphne, and Andrew Ng., "The Online Learning Revolution: Learning without Limits", Center for Teaching and Learning Technology Institute, University of British Columbia Video, 1: 54: 32, May 31, 2013.

⑤ Weber, Max, *The Protestant Ethic and the Spirit of Capitalism*, New York: C. Scribner, 1958.

⑥ Koller, Daphne, and Andrew Ng., "The Online Learning Revolution: Learning without Limits", Center for Teaching and Learning Technology Institute, University of British Columbia video, 1: 54: 32, May 31, 2013. http://mediasitemob1.mediagroup.ubc.ca/Mediasite/Play/62ddb199ab024a73b72cb4c63e1e88481d.

义、时间以及学术界汇集在一起,我们看到时间在力量/控制方面的转变,从教师到学生,从大学到慕课提供商(以 Coursera 为例),时间的现代主义概念仍然存在。圣人依然在舞台上——或者更贴切地说,王者是在屏幕上的,是以一种浓缩但可认知的讲座形式将官方知识传输给学生。层次结构仍然存在。随着课程越来越以信用为基础,它们会像数十年在市场中的表现一样去做出反应,可以以此作为判断雇主能力的一个信号。

探 讨

该 ACTR 加剧了高等教育背景下资本主义和时间关系。它重新配置关系、分散权力,并使我们对于过去、现在和将来的概念定义进一步问题化,对社会个体和整个社会提出挑战。

时间/权力关系的变化

学术资本主义的时间制度意味着时间需求权力的转换。行政管理人员要求教师更好地考虑他们的时间——尤其是一些地方,如英国[①]和澳大利亚[②]。在一个以消费者为基础的教育模式中,学生是国王,决定着他应该何时以及在什么上面花时间。在一个教学主要依靠在线的情况下(虽然不是慕课),我有时会引起学生的不满,因为在布置的任务中,我要求他们读或写论文超过十页;或在参与课堂的标准上,我要求他们参与正在进行的小的和大的小组讨论——在本质上,要求他们花更多的时间在他们的教育上。一个学生在最近的教学评价中的珍贵评论说明了一切:"我花了太多的时间在这堂课上,这阻碍了我对知识的学习。"——这种情况有可能将继续存在——我们的同步和异步交流的产品所有权的转变,无论是在维基、谷歌或文档中,

---

① Brown, Roger, and Helen Carasso, "Everything for Sale? The Marketisation of UK Higher Education", London: Routledge/Society for Research into Higher Education, 2013.

② Marginson, Simon, and Mark Considine, *The Enterprise University: Power, Governance and Reinvention in Australia*, Cambridge: Cambridge University Press, 2000.

黑板上，以及慕课里都有所体现。最近人们对美国国家安全局的棱镜项目提出强烈抗议，[①] 该项目允许政府获取公民网络搜索历史、聊天和文件传输的内容——凸显了这一问题的突出性。我们越多地在我们的教学和研究中使用信息通信技术，也就意味着我们越多地放弃了我们的时间所有权。出现这种情况的部分原因在于，虽然知识的保质期正在减少，但信息的永久性正在增加。我们的想法记录在网络空间中；语言、权利要求和失误不会随着时间的消逝而被擦除。ACTR在某种程度上意味着思想与信息的不朽。

此外，由于新技术如智能手机或者谷歌眼镜（www.google.com/glass/start/）的发展，工作时间和个人时间更没有清晰的界限。当我们更充分地进入一个"半机械人的时代"，对于那些控制我们时间的人也有了更为明显的含义。多任务——来回在科技、应用程序和任务之间——已经是司空见惯。而且，从到目前为止所做的研究中，它似乎让我们深感愚蠢。[②] 我们还没有进化或发展到在时间中来来回回。

学术资本主义时代制度的道德

ACTR加剧了新教伦理的精神。我们进一步被要求在道德上证明我们的时间利用的合理性；我们被要求做出更多的牺牲，更多地进行自我调整及面向未来。[③] 现在我们投入时间（如撰写出版物）来撤回我们的存款（如固定任期）。与此同时，我们利用的资本价值越来越少。另一面就是这种威信经济是以一种耻辱为基础的，由于拖延我们会感到愧疚，因为我们没有合理"使用"时间。有时，不管我们"花费"多少时间，还是远远不够的。我们花更长的时间来进行本科

---

① Greenwald, Glenn, and Ewen MacAskill, "NSA Prism Program Taps in to User Data of Apple, Google and Others", *Guardian*, June 7, 2013.

② Medina, John, *Brain Rules*: 12 *Principles for Surviving and Thriving at Work*, *Home*, *and School*, Seattle: Pear Press, 2009.

③ Clegg, Sue, "Time Future: The Dominant of Higher Education", *Time and Society* 19, 2010（3）, pp. 345 – 364.

和研究生学习，仅仅是为了毕业时的低就业率。① 我们获得了终身职位，却变得更不快乐，并且花费更多时间发表文章以及遵守服务的承诺。② 这是因为，虽然我们愿意放弃当下的快乐并相信我们付出的努力来世可以获得回报，然而在 ACTR 中，随后（拥有时间使用权的生活）感觉更像是地狱而不是天堂。

在 ACTR 中，速度更是一种美德。为了节省资金——并在追求美德的效率基础上——努力压缩教学，哈特曼和达拉卜（2012）称之为"速度教育学"。在一个生动的例子里，韦达夫斯基和利坦（2012）提倡卡耐基梅隆大学开创性技术为基础的教学方法，这种方法伴随着"适应性"指导，它允许学生参加一个在八周内安排一个 15 周课程的加速版（显然）而没有损害学习。学生似乎更加期待速度教学法，并预计投入最少的时间获得最大的产出。但是，学习和研究需要反思、参与、协作、反复试验、加工和实践，所有这一切都需要时间。

以心理学角度来看在 ACTR 里工作的道德成本敲响了另一个警钟。在学术界的背景下，我们正在考虑更多关于资金的问题：大学校长寻求金融资金支持；学生花时间申请财政援助；教师花更多的时间申请资助。考虑金钱和利润让我们更自私、更独立，以及更多的个人主义、更少的协作、更缺乏信任。③ 此外，新的无钞社会的到来，让人们进一步脱离现金，伦理水平继续下降。人们更可能从共享冰箱窃取食物和饮料，而不是去采取实际的 1 美元法案。④ 从真正的人类应对新自由主义的资本主义的这个角度观察，麦道夫的滑稽动作和华尔街金融花花公子似乎更好理解。同样，当我们有急事或陷入人生低谷

---

① Brown, Phillip, and Hugh Lauder, "The Great Transformation in the Global Labour Market", *Soundings* 51, 2012, pp. 41 – 53.

② Wilson, Robin, "Why Are Associate Professors So Unhappy?" *Chronicle of Higher Education*, June 3, 2012.

③ Kahneman, Daniel, *Thinking, Fast and Slow*, New York: Farrar, Strauss & Giroux, 2013.

④ Ariely, Dan, *Predictably Irrational: The Hidden Forces That Shape Our Decisions*, New York: Harper Collins, 2008.

的时候，我们更倾向于以自我为中心，即使向他人提供帮助是我们的价值观中不可或缺的一部分，我们也不太可能帮助有需要的陌生人。总之，看来 ACTR 不利于我们行为质量的提高，不利于我们的自尊，不利于高等教育。

总　　结

在本章中，我试图对以下内容进行阐述：ATCR 作为近代、现代以及后现代资本主义的特定构成；独立学院的教学法以及全球化时代下的时间观；教学和学习方法以及全球化时代下的时间观。我把关键时刻和空间概念，用隐喻框架来帮助解释时间如何在这个新的学术资本主义知识/学习制度中运行。最后，我以慕课研究为例，反映了全球范围内新的 ACTR 风气。关于学术资本主义制度的初期见解产生于 2009 年。ACTR 需要额外的理论化和实证研究，例如研究 ACTR 是如何性别化、如何归类、种族差异、空间组织或取决于他们所拥有的学术资本的差异影响。

读者可能已经注意到本文有些负面基调。在结语部分，我感到必须将我的想法澄清。虽然我们必须在我们美丽的新世界中保持谨慎，但是承认全球化的学术资本主义的时间制度也是很重要的，我喜欢慕课，我喜欢更快的人际交往速度，我喜欢我的学生在刚果、卡塔尔和温哥华都可以不考虑时区限制进行交流，我喜欢这种通过网络电话就可以和自己的合作伙伴在伦敦、西班牙、新西兰进行实时互动的方式。我们从未有过在如此多的"自由"时间里探索新的想法或创造新的知识的体验。我们依然可以怀旧，就像《纽约时报》的记者大卫·布鲁克斯，[①] 他希望回到过去的时代，那时人们不强调个人主义，而是更关心社区生活，更强调扎根在自己生活的地方。而事实上，在这之前的时期我们就已经将后现代主义、资本主义与全球化时

---

① Brooks, David, "What Our World Tell Us", *New York Times*, May 20, 2013a; Brooks, David, "Religion and Inequality", *New York Times*, June 13, 2013b.

间的价值观内化。我们不能回到从前，例如如果我是一个女人，在以前就不会有机会写下这篇文章。我们生活在什么样的时代里，就寓意什么样的机会和隐患。

前现代主义的时间观教导我们要耐心，同意一切内容都需要时间。认真探索学术资本主义时间制度的时机已到。更有目的地思考如何以及为什么我们使用我们的时间是非常重要的。我们需要让我们的视野更加开阔，就像教师、管理人员、指导员或者学生一样来运转我们每天的生活及工作。有了这种意识后，我们对如何安排自己的时间会更加小心——面对事物更有自己的想法。

注　释

1. 我所描述的三个主要时期（前现代时期和现代时期和后现代时期）不可完全按时间顺序进行描述。但是，在一些对我们研究有用的特定时期里有一些概念上的转变。

2. 另一个研究项目引用了以下名词："差异性教学""差异性学习""个人化教学"以及"自主学习"。这些术语自2000年开始在文学界经常被使用。

第五章

学会诉讼：知识经济下的大学专利

[美] 雅各布·路斯比　　[美] 布莱恩·帕萨

《学术资本主义：政治、政策和创业型大学》① 一书出版后的近二十年来，学术资本主义模式已成为全球高等教育文献中被最广泛引用的概念框架。② 在学术资本主义概念框架下的著作都依赖于对学术资本主义与新经济这两个基本理论的理解，而这些理论都被 Slaughter 和 Leslie（1997）的著作、Slaughter 和 Rhoades（2004）的著作以及 Rhoades 和 Slaughter（2006）的著作明确有力地解释清楚了。他们对这两个概念的总结如下："高等教育机构更多地参与创造市场的这种市场或类市场的行为：（1）高等教育研究、教育产品和服务使高校基本工作商品化；（2）高等教育非学术产品和服务使高等教育有了作为一个非学术消费项目的特征（从新经济的维度来看）。"③

在本章里，我们将首先关注学术资本主义概念模型里的两个概念领域，并且将特别关注高校研究的专利。我们希望通过关注大学是如何向外部申诉专利索赔并从中获利的方法来改善学者们对学术研究商

---

① Slaughter, S, and L. L. Leslie, *Academic Capitalism: Politics, Policies, and the Entrepreneurial University*, Baltimore: Johns Hopkins University Press, 1997.
② Pusser, B., and S. Marginson, "The Elephant in the Room: Power, Politics, and the Global Rankings in Higher Education", In *The Organization of Higher Education: Managing Colleges for a New Era*, 2012, pp. 86 – 117.
③ Rhoades, G, and S. Slaughter, "Academic Capitalism and the New Economy: Privatization as Shifting the Target of Public Subsidy in Higher Education", In *The University, State, and Market: The Political Economy of Globalization in the Americas*, 2006, p. 104.

业化的理解。大学专利为我们理解学术资本主义在全球高等教育中的未来提供了一个有用的二维镜头。

首先，我们认为，专利是大学将研究成果资本化的核心力量之一。申请专利的数据可以很明确地显示出大学的研究项目的工作，技术转让办公室和国家有关协会（如美国的AUTM）的工作，以及州或国家为了经济发展而通过高等教育所做出的政治经济规划等工作。其次，本研究更直接关注的是，大学为取得研究成果的专利做出的努力直接表明了在全球知识经济中大学与其他学校竞争的效力。也就是说，大学为创造专利，为专利申请许可，以及为实施专利所做出的努力证明了它们在由跨国公司主导的以创新为导向的全球市场竞争中的实力。我们开始站在专利活动的角度来看，至少，大学是可能渴望"学术资本主义"的，但不清楚的是，它们能否这样做。虽然Rhoades和Slaughter以及其他学者认为，大学希望通过在各个领域的科研去竞争获取收入的愿望可能不太现实，但是创造专利、为专利申请许可以及实施专利的研究，为这一挑战，为大学是否能够参与到市场中并获得成功提供了实证。

需要明确的是，我们并不认为大学必定就会因期望巨大的回报而努力创造和利用专利。尽管这样的期望无疑是在空想，特别是一些大学已获得了许多成功的和十分赚钱的专利，声望是大学研究活动的一个重要驱动，并且对专利的承诺塑造了研究单位决策的类型。本研究考察了大学的决策者是如何解释他们创建和实施专利的意图的，还考察了1973—2012年大学专利执行模式的实证数据。我们的目标是确定在全球竞争的环境下大学实施专利的程度，和在什么条件下他们愿意这样做。我们致力于将实证数据添加到学术资本主义的概念模型，以更好地理解该模型及其对美国和其他国家的研究型大学的影响。

全球化、大学和知识产权

正如《学术资本主义：政治、政策和创业型大学》一书的编辑指出的，全球化渗透在所有的社会关系中，我们认为商业的全球化和知识产权的商品化是当代大学努力使研究专利最大化的基本驱动因素。反过来，经济发展的任务和收益的诱惑以及从技术转让、专利、授权中获得的威望是世界各地的研究型大学从事学术资本主义的最主要驱动因素。美国的高等教育系统是世界公认的知识产权商业化的领头羊，它是 21 世纪的知识经济模型的重要组成部分。在这种追求之下，研究型大学必须依靠多种收入来源，包括国际学生和学者的支持，跨国金融和管理合作伙伴，以及跨境制定并实施的管理知识产权的法律协议。[①] 就全球化的其他方面来说，跨国收入的追求、科研实力和大学排名在不同的背景下对高等教育的质量具有不可否认的影响，尤其关于当地、国家和全球的公共产品的生产。

高等教育的知识产权商业化

大学和知识产权的创建与保护是紧密联系在一起的。知识的创新、创造和传播是它们的核心任务。这些帮助把大学定义为知识分配中心和公共产品的代理人的活动，一直以来都通过专利法的正式机制受到法律的保护。但是大学并不总是被允许为它们教职工的发明申请所有权，这是因为作为高校研究的资助者，联邦政府一直以来都是任何被联邦政府所资助的研究所产生的专利的默认所有者。

1980 年的《拜杜法案》改变了这种情况。一部分原因是被日本的科技进步所带来的竞争威胁所推动，美国的政策制定者在 20 世纪 70 年代末质疑联邦政府在专利许可方面明显的低效率是否在破坏美国作为世界改革先驱者的这一地位。于是国会以《拜杜法案》的通过回应了这些问题。大学和美国教育委员会等组织大力游说支持该法案。促进"商务和非营利组织（包括大学）之间的合作"是《拜杜法案》中规定的目的（美国法典）。很大程度上是出于这个原因，一

---

① Rooksby, J. H., *Universities That Litigate Patents*, Charlottesville: University of Virginia, 2012b.

些人认为该法案"鼓励学术资本主义"①,并且把大学"带入一个新的以商业输出为特征,以前不能很好管理的竞争领域"②。而其他人则将《拜杜法案》誉为"一个非常重要的科学政策立法"③,甚至称其为美国 50 年来"法案中最有灵感的一部分",还据说是帮助扭转了"美国在工业上急剧下滑的局势"④。

无论其是否产生了规范性的效果,《拜杜法案》都正式建立起政府、大学和企业的三方关系,许多人将其称为技术转让,这样一个广泛的术语已经成为产品开发和商业化的理想方法。⑤⑥ 专利通过可以垄断定价的前景刺激企业在技术转让方面的投资,它将实验室里有突破性价值的研究成果转化为市场上有用的产品,并在此过程中发挥着核心作用。虽然知识产权是强调所有权的关键,但专利可以为大学创建一种紧张的氛围,因为任何专利的内在都有排他和获利的潜力。⑦ 创新的专有特性受到专利的保护,同时也挑战着大学通过对知识以自由的、无差异的方式进行传播来对社会公共利益负责的传统。因此,大学专利在传播知识的使命和因缺少补贴需要寻找收入来源之间的很多方面都存在争议。⑧ 由于竞争压力刺激着研究型大学不断扩大寻找收入的范围,许多人都将专利和技术转让视作一个资金短缺的大学潜

---

① Slaughter, S, and L. L. Leslie, *Academic Capitalism: Politics, Policies, and the Entrepreneurial University*, Baltimore: Johns Hopkins University Press, 1997, p. 46.

② Owen-Smith, J., "Trends and Transition in the Institutional Environment for Public and Private Science", *Higher Education* 49, 2005, p. 93.

③ Cole, J. R., *The Great American University: Its Rise to Preeminence, Its Indispensable National Role, Why It Must Be Protected*, New York: Public Affairs. 2009, p. 163.

④ "Innovation's Golden Goose", *Economist*, December 12, 2002,

⑤ Berman, E. P., *Creating the Market University: How Academic Science Became an Economic Engine*, Princeton, NJ: Princeton University Press, 2012.

⑥ Matkin, G. W., *Technology Transfer and the University*, New York: National University Continuing Education Association, 1990.

⑦ Slaughter, S, and G. Rhoades, "The Social Construction of Copyright Ethics and Values", *Science and Engineering Ethics* 16. 2010, pp. 263 – 293.

⑧ Weisbrod, B. A, J. P. Ballou, and E. D. Asch, *Mission and Money: Understanding the University*, New York: Cambridge University Press, 2008.

在的获利来源。① 其他人则认为大多数大学应该远离产生剩余收入的商业化的研究。②

专利和许可

美国宪法的知识产权条款规定了国会的职责"通过在有限的时间内赋予作者和发明者对他们的创造物的有限的专有权来促进科学和有用艺术的进步"（U. S. Const., art. I, sec. 8, cl. 8）。然而版权虽然保护了最初发表的有形资产，但却可以在没有任何正式的申请程序或注册手续下存在，这使得专利的获得更加困难了。申请程序必须在美国专利和商标办公室备案，并且大多数申请由于未能符合法定标准而被拒绝。获得专利的过程平均需要三年，并且在这个过程中申请人可以在任何地方花 10000—50000 美元的律师费和其他费用请他们帮忙处理。

要想获得专利授权，被提交的发明必须具备新颖性、实用性和非显著性——具有难以被其他发明所战胜的特质。然而自然法则、自然现象和抽象概念是无法申请专利的，阳光下的"任何人"都有申请专利的资格。在这一体系下的发明专利包括了任何事物从具有开创性的事物（拯救生命的药物）到平凡的事物（改善汽车的零部件）和无意义的事物（"锻炼猫的方法"）。

专利大体上由权利构成，是个钝器而被比作收费站。它为持有者提供了一个有 20 年时间限制的垄断，在此期间持有者可以排除其他人使用该专利声明的技术，包括制造、进口、使用、销售或提供销售的任何产品或工艺。与学术出版物充当着连接知识来源的渠道的角色相反，专利更像是栅栏，它们为知识的"阴谋"提供有限的垄断权利。对于大多数专利持有者来说，有了专利其他人可能不会未经他们

---

① Etzkowitz, H., and A. Webster, "Entrepreneurial Science: The Second Academic Revolution", In *Capitalizing Knowledge: New Intersections of Industry and Academia*, 1998.

② Slaughter, S., and G. Rhoades, *Academic Capitalism the New Economy: Markets, States, and Higher Education*, Baltimore: Johns Hopkins University Press, 2004.

许可就生产该产品。然而大学是不同的，因为它们并不是在生产商业产品。对大学来说，"专利就是产品"。

经典创新理论认为，企业寻求专利是为了保护实际的或预期的商业活动。当一个公司的专利可能阻止另一家公司进行由这个专利指导的活动，那么这个专利持有人就存在许可机会。如果竞争对手拥有其感兴趣的专利，这个公司也可能决定与其签订互相专利许可合同，这样的话双方都可以利用商业机会而不用担心由于侵权被上诉。然而，大学不同于公司，它们不生产产品。因此，它们"不会签订贸易协定来交换它们的专利使用权，因为它们不需要他人的专利许可权。相反，它们想要的是钱"。

许可证有不同的形式。专利持有人可以选择许可非独家性的专利（例如以最低的价格把专利许可给多个公司）或者独家的专利。公司或专利持有人通常更倾向于独家许可，因为这就允许了被许可方可以通过垄断价格溢价更灵活地利用这些专利。独家许可证可以受限于时间、地理或使用的领域，这样一个专利就可能同时或先后有多个独家许可。

高等教育

很少有人怀疑，大量的高校专利权和技术转让从有争议的外部活动转变为公认的、有实际价值的乃至核心使命的一部分。[①] 仅2011财政年度，美国的大学从专利中获得了超过1.8亿美元的收入，提出了12000多个专利申请，同时帮助成立了600多家新公司。[②] 此举还带来了附加收益如增加就业岗位、建立社区知识体系、鼓励对大学进

[①] Feller, I., "Technology Transfer from Universities", In *Higher Education Handbook of Theory and Research*, 1991 (7), pp. 1 – 42.

[②] Blumenstyk, G., "Universities Report ＄1.8 – Billion in Earnings on Inventions in 2011", *Chronicle of Higher Education*, August 28, 2012 (http：//chronicle.com/article/University-Inventions-Earned/133972/).

行再投资等。①

政府提供的大量科研基金使大学的专利权和技术转让变得更加容易。在2008年，大学从联邦政府获得了28.5亿美元，大概是十年前的两倍。② 大学科研经费的60%来自联邦政府，5%—8%来自产业界。③

尽管大学的专利和技术转让好处众多，但是仍旧在几个方面饱受批评。一个主要的控诉就是纳税人为大学生产的产品纳两次税：一次是政府出资对大学研究的支持；另一次是在市场中花高价买专利产品。④ 其他人认为《拜杜法案》不恰当地鼓励大学独占它们的专利许可，只给一个公司，从而限制了有益的技术传播。⑤ 一个与之相关的问题就是大学增长的专利导致了专利制造的"灌木丛"，遏制了创新，也减缓了新产品面市的速度。⑥ 还有一些批评认为，一些大学过度地追求专利申请从而破坏了学术界的团体意识，⑦ 导致大学教师发表研究成果时延期并且更加困难。⑧

尽管追求专利对于大部分的大学来说已经列入研究成本，⑨ 确定

---

① Lowe, R. A, and S. K. Quick, "Measuring the Impact of University Technology Transfer: A Guide to Methodologies, Date Needs, and Sources", *Industry and Higher Education* 19, 2005 (3), pp. 231–239.

② Committee on Management of University Intellectual Property, Managing University Intellectual Property in the Public Interest, Washington, DC: National Academies. 2010, p. 17.

③ Etzkowitz, H., and A. Webster, "Entrepreneurial Science: The Second Academic Revolution", In *Capitalizing Knowledge: New Intersections of Industry and Academia*, 1998, p. 27.

④ Ritchie de Larena, L., "The Price of Progress: Are Universities Adding to the Cost?" *Houston Law Review* 43, 2007, pp. 1373–1444.

⑤ Mowery, D. C., R. R. Nelson, B. N. Sampat, and A. A. Ziedonis, *Ivory Tower and Industrial Innovation: University-Industry Technology Transfer before and after the Bayh-Dole Act in the United States*, Stanford, CA: Stanford Business Books, 2004.

⑥ Heller, M. A., and R. S. Eisenberg, "Can Patents Deter Innovation? The Anticommons in Biomedical Research", *Science* 280, 1998 (53), pp. 698–701.

⑦ Bagley, M. A., "Academic Discourse and Proprietary Rights: Putting Patents in Their Proper Place", *Boston College Law Review* 47, 2006, pp. 217–273.

⑧ Durack, K. T., "Technology Transfer and Patents: Implications for the Production of Scientific Knowledge", *Technical Communication Quarterly* 15, 2006 (3), pp. 315–328.

⑨ Feller, I., "Technology Transfer from Universities", In *Higher Education Handbook of Theory and Research*, 1991 (7), pp. 1–42.

哪一项专利有商业价值对于专利所有者来说是需要思考的事情。[1] 而这很难提前考虑。[2] 命中或是错过,商业化专利的这种二元生存环境意味着大部分的高校专利收入来自一小部分专利,[3] 而很多大学的专利甚至从来没有获得显著的经济回报。[4] 这样的事实导致一些学者认为,一些大学想通过专利快速致富,但最后可能对"这是一个游戏,几乎所有游戏者都会失败或是平庸,只有少数能完胜"的现实感到失望。[5]

打出一个本垒似乎需要挥相当多棒。通过对 101 所大学和学术健康中心在 1996—2005 年表现的研究,Powers and Campbell(2009)发现每所大学每年 20 项专利授权是在 R&D 投资中获得收益的最优点。[6] 大学专利授权数量在这种程度可以有 50% 的概率获得收益,而每年若超过 20 个专利,收益概率则会大幅度下跌。此外,数据还表明不管投资多少,没有大学在 10 年内有超过 65% 的盈利概率,35% 的高校在超过 10 年的时间没有获得盈利。

从历史的角度看,专利和技术转让相当低的收益概率可能导致一些大学将这些行为看成亏本赚吆喝、用于吸引产业支持额外的投资,

---

[1] Kitch, E. W., "The Nature and Function of the Patent System", *Journal of Law and Economics* 20, 1977 (2), pp. 265 – 290.

[2] Powell, W. W, J. Owen-Smith, and J. A. Colyvas, "Innovation and Emulation: Lessons from American Universities in Selling Private Rights to Public Knowledge", *Minerva* 45, 2007 (2), p. 127.

[3] Powers, J. B., "Commercializing Academic Research: Resource Effects on Performance of University Technology Transfer", *Journal of Higher Education* 74, 2003 (1), pp. 26 – 50.

[4] Bastedo, M. N., and N. F. Harris, "The State Role in Entrepreneurship and Economic Development: Governance, Oversight, and Public University Start-up Innovation", In *Advances in the Study of Entrepreneurship, Innovation & Economic Growth, Measuring the Social Value of Innovation: A Link in the University technology Transfer and Entrepreneurship Equation*, 2009 (19), pp. 215 – 235.

[5] Cole, J. R., *The Great American University: Its Rise to Preeminence, Its Indispensable National Role, Why It Must Be Protected*, New York: Public Affairs, 2009, p. 167.

[6] Powers, J. B, and E. G. Campbell, "University Technology Transfer: In Tough Economic Times", *Change: The Magazine of Higher Learning* 41, 2009 (6), pp. 43 – 47.

或用于公共服务事业。① 这就是学术工作，但鉴于利润的持续缺乏，可以说，技术转让是一种更类似于补贴私营经济发展而不是高等教育组织进军学术资本主义的活动。

与此同时，公共利益确实来源于此，即使并不能证明它们对大多数参与其中的大学有利可图。学者们指出，大学参与专利和技术转让对地方和区域经济，增加就业、新公司的发展和区域知识流动都有着积极的作用。② 当学校热心于为学生的创业提供指导、基础设施支持和财政支撑，学生们也会不断受益于这些活动。③

专利侵权诉讼作为执行机制

专利本身不具有强制力，因此企业和个人可以随意侵犯专利权，除非法院勒令禁止或者侵权人同意停止侵权行为。无论要获得其中哪一种结果——法庭判决或庭外和解——都需要专利所有人提出专利侵权诉讼，这对所有人来说花费巨大。一方的法律费用如果没有上百万，通常也有几十万美元，这取决于诉讼原告潜在的货币回收诉求。④ "因此也解释了为何在大多数情况下，即使公司受到专利不被侵权的保护，也被迫支付专利使用权或者放弃某种产品"⑤，这也是仍有多数专利侵权案件未被审理的原因。

学者们认为专利的价值来自于专利诉讼，或者更确切地说是来自

---

① Feller, I., "Technology Transfer from Universities", In *Higher Education Handbook of Theory and Research*, 1991 (7), pp. 34 – 35.

② Lowe, R. A., and S. K. Quick, "Measuring the Impact of University Technology Transfer: A Guide to Methodologies, Date Needs, and Sources", *Industry and Higher Education* 19, 2005 (3), pp. 231 – 239.

③ Mars, M. M., S. Slaughter, and G. Rhoades, "The State-Sponsored Student Entrepreneur", *Journal of Higher Education* 79, 2008 (6), pp. 638 – 670.

④ American Intellectual Property Law Association, *AIPLA Report of the Economic Survey*, Arlington, VA: American Intellectual Property Law Association, Law Practice Management Committee, 2013.

⑤ Jaffe, A. B., and J. Lerner, *Innovation and Its Discontents: How Our Broken Patent System Is Endangering Innovation and Progress, and What to Do about It*, Princeton, NJ: Princeton University Press, 2004, p. 76.

诉讼带来的威胁。① 众所周知，损害赔偿的威胁和禁止令在保护专利授权及其他的费用和获得其他实际、潜在侵权的赔偿上十分有效。② 未能执行这些权利意味着一个寻求和获取专利的大学会失去专利所带来的价值，因为一项专利的效力取决于所有者维护自己财产的能力。③ 这种维护投资的思想必然导致大学务必执行它们的专利权以保证从研究中获得应有的收益。④ 然而，如此一来存在许多风险，这是由于很大比例的专利诉讼是无效的，并且一旦被发现无效，也就敲响了专利的丧钟。⑤

即使大学想要放弃专利带来的价值，在涉及它们专利的任何一项专利侵权诉讼中，它们都不可避免地扮演原告的角色。举例来说，对于学校授权的非独占许可专利，只有学校具有坚持起诉侵权的权利，因此是否起诉侵权方完全由大学决定。这同样适用于无论何种原因没有被许可的学校专利。尽管大学授予一个公司独占许可的情况现今更加复杂，但在被许可方提起的诉讼中，学校仍不可避免地成为原告。⑥

大学专利和公共利益

大学参与专利侵权诉讼会产生惊人的超出预算的开支，除此以外还会带来其他重要的间接成本，包括在代理人的要求下中断研究者和

---

① Bessen, J., and M. J. Meurer, "Lessons for Patent Policy from Empirical Research on Patent Litigation", In *Intellectual Property and Information Wealth: Issues and Practices in the Digital Age*, 2007, p. 205.

② Sichelman, T., and S. J. H. Graham, "Patenting by Entrepreneurs: An Empirical Study", *Michigan Telecommunications and Technology Law Review* 17, 2010, pp. 118 – 119.

③ Owen-Smith, J., "Trends and Transition in the Institutional Environment for Public and Private Science", *Higher Education* 49, 2005, p. 94.

④ Weisbrod, B. A, J. P. Ballou, and E. D. Asch, *Mission and Money: Understanding the University*, New York: Cambridge University Press, 2008.

⑤ Allison, J. R., M. A. Lemley, and J. Walker, "Patent Quality and Settlement among Repeat Patent Litigants", *Georgetown Law Journal* 99, 2011, p. 678.

⑥ Greene, T. D., "'All Substantial Rights': Toward Sensible Patent License Standing", *Federal Circuit Bar Journal* 22, 2012, pp. 1 – 51.

其他大学人员的活动、收集和制造文件、在法庭上宣誓做证、为出庭做准备，同时也中断了一个不包含在诉讼中的大学许可专利。①②

我们可以意识到的一个额外的间接成本是诉讼破坏了高校基本公共服务的价值观。③④ 对专利诉讼的投资会导致大学成为"专利钓饵"——形容通过专利诉讼赚钱的一个贬义词，⑤ 甚至导致企业停止招聘大学毕业生或资助他们教授的研究。还有人认为（尤其在公开法庭中）高校快速启动专利侵权诉讼，可能会发现它们的这种行为被贬值，它们的防御将侵权诉讼的代价与它们的研究者之间的联系断开了。同时，如果他们将大学看作侵权诉讼中的原告，以盈利为目的的企业就会犹豫是否以侵权控告大学。而一些学者已指出大学研究的使命和收入之间的这种紧张关系。⑥⑦⑧⑨

基于这些问题，一些领先的大学反对为了获得许可收入这样的目的而加强专利权。⑩ 其他了解情况的评论员，如国家科学委员会的大学管理学院的评论员，也认为高校在考虑专利时要谨慎。然而，这些声明并不意味着所有的高校要避开诉讼。事实上，很多高校在这个领

---

① Shane, S., and D. Somaya, "The Effects of Patent Litigation on University Licensing Efforts", *Journal of Economic Behavior and Organization* 63, 2007 (4), pp. 739 – 755.

② Somaya, D., "Determinants of Decisions Not to Settle Patent Litigation", *Strategic Management Journal* 24, 2003 (1), pp. 17 – 38.

③ Duderstadt, J. J., "Delicate Balance: Market Forces versus the Public Interest", In *Buying in or Selling Out? The Commercialization of the American Research University*, 2004, pp. 56 – 74.

④ Rooksby, J. H., "Sue U", *Academe* 98, 2012a (5), pp. 24 – 28.

⑤ Lemley, M. A., "Are Universities Patent Trolls?" *Fordham Intellectual Property, Media and Entertainment Law Journal* 18, 2008, pp. 611 – 631.

⑥ Rooksby, J. H., "Sue U", *Academe* 98, 2012a (5), pp. 24 – 28.

⑦ Bok, D. C., *Universities in the Marketplace: The Commercialization of Higher Education*. Princeton, NJ: Princeton University Press, 2003.

⑧ Slaughter, S, and Leslie, L. L., *Academic Capitalism: Politics, Policies, and the Entrepreneurial University*, Baltimore: Johns Hopkins University Press, 1997.

⑨ Weisbrod, B. A, J. P. Ballou, and E. D. Asch, *Mission and Money: Understanding the University*, New York: Cambridge University Press, 2008.

⑩ Leland Stanford Junior University, "In the Public Interest: Nine Points to Consider in Licensing University Technology", *Stanford*, CA: Leland Stanford Junior University, 2007.

域取得了显著的成功，例如卡耐基梅隆大学在2012年的半导体技术涉嫌侵权的案件中陪审团的裁决使这所学校获得了1.17亿美元，加州大学对微软的胜诉获得了引人注目的3040万美元的赔偿，而当几年后起诉不同的公司拥有相同的专利时又备受瞩目地失败了（陪审团裁定专利失效）。

高校专利实施和历史趋势

诉讼记录的法律研究数据库表明高校参与并作为原告的专利侵权诉讼案的数量在上升。2012年美国大学共有43起专利侵权诉讼案件，从有可靠的专利侵权诉讼记录开始，这比1973年以来每年的案件都要多。这期间共有70所不同的高校（41所公立，29所私立）参与了作为原告的327起专利侵权诉讼案。

在这70所高校中，超过一半（n=38, or 54.3%）的高校在不止一起专利侵权诉讼案中作为原告参与进来。超过84%（n=59）的高校（或者至少有一个校区）由卡耐基教学促进基金会归类为可授予博士学位的承担高深研究活动的研究型大学，约57%（n=40）是美国大学协会的成员。

这些大学的专利许可收入一般都是不错的。在2011年，大多数高校产生了至少百万美元的许可收入，26所大学（37.1%）的专利许可创收数百万美元。其中有一半的大学2012年的捐助资金超过了1亿美元，这使它们在美国最富有的院校中排名前75。

对人口的历史分析还表明，2000年以来，大学作为原告被卷入专利侵权诉讼案件的数量和各个大学作为原告参与专利侵权诉讼案件的案件数量呈现相当程度的上升趋势。其中有些增长可能归功于这个时间数据库准确性的增加，换句话说是由于2000年以前的数据涵盖不足。但不管怎样，大学作为原告参与的专利侵权诉讼是很普遍的，如图5-1所示，在过去的40年中，平均每年提交8.18例。

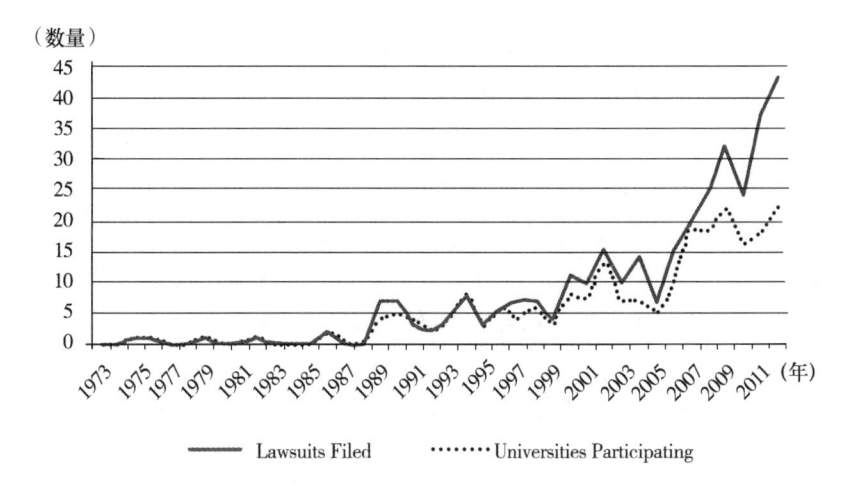

图 5-1 自1973年美国大学作为原告提起的专利侵权诉讼案数量
和每年不同大学参与诉讼案的数量

高校专利实施：学术资本主义的新前沿？

从法律背景与历史的流动来看，可以提出一种规范性的假设，在知识经济时代，大学因为种种理由有可能接受专利执法。例如学术资本主义盛行于现代大学研究的各个角落，决策者可能会看到通过专利诉讼得到有吸引力的投资回报前景。事实上，由于中介组织增加带来的专利火爆，使大学与中介组织和服务提供者加强了联系，在参与侵权诉讼中，大学追求专利许可被看作不可避免的事情。现在大学面临的重大的预算约束更增加了这种不可避免性。

大学专利诉讼的研究

然而历史趋势和实证数据似乎都表明大学在涉及专利诉讼时处于优势地位，大学的能力和兴趣使其成功地承受住了诉讼的考验。虽然上述数据印证了最终结果，例如由于知识产权的争执导致的官司，但是它们仍没有表露出任何关于机构的动机、资源、代理或考虑组建一个机构应对诉讼的问题。那么，这种部分高校提起专利诉讼索赔意愿的增加，是与学术资本主义的研究型大学的新兴模型一致性的体现？还是其他因素塑造了这样的格局？

因此，在2011年的秋天，开展了一项运用混合研究方法的研究，旨在理解大学通过诉讼加强专利的行为。① 作为这项研究的一部分，为首的22所美国大学（13所公立大学，9所私立大学）完成了旨在收集有关大学在专利侵权诉讼的应对方法、目标和决策数据的调查。参加调查的大学包括在专利诉讼中的"新人"和其他更有经验者。

研究数据表明，大学一般没有建立正式的旨在解决其潜在的作为原告参与专利侵权诉讼的体制政策、框架或指导方针。事实上，几乎没有一所大学有支持这项计划的预算，但大部分接受调查的大学的领导层认为这是不可避免的，他们的大学将再次提起诉讼，将作为原告参与专利和技术转让的诉讼视为一个不可避免的结果。当被问到获得多大的金额的赔偿是"值得的"，他们的答案差别很大，从0到999美元，乃至900万美元。近四分之一的受访者表示，在大学做决策时，并不会把赔偿金的额度作为考虑因素。在研究中一位受访者将此定性为"哲学困境"，大学面对的是这种困境："你打官司是为了保护你的资产，还是为了完成'本垒打'？"

关于直接的财务影响（即潜在的金钱回报）作为影响高校决策有关专利执法的报道远比间接财务影响（如教师和专业人士的注意力分散，由诉讼引起的情绪紧张和对公共关系的担忧）频繁，也许这并不让人惊讶。与此同时，大多数受访者表示专利诉讼的成本高是毫无疑问的，在他们的大学里，如果被许可人支付相关法律费用，他们更有可能倾向于去诉讼侵权。

在关于被告身份是否会影响他们的机构决策的问题上，受访者阵营分明。多达41%的受访者表示，他们认为被告的身份与他们学校的决策无关。然而，同样数量的受访者表示，被告的政治影响力及其

---

① Rooksby, J. H., *Universities That Litigate Patents*, Charlottesville: University of Virginia, 2012b.

对大学的财政贡献,在他们的大学决定是否参与作为原告的专利侵权诉讼时的权重很大。一个显著的统计结果表明,在公立大学中政治影响是决策者非常敏感的一个因素。

许多利益相关者在决策时建议大学提起专利诉讼,而大学在衡量授权的实际或预期的观点时更倾向于他们,而不是校长或管理委员会的意见。市民、学生和教师的实际或预期的观点没有发挥实质性的作用。大学有义务对现有专利许可持有人的权利进行保护,这是大学制定决策时典型的驱动因素。

大学通过专利侵权诉讼的实施是否推动了其研究使命引起了激烈的争论。大约有一半的受访者认为诉讼没有进一步地推动高校科研任务,虽然更多的人认为把侵权诉讼作为保护大学的科研投入的一种方法更为合适(实际上,为什么要一所大学申请专利,如果它不愿意执行呢?)。正如一位受访者解释说:"是诉讼本身推动其研究使命吗?不是……但如果你仔细想想,就保护和提升我们的研究而言,诉讼是否是必要的组成部分,那么你将会得出一个不同的答案……对我来说,这是一个必要之恶——我继续使用这个词。如果你要勇往直前,保护专利,必要的后续步骤是,你必须愿意执行它们。"

调查结果

这项研究的结果表明,大学可能无法具备像学术资本主义理论提到的那样从事专利执法的能力。尽管间隙组织和中介组织在大学技术转移的空间、统一的策略、方法的发展和强化或专利执法的概念并没有在那些参与其中的机构之间出现。事实上,这些数据表明,在过去参加了专利侵权诉讼的许多决策者对于这项活动产生了严重的分歧,因为这与他们大学的使命紧密相关,但他们几乎可以肯定的是他们的机构将在未来再次提起诉讼。尽管几乎可以肯定的是今后参加的活动,是昂贵、费时并经常引起争议的,基本上没有大学自称拥有开发框架、政策或预算设置排序,而这些是决定何时在什么条件下从事专利执法的成熟准备条件。事实上,大多数大学自称向外面向企业，而不是向上的总统或董事会领导指导的明确的具有政策重要性的活动。

研究数据也表明，少数大学对于专利诉讼时强制执行专利权的概念是可以接受的。在这些大学，决策者已经接受了专利的所有权和强制执行是紧密捆绑的关系。追求侵权诉讼有助于保护机构投资于研发和申请专利。这些大学似乎致力于此，如果事实确实如此，它们不管侵权人的身份是什么，并且没有过分关注提起专利诉讼的创收潜力。这些大学很可能会被视为愿意执行有关原则及其专利权。

但其他大学的决策者对提起诉讼的感觉完全不同。在这些大学，潜在被告的身份、预计的低收益以及过高的法律成本可能会抑制提出侵权诉讼的热情。这些大学很可能会将诉讼受益视为辅助或者是直接冲突，身为研究型大学的使命使得它们在侵权问题出现时依然非常谨慎并不情愿参与其中。而关于其他人如何看待它们参与专利侵权诉讼的考虑可能会使得这些大学失去有效率地追求诉讼收益的能力。由于不愿采取强有力的一致立场反对所有侵权者，多数大学对专利诉讼的态度是飘忽不定的，往往与一些特质突发事件挂钩。这些机构至少可以说，对于完全致力于使它们的专利实现价值是有复杂感情的，它们的行为似乎符合 Rhoades 和 Slaughter 提出的"研究、教育产品和服务是对高等教育基本工作的商业化"的概念。[①] 因此，他们也许最好定性为不情愿的学术资本家。

大学专利申请和学术资本主义的重新考虑

问题来自我们对大学专利诉讼规范化的期望。这个领域的成功将呈现出何种态势？学术资本主义理论认为利用知识产权赚钱会吸引研究型大学，而连贯的发展策略自然会促进该类活动。如果能不受视诉讼为潜在损害的人文关怀的阻碍，现代美国研究型大学大概应该拥抱

---

① Rhoades, G., and S. Slaughter, "Academic Capitalism and the New Economy: Privatization as Shifting the Target of Public Subsidy in Higher Education", In *The University, State, and Market: The Political Economy of Globalization in the Americas*, 2006, p.104.

第五章　学会诉讼：知识经济下的大学专利

专利诉讼作为一种盈利活动，进一步发展为新经济背景下高等教育研究的目标。

我们的研究结果表明一个更复杂的现象，揭示更多关于大学的定位，以最大限度地提高研究商业化相比较大学这样做的出发点。《拜杜法案》通过30多年后，大多数大学并没有成为专利执法经验丰富的玩家，而是还在学习打官司。事实上，它们可能会在提出诉讼时毫无准备，并对此怀着复杂的心情。然而，对于参与由知识产权驱动的全球知识经济中的大学，诉讼可能演变成一项任务。而大学授权专利的成功已被证明是不确定的，使用专利执法来作为武器扩大学院设施同样是混乱不堪的。在获得和实施专利的压力和不确定性下，大学面临着与全球创业型资本主义一致的问题，对于功能异常强大的企业，其诉讼成功的前提往往是庞大的资源和坚定的决心。成功的专利诉讼在全球政治经济中的重要性表明，专利不再只被看作用灵感构思建构的，而更多的是通过昂贵的和长期的诉讼取得的真正的唯一权利。因此，在本研究的基础上，将更准确地构建大学实施学术资本主义的框架，在该框架下大学对专利权的诉讼是作为尝试而不是成功的处方。专利执法是对那些小的、非营利性的或公益组织一个特别危险的空间。然而，在过去的10年中，全世界每年都有相当数量的大学渴望通过专利诉讼从知识产权上获利。

适当的后续问题是，它们应该这样做吗？这对于大部分研究型大学的领头羊来说都是个新课题。张扬的诉讼参与比几十年来在非知识产权领域的大学董事会管理风险最小化的预防诉讼和答辩有质的不同。当诉讼由专利持有者做生意的成本转变为做生意的一部分时，大学已被当作对公共产品不感兴趣的群体，而这也许不可逆转。即使是机构，可以有效地在这样激烈的市场条件下争夺营业收入（而不是所有的都可以），这当然成本很高，包括诉讼费、挑战任务、公众形象和信任、政治及其他资本的流失。

诉讼成功不确定和多样化的前景也应该激励高校领导去评估他们的机构对待追求侵权有多认真。这其中的风险是严重的。很少有机构能拿出1000万美元花费在一个案例中，或赔偿在他们的大学起诉的科研赞助商侵犯专利,以偿还教师研究赞助这样的案例经费。① 简言之,就是很难在原则上实施专利权,除非强制执行专利权被认为是主要的大学的使命。并不是所有的大学采取这样的做法,也不应该。然而,鉴于金融回报的诱惑和建立执法规范该领域的精英的存在,在全球高等教育系统②中排名一般的大学对它们实施专利的能力认知很现实。

对于那些少数有足够的财政资源和其他资源有效执行的机构,其毫不掩饰地追求和参与(看齐营利性的诉讼规范),不可避免地揭示了专利实质:政府授予的权利以排除其他。但是,专利执法笨拙调和通过高等教育的公益性,在历史上包括运用知识的公共利益、地方、国家和全球。③ 而在当今世界,一流大学的研究任务可能包括显著的专利诉讼,支持高等教育的公众也可能期望充分披露和提升诉讼的透明度。不可避免地是,产生和保护资产值的市场模式,与通过高等教育的创造和传播知识的公共利益的传统观念背道而驰。类似的情况下,只能以大学的决策和诉讼本身的规范来保持传统的做法。在数据收集的这些报告中就出现了这些紧张的关系,三所大学肯定地表示它们将不参加,原因是犹豫不决,这揭露出有关诉讼的想法比任何人都受市场参与者的青睐。不幸的是,随着越来越多的高校将关于传统知识产生和传播功能的输入和决策视作坚不可摧的学术研究,尽管从公共资金和其对公共利益的影响里,知识频繁发生,但未分化的知识也伴随在其中。④

---

① Rooksby, J. H., "When Tigers Bare Teeth: A Qualitative Study of University Patent Enforcement", *Akron Law Review* 46. 2013a, pp. 169 – 205.

② Pusser, B., and S. Marginson, "The Elephant in the Room: Power, Politics, and the Global Rankings in Higher Education", In *The Organization of Higher Education: Managing Colleges for a New Era*. 2012, pp. 86 – 117.

③ Marginson, S., "Competition and Markets in Higher Education: A 'Glonacal' Analysis", *Policy Futures in Education* 2, 2004 (2), pp. 175 – 244.

④ Marginson, S., "Higher Education and Public Good", *Higher Education Quarterly* 65, 2011 (4), pp. 411 – 433.

结　　论

鉴于这些后果和大学在公共领域中重要和持续的作用，应当认真考虑如何最好地校准大学在全球知识经济中参与专利执法。① 这些讨论应该包含大学是否应该采取一个学术资本主义的方法来创建和保护专利，也包括它们是否会成功。建议立法解决方案或其他形式的集体行动为此提供了清晰的方向，比如一些大学比较弱势，但可以通过适当的代理来保护知识产权②③而其他人认为它们太无效而不能成功。④⑤⑥

现行政策的问题是它们把大学放置于不适合航行的海域任其漂流。大学矛盾甚至困惑于它们代理的知识产权，而我们将为它们任何方向的前行提供支持。我们觉得更讽刺的是，我们的研究所提出的研究型大学通过专利活动建立学术资本主义经济发展引擎的概念势必会让两类人失望：那些觉得不值得或不妥当的人以及那些相信这些机构都有可能做到这一点的人。针对不同类型的机构和国家背景确定大学知识生产的最高效用肯定会带来不同的路径前进方向，这取决于对知识产权、商业化、机构认同、全球责任和通过大学研究的公益产品等

---

① Pusser, B., "Power and Authority in the Creation of a Public Sphere through Higher Education", In *Universities and the Public Sphere: Knowledge Creation and State Building in the Era of Globalization*, 2011, pp. 29 – 46.

② Rooksby, J. H., "Innovation and Litigation: Tensions between Universities and Patents and How to Fix Them", *Yale Journal of Law and Technology* 15, 2013b, pp. 314 – 406.

③ Vertinsky, L., "Universities as Guardians of Their Inventions", *Utah Law Review* 4, 2012, pp. 1949 – 2021.

④ Clements, J. D., "Improving Bayh-Dole: A Case for Inventor Ownership of Federally Sponsored Research Patents", *IDEA: The Intellectual Property Law Review* 49, 2009, pp. 469 – 516.

⑤ Litan, R. E, and R. M. Cook-Deegan, "Universities and Economic Growth: The Importance of Academic Entrepreneurship", In *Rules for Growth: Promoting Innovation and Growth through Legal Reform*, 2011, pp. 55 – 82.

⑥ Moran, J., and M. Warner, "Sens Moran and Warner Offer Bipartisan Job Creation Plan", *News Release*, December 8, 2011.

概念的理解和执行力度。在学术资本主义的时代，这是一个重要的过程，虽然这其中没有一个可以被专利化。

注　释

1. 专利侵权诉讼案的被告人通常提出反诉讼，指控原告持有的专利是无效的。他们这样断言的原因是如果专利无效，被告人就不用因为专利侵权而赔偿。而相应的，法庭也会评估这个专利的有效性。

2. 在数据收集的时候，目标大学的数量是60个，问卷回收率是36.7%，可参见 Rooksby（2012b）对此研究设计的进一步描述。

第六章

学术资本主义和实践活动：
研究项目的延伸

[美] 凯吉·奥瑟伦

> 传统意义上，实践哲学认为理论作为伦理和政治的基础，包括知识主体和实践哲学，反映在美好生活的本质和获得它的方式上。
>
> ——Shapcott（2004，1）

在不同的国家和组织中，政策支持的学术资本主义的接纳程度各不相同。在美国，Slaughter 和 Rhoades（2004）及其同事，对学术资本主义实践的研究也同样受到不同程度的接纳。① 与芬兰学者在应用这种研究途径时所提出的方法不同，我主要补充和拓展学术资本主义的一些可能性，无论在哪里使用学术资本主义。我基于两个标准：一是本土的、基于实践的研究方法；二是实践哲学的文献著作。

然而，目前学术资本主义的研究仍停留在以经验为主的精确描述大学和学者们正在发生的变化上，而忽略了学术工作的独特性和其他重要方面以及学者的主体性地位。在这些研究中，按照政治社会学的惯例，学者被认为是政治谋略家。我建议应把重点放在学术工作的政治方面，以扩充人类和社会实践的其他维度。为了做到这一点，我们

---

① Slaughter, Sheila, and Gary Rhoades, *Academic Capitalism and the New Economy: Markets, State, and Higher Education*, Baltimore: Johns Hopkins University Press, 2004.

需要实践活动的一个面面俱到的概念。研究不仅应该关注政治,而且应该关注伦理、策略和学术工作的学科性。本章试图表达在研究实践中这些主张的寓意。

首先,我对方法列了个提纲,我们研究小组立足于满足当地的需要。我们把学术工作概念化为实践活动和潜在的实践。然后,我把这种方法同实践哲学的一些基本理论相联系。其中一点就是,道德政治的视角是学术从业者和学术实践的研究者们能拥有的唯一基础。从这个意义上讲,所有的研究方法都伴随着实践哲学。这些步骤对补充和完善学术资本主义研究的理念形成了比较性和哲学性的双重基础。

学术实践的研究:一个补充性的方法

教育管理研究倡议组已经探索出一套考虑到四个维度的将学术工作作为一种实践活动的方法:策略、政策、道德和学科。如果学术资本主义的研究确实主要集中在学术工作的政治方面,那么,这个方法需要提出如何补充或拓展先前研究的理论。

教育管理研究倡议组的方法实际上采用的是一种自反性方法:提供一种方式来探讨,作为学者,在我们的研究工作中做什么及其引发的原因。众所周知的实践理论,包括 Pierre Bourdieu 的理论,详尽地介绍了自反性的要求。对 Bourdieu 来说,这一理论具有实践性。[1][2]如果我们认真看待专门人才的行动逻辑和学者的逻辑思维之间的不同,那么我们就不能假定我们(专门研究人员)的行动逻辑在理论争论中是可以简化的。但我们如何能够明白我们自己所做的事情呢?一个解决方案是采用上述的四个维度把我们的工作视为实践活动。

我要求学术资本主义的研究者们去审视和反思他们自己的实践以及结果,而不仅仅只是提出具体的概念和知识性断言。出于公平,我

---

[1] Bourdieu, Pierre, "The Specificity of the Scientific Field and the Social Conditions of the Progress of Reason", *Social Science Information* 14, 1975 (6), pp. 19–47.

[2] Bourdieu, Pierre, "Participant Objectivation", *Journal of the Royal Anthropological Institute* 9, 2003 (2), pp. 281–294.

需要对我们自己的实践做一个类似的审视。不幸的是,空间的有限性阻碍了我在这里描述这个实践。在此,我仅能呈现一个例子,即在我们的实践工作中,如何使用和变化这个框架,以及其基本理论的概述。

一个半虚构的例子

在学术界,半虚构的情景可以部分地表达在实践活动框架和运用框架中,凭直觉感知的知识。

学院管理者召集会议,其中另外三位参会者是在各自学科负责博士教育的教授。问题是新的规章涉及博士生的选拔和资助。校博士项目管理人员通过规章的执行要求各院划拨资金资助入选的每个新生,每五位学生中有四位学生由学院资助,额外的一位学生将由学校资助。对学院的功能和承担的义务来说,这是一个变化。因为各学科在学校项目规章中,优先照顾的是自己博士教育的实践,而学生在指导教授的帮助下也主要负责安排他们自身的资金。根据新的规章,学院投资在博士研究上的钱越多,获得的学校的钱也越多。如今,各学科必须协商学生人数的定额,因为估算人数定额需要在学院这一层面上。此外,学院有没有足够的钱来资助这一操作,还需取决于个别教授对资金的安排。这些教授有大量的项目资金,希望吸引更多的外部项目资金并且可以吸引新的学生,然而其他人不得不从博士学生管理中脱离。在这里,学术资本主义使学院成为商业单位,靠选拔和监测具备企业家能力的博士生来获得更多的尊重。假如没有实际上的利益,成功的玩家获得增长的财政资源,而博士生的选拔和监测变成一种金钱游戏。

在这个会议上,参会者会以何种态度解决这个问题?具有企业家精神的教授就开始计算她能资助多少学生。不久,她说道:"规章经常变,但我们只是需要把他们中最好的选出来。"学院管理人说:"在这个游戏中我们处在优势地位,并可以保证我们将从学校获得额外的资金。"研究国际商务的教授说:"这会影响我们选拔和对待博士生的,我们能够继续公平地允许各种各样的人入选吗?"第四位教授自我反思说:"这是我作为指导教授的终结,因为只有教授继续申请和安排项目资金,才能雇佣新的博士生作为项目研究人员;面对新的规章,在这个地球上我能做什么?假如我不是指导教授我是谁?"

这四位教授致力于管理工作,这是学术工作的基本活动之一。当面对新的正式规章,他们问了不同类型的问题,他们问的并不是为什么这样做、为什么采取这种方式或者在这个过程中我是谁。用专业术语来表达,即第一位教授采用了策略方向(怎样),第二位教授采用了政治方向(什么),第三位教授采用了道德方向(为什么),第四位教授涉及个人方向,关注他自己的教授身份(谁)。总之,根据我们建构它的方式,教授们覆盖了属于实践活动的基本问题和方向。

个人不可能在同一时间处理所有方向的问题,但他们可以在一个环境或不同的环境中转换方向。至少,这个基本问题变得可以解决,不是有意识地通过一些关键因素(这个文章中的教授们)或者其他因素(例如大学管理者),或者就是授予实践并未履行的因素。例如,新规章和旧规章都可能提出特殊的利益或表达特别的道德伦理,但人们没有必要关注或者了解他们在这些方面的结果。

框架:作为实践活动的学术工作

实践活动主要是解决是什么、怎么样、为什么和是谁的四大基本问题。自然哲学还包括了另外两个问题:什么时候,在哪里。我们认为四项基本问题在它们自身时间框架和社会结构中是需要面对的。换句话说,从身边的突发事件到政治领域,有限的生命、不同情况和时期中个人的经验处境,每一方面都有它自身的关联。

表6-1呈现了实践活动的框架。问题后面的两栏总结了大量的一般问题的方法。为了简洁,我们谈论了四个方面。我们进一步为每一问题提出了一个核心词汇,供每位学者和学生使用。因此,在核心栏目中提到了习惯和方法、目标、动力、公正及身份等字眼。目标问题是在学术工作中完成和实现的问题,是说明和实现这个工作所追求的利益,以及通过选择和设定目标的实践。目标这个词汇是政治的缩

影,与此同时也被运用到日常生活的每一领域。政治方面的定义立足于实践,并为 Bourdieu 和 Foucault 等实践理论家论证我们的行为及自我反省开辟了新阶段。

表6-1　　　　　　　　　实践活动的框架

问题	取向	具体化	实践理论者
以何种方式?	策略上的	习惯和方式	De Certeau, Goffman
怎么办?	政治上的	目标	Bourdieu, Foucault
为什么?	伦理上的	动机和依据	MacIntyre, Taylor
谁?	个人的	身份	Dreier, Harré, Hollad

不管何时何地都涉及了这四大基本问题,它们关注同一活动,但不能认为是同一活动的不同方面。只有行为者的行为倾向才因人而异存在区别。从每一角度,你都可以看到这些问题,只是基于你自身的主要立场和关注点,这些基本问题才看起来不同。除此之外,表中这些基本问题的排序并不是随意的。和很多阐述不一样,这种顺序论述了这样一种设想:学者解决这些问题不一定要遵守自我定位、明确道德动机、制定可行的政治目标和策略手段这一顺序进行。我们认为在这一层面普通的途径可能会有所不同。同时,我们花费大部分时间考虑的主要问题是应该怎么做。我们想方设法及时去做,对于我们所做的似懂非懂。[①]

另外一些方面可能在一些特殊情景产生,如我们不专心于执行任务或我们以一个更强的心态去作为主体。但在这里,通过陈述这些假设,我到达了理论和实践哲学的边界。在我们现有的条件和情况下,不同的假设导向不同的视角,并且其中一些假设不能从理论数据或被数据证实的其他理论中推断出来。然而,我们不能避免这些具有哲学的假设在我们自己的学术实践和研究中被运用。这个实践活动的框架

---

① De Certeau, M., *The Practice of Everyday Life*, Berkeley: University of California Press, 1984.

及以上的提纲,反映了一种参与式研究的实践哲学正在形成。

作为实践哲学的研究方法

理论上,这个团体的框架可以作为一种解释和运用实践概念的方式。对我们而言,实践是一种具有道德动机、政治意识、目标导向、策略技术和身份认可的活动。在这种意义下,我们可以构想一个可能性,但在学术实践中却很少实现。此外,带着这四个问题框架,我们可以在出现期和衰退期研究实践的维度和确定形式。

实践的概念是亚里士多德传统的实践哲学的中心。在探索美好生活的过程中,人们不能避免询问道德和政治问题或者避免处理不同行为的可行性。目前,实践理论的主流学派——人类行为学、民族方法学、行动者网络理论和社会文化或社会历史的活动理论——不能明确地使用这个概念。此外,在新自由主义开始主导社会思潮之前,返回到富有灵感的思想也许是有用的。评论家对早前的思想进行重新评估,并建议目前通过争论投射支持或反对的意识形态是可供选择的。正如 Kezar(2004)所说,高等教育的研究通常通过挖掘弱点或片面之词的哲学基础收获更多成果。[1]

转向实践性和内部性评论

Eikeland 和 Nicolini(2011)提出了一个转向组织和管理研究的不同方法的富有启发性的分类。他们将实践方法归为两个维度、四种类型。这两个维度是研究者的知识兴趣以及他们如何定位自己与实践研究的关系。在第一个维度中,"根据独立研究的观点,社会科学家对实践的兴趣可能会被理论兴趣所激发,或者根据实践探究模型,它可能会被广泛的实践兴趣所刺激和指导。至于从哪些兴趣点的位置开

---

[1] Kezar, Adriannan, J., "Wrestling with Philosophy: Improving Scholarship in Higher Education", *Journal of Higher Education* 75, 2004 (1), pp. 42-55.

始着手，研究者们可以从上方和外部，或者内部和下方开始进行。前面一种情况中，研究者要保持一种'被隔离的旁观者的角度'，并通过'明确的理论视角'来进行实践。后面一种情况中，研究者要近乎全身心地投入到实践中进行研究"①。

Eikeland 和 Nicolini（2011）描述了四种类型的社会研究，笔者根据本节需要将其列出：（技术导向）应用性研究、经验主义理论、发展研究以及内部（对话）评论。前两者处于外部研究，后两者处于内部研究。实践兴趣在应用和发展研究中是首要的，反之理论兴趣驱动了经验主义理论化和内部评论。

怎样才能在这项研究实践计划中找出学术资本主义和实践活动方法？我建议用前者代表经验主义理论化。学术资本主义的概念曾详细指导了经验主义研究，并且，根据调查结果，此概念也经过修改服务于该项研究。后者的研究实践主要代表了发展研究，但正日益向内部评论转移。因为本土自主开发工作中的新障碍，使之必须对此做出转变。

道德的政治构想

内部评论聚焦于并产生了什么？Richard Bernstein 的工作提出了一个问题：在内部评论中，我们为实践构建并修改了一个道德的政治想象。这些想象也可以被称为实践形式。而且，Bernstein 声称，哲学家们正逐渐承认他们无法确认的一个超验的、普遍的基础，在此基础上，哲学家们建立他们的哲学体系或要求。在此基础上，我们所能拥有的一切就是道德政治想象。这些想象展现了一个比我们所观察到并且正在经历的世界和实践更加美好的世界和实践。②

---

① Eikeland, Olav, and Davide Nicolini, "Turning Practically: Broadening the Horizon", *Journal of Organizational Change Management* 24, 2011 (2), pp. 164-174.

② Bernstein, Richard, J., *Praxis and Action: Contemporary Philosophies of Human Activity*, Philadelphia: University of Pennsylvania Press, 1971.

Bernstein（1982）引出并解释了构想的类型,① 许多哲学家和社会理论家在这些构想之上建立了他们的理论。在一篇（从多个不同的角度）比较伽达默尔、哈贝马斯和罗蒂德观点的文章中，他引用威廉·詹姆斯的话说:"出现在罗蒂、伽达默尔和哈贝马斯著作中的共同基础——他们无基础的实用主义人文精神——或许依旧可以作为感动我们的一个构想，'一个可以感觉整个推力、看到整个生命趋势的模型'，它能让我们克服生命的阴霾并朝向实践。"因此 Bernstein 确定了一个可能的构想，并与其他三位作者相互分享探讨。这个引用表达了一个重要观点。Bernstein 并非将这些构想仅仅视为智力训练和创造性想象的结果或是一个简单的选择。相反，这种构想正是感动了研究者的东西。它朝向工作不断努力，使它（在原则上）变得有意义。它存在于工作之中。它包含着研究者所了解的情况，及其所理解的什么是或可能是（社会）生活中美好的东西。Paololucci 将 Sartre 的人文精神视为一个有趣的例子，即一个人怎样努力构建并修订构想，以及这一切怎样才能成为一种带有强烈情感骚动和不断变化的个人承诺的体验过程。② 其他典型的例子就是 Edward Said 的个人历史和他的民主的、世俗的人文精神。

在寻求构想的过程中，人们可能会从两种资源中找到灵感：目前各种形式的实践方面的建议，或是个人自身的实践。后者与我们在此讨论的问题更加相关，因为它详细说明了内部评论。但是在实践建议或类型方面的几点需要注意的地方，可能被用来表明文件化的备选方案可能无法完成所有工作。

实践的解释

回溯十年，在新自由主义思想还未占据主导地位之前，存在大量

---

① Bernstein, Richard, J., "What Is the Difference That Makes a Difference? Gadamer, Habermas, and Rorty", *Proceedings of the Biennial Meeting of the Philosophy of Science Association* 2, 1982, pp. 331 – 359.

② Paololucci, Gabriella, "Sartre's Humanism and the Cuban Revolution", *Theory and Society* 36, 2007 (3), pp. 245 – 263.

第六章　学术资本主义和实践活动：研究项目的延伸

关于实践的解释。可能这种思想使得这个术语不再流行，失败的内涵、思想的片面性以及政治活动也干扰着它。然而实践却依然出现在最近的文献中，并且有各种各样的定义。我们可以删除那些不太精确的解释，比如将实践解释为与"理论"相对的一切实践活动。近期文献的另一个典型特征就是，作者们似乎为了自己的政治或道德行为垄断了经典术语。他们不去考虑人们可能会更喜欢的方式，并且详述实践的不同形式。在许多领域都能发现与实践相关的学识，包括教育、社会工作、社会学、人类学和女性主义研究。

对教育学领域著作的更深入研究阐明了这个问题。在许多方面曾经很有意义的话现在听起来或许很空洞。一个例子就是 Lather 的论文《实践研究》。① 她论述了女性主义、授权以及解放研究的方法论启示，并在一个十分复杂的意义上使用实践的概念。对我们中的一些人来说，在这个"变革管理"和"员工授权"的时代，"斗争""做出改变"和"解放"这类术语听起来就像是空洞的符号。那些因为学术资本主义而大获成功的人可能会认为他们是进行"革命"的人。事实上，Lather 在她的新书《迷失》中提出了一种关于女性主义实践的不同的、后结构主义的概念。这就是"并非如此真实的实践"。在她的思想和经验中，这必然变成了明确性的构想。②

Kemmis 的著作尤其有趣，因为他设法将自己在实践思想方面的长期兴趣与不断变化的政治思潮联系起来。在20世纪80年代早期，Kemmis、Cole 和 Suggett 确定了三种带有各自社会构想的教育方面的政治取向：③（1）职业—新古典主义取向；（2）自由—进步取向；（3）社会批判取向。他们主张批判取向，并将其建立在 Habermas 关

---

① Lather, Patti, "Research as Praxis", *Harvard Educational Review* 56, 1986 (3), pp. 257 – 277.

② Lather, Patti, *Getting Lost: Feminist Efforts Toward a Double (d) Science*, Albany: State University of New York Press, 2007.

③ Kemmis, Stephen, Peter Cole, and Dahle Suggett, *Orientations to Curriculum and Transition: Towards the Socially-Critical School*, Melbourne: Victorian Institute of Secondary Education, 1983.

于批判社会科学的更普遍的观点之上。①

然而,过渡到教育的社会批判观点的建议被20世纪中期的新自由主义和保守主义所掩盖。推进"教育学从苦难、压迫或统治中解放出来"的愿望丧失了它的共鸣。尽管如此,它的倡导者还是不愿就此放弃,在最近的著作中,Kemmis再一次看到了更加光明的前景。②③④ 他和他的同事们详细论述了最初的构想在教育和其他专业实践中的含义。他也曾做过大量工作,将实践理念与更新的实践理论思潮联系起来。

Kemmis对实践的处理存在的一个问题就是他仅仅突出强调了一种实践形式,或者更确切地说是一种知识利益驱使,尽管他承认原则上存在多种实践。⑤ 对于尚未致力于任何实践的学者们来说,发现它很难培养,或者不能仿效这些"古老的"明智行为的解释,这似乎是有问题的。例如,学术实践的目的可以通过集体行动从不公正中被解放出来,然而其他学术实践可能会以其他事情为目标——或者换言之至少能清晰地表达这个目的。

Chaiklin曾对这项讨论提出了一个有趣的评论。⑥ 他总结了自己论文中的观点。他的论文是在以费尔巴哈为基础的马克思的第11篇论文的基础上完成的:"重点既不是要解释也不是要改变这个世界,而是要在这个世界中生存。"这个论断漂亮地质疑了虚华的辞藻,它

---

① Habermas, Juergen, *Knowledge and Human Interests*, London: Heinemann, 1972.

② Kemmis, Stephen, "Exploring the Relevance of Critical Theory for Action Research: Emancipatory Action Research in the Footsteps of Jurgen Habermas", In *Handbook of Action Research: Participative Inquiry and Practice*, 2001, pp. 91 – 102.

③ Kemmis, Stephen, "What Is Professional Practice? Recognizing and Respecting Diversity in Understandings of Practice", In *Elaborating Professionalism*, edited by Clive Kanes, 2011, pp. 139 – 165.

④ Kemmis, Stephen, "Pedagogy, Praxis and Practice-Based Higher Education", In *Practice-Based Education*, 2012, pp. 81 – 100.

⑤ Kemmis, "What Is Professional Practice? Recognizing and Respecting Diversity in Understandings of Practice", In *Elaborating Professionalism*, edited by Clive Kanes, 2011, pp. 139 – 165. Dordrecht: Springer.

⑥ Chaiklin, Seth, "Understanding the Social Scientific Practice of Understanding Practice", In *Understanding Practice: Perspectives on Activity and Context*, 1996, pp. 377 – 401.

表达了一些道德—政治构想，并自发地将学术摆在了一个人类可承受的位置。世界上既有神秘的英雄也有平凡的学者。后者没有将自己摆在那些等待解放者的可怜人之上。委婉地说，解放者的身份在学术界不再可行。现在我们正目睹一些同僚，利用他们作为企业家的新的"自由"来获取大量资源。

清楚表述并质疑"工作态度"

除了在文献中明确处理方法以外，另外一种检验道德—政治构想的方法就是在不同的、现今的研究实践之中清楚表述"工作态度"。个人实践是批判性反思的一个可能的目标，这是 Eikeland 和 Nicolini 在他们所理解的内部评论中所强调的东西。

怎样的工作态度被渗入作为实践活动的团体学术工作方法之中？因为我必须简洁表述，并且出于例证的目的，我只能列举出一些我认为在本地实践中至关重要的例子：

·学者作为实践者。我们处理自己的工作，并将其他学者的工作作为实践活动（与"生活理论"相反）。

·研究者作为参与者。我们接受并利用这样一个事实：我们是我们所研究的世界中的参与者。

·实践是兼收并蓄的。问题的关键并不是构建一个理论，而是欣然接受运用于实践中的各种构造的解释说明。

·假设没有英雄人物。采取高明的、半意识的行动被当作一件很平常的事，然而对政治、道德和行为表达方式的可能性却没有被忽略。

·悬而未决的规范。尽管实践是不可避免的规范，但是出于研究、教育和发展的目的，避免过早地对他人的实践形成一个规范的态度是明智的。

·对构想的追求。这种方法的目的是通过提供问题而不是答案，使得对构想的追求得以实现，而不是假设实践的所有形式都是基于一个道德—政治构想。

·实践。我们应该留心正在出现的各种实践,并尊重间断的、分散的甚至是失败的尝试,来排练好的工作或是为它建立条件。

内部评论可以从两个方面进行详述:我们真的会运用这些后天习得的智慧吗?在现在的条件下,这些态度真的明智吗?

撇开我们实践中的伪善程度,我们的实践在地方院校和高等教育研究领域可能会被认为是不可行的。最显著的问题就是参与式研究并不能轻易发表受到高等教育学者和高校管理者重视的刊物上(在"顶级期刊"中)。没有一个优秀论文的记录,大学就不会雇用你,因此也就没有"学术工作"或是紧急实践。而且,高校管理者有了正当的理由去抵制大学中自治的、"非经营的"研发工作。但是这个问题只是重复了更基本的思想问题来激励这种写作。我们的做法可能与学术资本主义不是十分匹配,但是尽管困难重重,它可能仍然值得继续,因为它寻求的是另类的构想。

一个更加富有成果的内在的批判将会沿着学术实践的四个维度进行深入研究:(1)我们的工作习惯以及行动方式;(2)目标设定与政治局势的解读; (3)学术实践的内外部成果的概念及实现;(4)我们的代理机构、意识、影响以及作为工作的实验对象的身份。研究学术资本主义和"经验主义理论"模型的研究人员可能会做一项类似的实验。作为一个局外人,笔者无法论证这个实验,但我可以提出一些关于怎样完成这一系列研究的些许观点。

学术资本主义的补充研究

由于学术资本主义研究的主要知识基础是政治社会学,所以这些研究强调以人类行为的政治维度来构成他们的研究对象。主要的对象被称为"政府治理",它表明不同实施者的实践行为并不是关注的重心。但是,这些研究也报告了不同实施者在变化和重叠的体制下所做的事情。这个方法通过漠视在大学或者社会中发生的全部的变化,以此避免极权主义的传统社会学陷阱。在大学不同的变化报告中,这些研究在考虑到不均衡的发展和抵抗中,代表了一种中间的立场。

第六章 学术资本主义和实践活动：研究项目的延伸

要是这些研究在政治以外更加重视除政治以外的行为的维度会如何呢？在这个疑问之下，我试图去界定这其中的含义。作为一名业余的社会学家，我能够随意指出文学社会学的其他组成部分之间的联系，因为我不需要去考虑社会学领域的内部划分。

认真研究一般行为在策略上和习惯上的性质，是最重要和最困难的任务。如果学者们对他们所做的事情一知半解，并且不能从他们的行为情境中分离出来，那么任何声称他们有目的和有意识的政治行为都是有问题的。在给定的条件下修补、存活和随机应变，与利用和抵制一个政权的治理是不同的。这种行为一定会带来政治后果，但是这些都不是有目的的政治策略或政治斗争的结果。而且，正如塞尔托所说，战略行为的逻辑是很难去辨别的。在他看来，"大多数边缘性的事物"能够用不同的方式从学科机制中逃脱，并能够在表面上的整合后"将就使用"。

在美国的社会学中，戈夫曼的戏剧的方法及之后的版本都近乎称赞这些问题。例如，其中一个方法可以从适应策略的角度来说明学者们做的事情，比如社会退缩、殖民地化、转换和抵抗。也许研究者们需要求助于艾伯特所说的抒情的社会学，它能够在特定的时刻识别和表达微妙的情绪和行为模式，但是它需要研究者自愿说出在自身与学者、学生、管理者和他们的员工相处中引发的感情。而且，自然而然的，传统的实用主义哲学和它的习惯观念是研究学者"日常"资料的一个巨大来源。作为一种流行的实践理论链，民族方法学提供了工具和观点来分析人们是如何在学术交流中产生秩序的。

如果道德诉讼的可能性被更认真地强调，但是由于许多社会学家倾向于用他们熟知的权利观念理论来应对理性选择理论，而没有对此解释清楚，那该怎么办？我们可能会注意到这样一些情况，即学者们在特定的游戏中违反了他们的"利益"。一个学者可能故意地让自己处于一种弱势的、不受人尊重的位置，因为她不想违反她自己对于好工作的理念。并不是所有的学者都必须为了确保最好的职位和声望最高的职位而去奋斗，其中一个原因可能是他们认为竞争的手段是有失道德规范的。不同的习性和社会背景可能形成特定的道德立场，这是可以理解的，但是却不能决定一个人的道德立场。

从小的关注点中扩大对道德的讨论是很重要的，这些小的关注点是不被道德接受的，通常表现在职业行为规范中。道德哲学家，如麦金泰尔和泰勒，认为"商品"是道德行为的动机，同时是各种特性的核心。在麦金泰尔的专业术语中，"内部商品"是从业者在社会实践中需要去实现的，而且这些商品对他们来说是很有价值的，不仅仅是用于其他目的。对于一个大学管理者来说，什么是不合理的？例如，和一个学者讲道理。一个学者可能想要学习一个新的写作方式，即使这个方式不适合于《金融时报》上列出的那些"顶尖的"期刊杂志。直到今天，一些学者仍然相信，写作在实现其他美好事情上发挥着重要作用，它超过了外界对成功的界定。

在道德社会学中，存在一个有趣的研究分支，可以说明学者的道德如何通过经验来研究。米歇尔拉蒙特和她的同事已经研究出学者们如何评价其他的学者和他们的工作。她的合作者劳伦特讨论了一个更普遍的问题，即将道德研究带回社会学中将会意味着什么。如果布迪厄是政治领域的一个专家，至少在公共场合，这些学者想要扩大范围，引入道德。在此我们又一次见证了戈夫曼的观点，即"道德类型"和"道德事业"已经成为交互作用论的中心利益。

另一个道德观来源于科学哲学。为了替代先验准则，哲学家们已经试图找到其他的语境和社会标准来评估研究。郎吉诺声称，即使是库恩建立的为相关理论所做出判断的标准，也会被质疑或者至少是需要补充的。库恩声称，以下的标准构成了理论选择的客观依据：精确性、简易性、内部与外部一致性、适用性和产出性。郎吉诺的工作详细说明了"社会或现实利益"在决定什么可以作为好的科学判断时是如何起作用的。她提议我们也应该考虑理论的道德质量，不仅仅是它的"客观性"、认知能力、特征。郎吉诺说："我想要想出一套不同的设置，利用那些已经被女权主义科学家、女权主义历史学家和科学哲学家已经完成的工作。在这里能够找到经验适当性，还有新颖性、本体异质性、交互复杂性、人类需求的适用性、权利的扩散和分权……就像库恩名单中的元素，它们作为……理论的（道德）质

第六章 学术资本主义和实践活动：研究项目的延伸

量……被认为是理想的，因此能在替代品中指导判断。"就库恩的标准来看，学术资本主义的研究可能会因此做得很好。然而，有人可能会产生质疑，如郎吉诺所提出的，就这种替代品的标准而言，这些研究到底做了什么。[1]

关于团体、主动性和身份的文献很多。人类学家目前已经从实践中开发出了复杂的身份概念，他们已经从福柯主义者的打击中恢复过来。多萝西荷兰和她的合著者呈现了一个框架，这让我们了解到在数字的世界中编著出一个行为和身份的复杂性。[2] 另外一个扩张是对"后期话语"分支的研究主要集中在影响上，包括了学术界。同时这描述了人们在回应政府治理的改变上所表现的特定情绪。

最后，实践活动的框架带来了一种试图同时关注行为的多个维度的方法。典型的学者是怎样来解决四个基本问题的（怎么样，是什么，为什么，谁）？他们又是怎样处理这四者之间的相关性的？依据经验主义理论的标准，这种类型的工作确实是很困难的，几乎不可能做得到的。如果一个人给实践活动带来了太多的定位，那么他就会受到折中主义的指责。例如，在很少的学者当中，如果有任何人能够诚实地说出道德哲学家的理想，并把道德作为他人生的主要立场；有人能够说出政治社会学家的理想，并把政治作为他人生的主要立场，那么他们是能够很好地结合在一起的。但是如果根据解释框架，人们接受了研究重点和研究实践是可以折中的，那么就能够避免合成的野心。其代价是，社会研究的主流倾向于将这类工作排除在外。

我要怎样对学术资本主义研究的这些互补观点的要求做出解释？我唯一的回应是生活在数字世界里的学术人员都会提出这些问题。一名学者每天都必须回应这些要求：要熟练、目标明确、道德动机，并且知道你自己是谁！政府治理的管理制度和它的部门用一种方式来工

---

[1] Longino, Helen, E., "Gender, Politics, and the Theoretical Virtues", *Synthese* 104, 1995 (3), pp. 383–397.

[2] Holland, Dorothy, William Lachiotte Jr., Debra Skinner, and Carole Cain, *Identity and Agency in Cultural Worlds*, Cambridge, MA: Harvard University Press, 1998.

作，也就是只回答怎么把事情留给学者们处理的技术性问题，而其他的事情就交给管理者和市场部门来处理，但是这并不是唯一一个对学术界个人提出要求的制度。如果这个体制是完美的，我就不会写这篇文章了。而且，我并不是说明这种产生主流问题的实证研究可以处理实践中的各方面问题。研究实践的其他形式同样可以帮助这些困惑的或愤怒的从业者。

即使学术资本主义的报告能够超出政治视角，但是这对于忽略学术工作政策的忽略却是毫无意义的。正相反，我的建议是战略上的、政治上的、道德上的和个人的视角都很重要。重视这个议程，可能会使"政治"增加新的意义。简单来说：我们知道去完成什么，我们是什么时候知道的，我们为什么要从事学术工作的特定形式，我们想成为什么样的人，我们想要怎样去做这个工作。政治的实质就是在实践活动的其他三个维度中去发现问题。

结　论

这一章说明了怎样对学术工作的不同方面做出正确评价，就像实践活动能够充实学术资本主义的研究。我们的提议都是基于参与式研究的视角和传统的实践哲学的理念。这个修正案可以用来加强研究项目，并且使它与那些在新的政府治理体制下进行斗争的或者试图生存的人们更有关联。

问题是这个项目是否能够给学者们提供一种选择并且激励有意义的行为。知识分子利用政治方法可能会产生事与愿违的后果：这些研究"科学地证明了"我们被新的体制征服了。丰富的实践观念将会给那些抵制体制或者不愿去适应体制的人，在缺乏备选方案的情况下，提供一系列更多的机会。斯劳特和她的同事也已经注意到学术界里的道德问题，不仅仅是政治游戏和政治策略。斯劳特说："在后现代主义的21世纪，在企业界和大学的分开对专业人士的价值进行评估是很少见的，也是不单纯的。然而，如果专家们和管理者们想要继续获得公众的信任和经济支持，那么他们必须从企业界中分离出来，

第六章　学术资本主义和实践活动：研究项目的延伸

并且想出新的社会契约论。这种社会契约论不能对市场投降，也不可能只是简单地保卫旧的体系。"①② "这个新的协议" 在引用上述要求时被提到，这个术语被引用在这一章里，一种新的道德政治视角被多样化的利益组织所共有。但是这个视角一定是超出本文的目的的。相反，我已试图从深感缺乏适宜性和连贯性是一种生存条件这一视角进行描写。然而，作为一种知识的和集体的任务，我们也有方法去探索一个新的视角。内在的批判集中于对我们自己的研究实践形式——在我们对于是谁、为什么、是什么和怎么样的问题的解决上——是这些方法的其中之一。扩大的研究机构确实会激励全体研究者的招募工作。这个改变至少会缓解批判学者的就业之忧。

---

① Slaughter, Sheila, "Problems in Comparative Higher Education: Political Economy, Political Sociology and Postmodernism", *Higher Education* 41, 2001a (4), pp. 389 – 412.

② Slaughter, Sheila, "Professional Values and the Allure of the Market", *Academe* 87, 2001b (5), pp. 22 – 26.

第七章

突出学术劳动扩张学术资本主义

[美] 加里·罗德斯

在美国的高等教育研究文献中,学术资本主义在很大程度上被解释并应用于研究型大学教授的研究取向与实践,特别是在 STEM(科学、技术、工程和数学)领域。①②③ 在国际文献中,则更多地关注研究取向以及更具普遍意义的"道德秩序"④⑤ 或收入结构和整个国家系统的政策制度。⑥⑦ 在这些文献中,学术资本主义被理解为关于教授、部门、大学以及各个系统结构围绕收入产生的活动,在这个过程中让私营部门重塑学术的价值,并让高等教育远离它的良好的公共

---

① Mendoza, Pilar, "The Role of Context in Academic Capitalism: The Industry Friendly Department Case", *Journal of Higher Education* 83, 2012 (1), pp. 26 – 48.

② Mendoza, Pilar, Aaron M. Kuntz, and Joseph B. Berger, "Bourdieu and Academic Capitalism: Faculty 'Habitus' in Materials Science and Engineering", *Journal of Higher Education* 83, 2012 (4), pp. 558 – 581.

③ Szelényi, Katalin, and Richard A. Goldberg, "Commercial Funding in Academe: Examining the Correlates of Faculty's Use of Industrial and Business Funding for Academic Work", *Journal of Higher Education* 82, 2011 (6), pp. 775 – 802.

④ Ylijoki, Oili-Helena, "Disciplinary Cultures and the Moral Order of Studying: A Case-Study of Four Finnish University Departments", *Higher Education* 39, 2000 (3), pp. 339 – 362.

⑤ Ylijoki, Oili-Helena, "Entangled in Academic Capitalism? A Case-Study on Changing Ideals and Practices of University Research", *Higher Education* 45, 2003 (3), pp. 307 – 335.

⑥ Fisher, Donald, Kjell Rubenson, Glen Jones, and Theresa Shanahan, "The Political Economy of Post-Secondary Education: A Comparison of British Columbia, Ontario, and Quebec", *Higher Education* 57, 2009 (5), pp. 549 – 566.

⑦ Metcalfe, Amy Scott, "Revising Academic Capitalism in Canada: No Longer the Expection", *Journal of Higher Education* 81, 2010 (4), pp. 489 – 514.

功能。

然而，Slaughter 的三个维度和我（2004）的理论已经被突破。其一是学院和大学的非学术性的专业员工队伍的扩张，也就是所谓的"管理人员"。① 第二是变化特征和伴随着生产过程的变化，生产工人管理权力的扩大，这在学术管理人员的增长部分得以显现。② 第三是机构与集体的动态分析，这是通过不断形成与可协商的再生产中劳动者和管理者的社会关系来分析的。这三个维度中的每一个都更好地让我们看到了一个更深层次的私有化，它减少了高等教育中的公共空间。

学术资本主义在被引用和应用到创收方面的努力过多。更常见的一种理解：学术资本主义就像资本主义，更广泛地说，是关于嵌入在社会生产关系中的权力。不仅仅是关于"扩展管理能力"，也是努力扩展管理控制并围绕这些努力的集体竞赛。③ 当 Slaughter 和我写高校参与市场的行为，我们突出的不仅是对商品化和市场化高等教育收入的努力，也是重构和理顺专业工作的政治和经济的努力。

在我们看来，学术资本主义的知识/学习制度的优势地位，要求我们重新思考学术职业的核心和主导地位。④ 因此我们把学术资本主义特征化作为政权的逆转，它见证了一次"学术革命"："詹克斯和里斯曼（1968 年）后二战时代概念化了全国性学术职业的优势。"学术资本主义是关于学术在各专业领域所涉及的政治经济的变化。作为我们推断的组织变更的一部分，将会伴随学术资本主义，我们也推断专业的就业结构会变化。

在这一章中，我将通过回顾突出学术劳动力的视角论述学术资本主义。它的特色就是压缩了公共空间，这个空间原本是自由追求和表

---

① Rhoades, Gary, "Reviewing and Rethinking Administrative Costs", In *Higher Education: Handbook of Theory and Research*, 1998a (13), pp. 11-47.

② Rhoades, Gary, *Managed Professionals: Unionized Faculty and Restructuring Academic Labor*, Albany: States University of New York Press, 1998b.

③ Slaughter, Sheila, and Gary Rhoades, *Academic Capitalism and the New Economy: Markets, State, and Higher Education*, Baltimore: Johns Hopkins University Press, 2004.

④ Ibid..

达关于未来高校在教学、研究、服务以及未来发展方向的观点的公共场所。公众共享的概念在美国与学术职业、学术自由的核心价值相联系。它能够而且也应该将不仅仅与专业人士或部分专家的学术工作变化相联系,而且也应该将集体努力和关于重新定义公共空间和高等教育目的的谈判联系到一起。

管理人才的崛起:重构专业就业,减少教授的重要性

在过去的30年里,美国的学院和大学的专业就业增长部分是非教师的"其他"专业人士。增长最多的职位并不是行政方面的职位而是管理职位,也就是院长及以上级别的职位(从20世纪70年代到2000年只略微增长了11%—12%的专业员工)。他们是一系列在高校拥有高级学位并居于领导地位的专业人士(硕士和博士)。这些专业人士相对于教授的扩大和增加的意义是Slaughter和我(2004)定义的扩展的管理能力,是通过有比学者更强的管理能力的那类员工来定义的。这种专业人士并没有超越教师的数量(现略多于专业员工的一半,相比约1/3用于支持人员),但他们已经降低了对教授们的重视。

虽然这一现象在美国是最明显的,其他专业人士的增加在欧洲也明显。[1] 一些欧洲学者在学术界和政府之间从事分析工作,重点分析新的行政劳动力专业化。[2][3] 一些有特点的员工为"混合"或"第三

---

[1] Rhoades, Gary, and Barbara Sporn, "New Models of Management and Shifting Modes and Costs of Production: Europe and the United States", *Tertiary Education and Management* 8, 2002a (1), pp. 3 – 28.

[2] Gornitzka, Ase, and Ingvild Marheim Larsen, "Towards Professionalization? Restructuring of Administrative Work Force in Higher Education", *Higher Education* 47, 2004 (4), pp. 455 – 471.

[3] Schneijderberg, Christian, and Nadine Merkator, "The New Higher Education Professionals", In *The Academic Profession in Europe: New Tasks and New Challenges*, 2013, pp. 53 – 92.

空间"的专业人士。①②③

尽管我（1998a）所说的"管理人才"重要性有所增加，但很少有研究，特别在美国是明显的，因为大部分高等教育的研究生项目会有大量这种专业人士，特别是有关学生事务方面。同时非学术办公室的扩大与创业领域专业人员的融资和技术转让也是显著的，还有质量控制与问责领域，如教学中心与本科评估；领域延伸、辅导、对非常规学生的文化服务中心、学生宿舍、娱乐中心与针对上层中产阶级学生的高端服务等方面都有体现。④

以上各类型管理人才的崛起可以与学术资本主义的兴起联系到一起。从概念上讲，用于标记他们专业人士身份的理由是，这些类别的员工拥有硕士和博士学位，表明他们具备一定程度的专业知识。他们通常会发展国家专业协会，这些协会出版专业杂志和生产专业知识，阐明规范和行业最佳实践。这是一个感觉上的职业（一个不同于英美语境且不能被归到国家公务员类别的概念）。

创造这个概念用"管理"修改"专业"的原因是这些专业人士比学术领域的成员更依赖于管理者。管理人才被管理者录用、评价，并获得续期或解雇，比教授受到同行评价的影响更小。此外，和教授比起来，他们的日常工作并不那么独立，且由管理者决定。

与非学术性的专业人士相关的几个问题出现。有些涉及高等教育成本结构的变化。这值得追本溯源和描述高等教育成本结构的转变。更重要的是，管理人才的崛起，在多大程度上转化为或反映出了在高等教育机构中优先级的变化。详细说明这个问题的方法之一是探究学

---

① Whitchurch, Celia, "The Rise of the Blended Professional: A Comparison between the United Kingdom, Australia, and the United States", *Higher Education* 58, 2009 (3), pp. 407 – 418.

② Whitchurch, Celia, *Reconstructing Identities in Higher Education: The Rise of "Third Space" Professionals*. Society for Research into Higher Education, New York: Routledge, 2013.

③ Whitchurch, Celia, and George Gordon, eds., *Academic and Professional Identities in Higher Education: The Challenges of a Diversifying Workforce*, New York: Routledge, 2010.

④ Rhoades, Gary, and Barbara Sporn, "New Models of Management and Shifting Modes and Costs of Production: Europe and the United States", *Tertiary Education and Management* 8, 2002a (1), pp. 3 – 28, doi: 10.1080/13583883.2002.9967066.

术资本主义在多大程度上以及用什么方法去推动一些优先事项，这种优先事项更少地关注生产过程（教学和研究），而更多地关注市场营销，如何评估，如何努力使创业参与其中以及如何在私营部门表现。这真是一个讽刺。我们处在一个紧张的议程中，而且还被称作在一个没有新的公共资源提供给高等教育和高度关注的学费和贷款的"新常态"中。然而，高校却正在增长非教学员工的数量，扩大学院核心功能之外的单位和活动费用。这些核心之外的事已经在何种程度上变成核心了？

在美国，出现了行政成本的一些政策讨论。但是浪费、臃肿的官僚机构的观念束缚了讨论。该现象反映了学术资本主义策略可以更好地控制生产过程和雇员，以及从生产和其他活动中获得更大的收益。从这个角度看，关于对非学术人员、办公室和活动的投资发生的原因及过程就出现了为何做和怎样做的问题。这项研究的一个例子提供了有关行政费用假设（莱斯利和罗迪斯，1995）。类似的假设为了学术资本主义应开发和探索，[1] 然而，只有少数有这样的工作。[2][3]

第二组的问题围绕着新的管理职业和教授之间的社会关系。职业是在工作领域建立要求和控制手段。[4] 在管理职位上升的背景下，提出了在何种程度上这些职业的细分被教授们再次要求其工作领域的问题。

这样的背景下其中一个最明显的例子，围绕着课堂空间。非

---

[1] Rhoades, Gary, and Barbara Sporn, "New Models of Management and Shifting Modes and Costs of Production: Europe and the United States", *Tertiary Education and Management* 8, 2002a (1), pp. 3 – 28.

[2] Powers, Joshua B., "Commercializing Academic Research: Resource Effects on Performance of University Technology Transfer", *Journal of Higher Education* 74, 2003 (1), pp. 26 – 50.

[3] Powers, Joshua B., and Eric G. Campbell, "Technology Commercialization Efeects on the Conduct of Research in Higher Education", *Research in Higher Education* 52, 2011 (3), pp. 245 – 260.

[4] Abbott, Andrew, *The System of Professions: An Essay on the Division of Expert Labor*, Chicago: University of Chicago Press, 1988.

学术性专业各阶层在教学和学习上拥有较高的专业技术。利用教学和学习技术的开发并证明这些说法。在今天的美国学院和大学，课程和教室是有争议的专业的空间，在教学中心、学习技术中心以及更多的地方，管理人才在开发和提供课程方面挑战教授的权威。①②

类似的分析可以被开发，针对由教授长期控制的大学的另一个核心——研究的领域。考虑到对技术转移的更多重视和致力于在市场获取知识的管理人员的增多，那么在多大程度上以及这些人员如何定义什么样的知识在大学里更有价值？

如果它们被放在管理人才和管理大学的行政人员之间的关系中，上述跨专业竞赛在各种生产活动中能够被很好地理解。我已经创造了术语，在这一点上，比起教授，他们的工作和管理的目标之间有更紧密的联系，在这种程度下，如何管理控制这些专业人员的工作是值得探索的问题，因为他们成为劳动力的重要部分。

管理专业人员可以通过被学术资本主义知识/学习制度影响下扩大的机制来理解。管理人才是扩展管理能力的一部分。该框架提出了一个重要的问题：到什么程度以及如何管理人才的工作被管理人员投资和利用来重新界定和评价教授的工作？

对公众的影响

除了上述问题，在公众场合自由的思想交流和开放的学术资本主义的专业就业结构的变化和关系的影响是什么？现在的问题是更重要的，因为管理人才的崛起是与教授的地位下降成正比的，而这些专业人士拥有较少途径去使他们在学院中体现其独立性。没有规范的学术

---

① Rhoades, Gary, "Whose Educational Space? Negotiating Professional Jurisdiction in the High-Tech Academy", In *The American Academic Profession: Transformation in Contemporary Higher Education*, 2011a, pp. 92 – 110.

② Smith, Vernon C., and Gary Rhoades, "Community College Faculty and Web-Based Classes", *Thought & Action* 22, 2006, pp. 97 – 110.

自由和任期，例如，他们的雇用条款没有共同管理。

在教学方面，对教授的学术自由的传统贡献者之一是他们教学固有的私有教室。然而，这种情况正在改变，部分原因是技术。学生的手机使这些空间可能公开接受公众监督。更重要的是，教学中各种高技术的引入也开放了教室空间的外部审查。大多数课程是通过课程管理系统运作的，其中的笔记与对话是可以记录与管理的，并且能够让学术管理者再次开放以便更全面地审查。管理人才在这个过程中发挥作用，有时在课堂上他们是自己的"礼物"。作为本科教育质量评估员，以及教学技术的推动者去增强学生的"主动性"，以及在某些情况下有权使用（确实是在构建和维护）课程管理系统。

研究领域中，管理人员参与到研究活动中曾经是教授们减少社会批判与公众距离的方法。在人文科学研究中，专业人员已经出现在机构审查过程中。这些过程会影响到涉及学生研究、论文的教学过程。这些无限制的评判会纳入人文科学研究标准中。同样地，在技术转让方面，管理专业人员重新定义了什么是有价值的研究，从而推算了在私营部门知识的商业价值。

最后，管理职业的兴起是与减少的公共共享和有关大学的战略方向的决策相关。这些专业人士没有明确的权利或责任，支持他们自主参与定义日常的公共政策问题。他们也没有发挥在治理机构阐明立场或享有管理优势的公认的作用。

教师队伍和博士后：重组教学与科研生产

学术资本主义浪潮中学术队伍发生了什么？在美国，既没有任职资格也不是终身制教授的学术队伍的成员正在教学和研究方面做份额越来越大的工作。然而，战略规划（在大学和国家系统以及全国系统）中没有考虑到这些学者，学术文献也基本上忽略了他们。不仅仅是美国的学术人员感受到巨大的变化，在欧洲和欧洲以外的地方还有一些涉及减少教授的权力和独立性以及增加大学管理者的权力和独立性的显著变化。①②

学术资本主义的知识/学习制度的核心，是知识生产和传播的新路径。发展并提升这样的路径包括重组教学和研究产出。讽刺的是，所有来自媒体、政策制定者、学术经理关于怎样抵抗高等教育的公开言论都在改变。过去 30 年，美国的高等教育（和过去几十年的欧洲）见证了在学术劳动力配置的根本转变。

教学产生的新循环

在美国，新教师主体承担了大多数的本科教学。美国 2/3 的教学人员是临时的，他们并没有排在终身教职的序列中。临时教师缺少许多环节，例如招聘、评估和续约中基本的、应当存在的特性。大多数教师都是在兼职（在全国来说占近 49% 的比例，而在社区大学中则占到了 70%）。

除了兼职教师外，美国高校还存在许多全职但不是终身制的教师，他们占总人数比的 20%。③ 并在许多有财政补贴的研究岗位上担任要职。新进的大多数高校职员都不是终身岗位。④⑤ 尽管人数有增长的趋势，但是我们却知之甚少。临时教职工也并非都来自学术圈，还有一些来自政界，尤其是美国学术联盟这个组织，它曾做过最大规模的临时教职工的调查。

临时教职工的管理自主权力相对于终身教职工而言在不断扩大。

---

① Enders, Jürgen, and Egbert de Weert, eds., *The Changing Face of Academic Life: Analytical and Comparative Perspectives*, Houndsmill: Palgrave, 2009.

② Kehm, Barbara M., and Ulrich Teichler, eds., *The Academic of Profession in Europe: New Tasks and New Challenges*, Dordrecht: Springer, 2013.

③ Baldwin, Roger G., and Jay L. Chronister, *Teaching without Tenure: Policies and Practices for a New Era*, Baltimore: Johns Hopkins University Press, 2002.

④ Finkelstein, Martin J., Robert K. Seal, and Jack H. Schuster, *The New Academic Generation: A Profession in Transition*, Baltimore: Johns Hopkins University Press, 1998.

⑤ Schuster, Jack H., and Martin J. Finkelstein, *The American Faculty: The Restructuring of Academic Work and Careers*, Baltimore: Johns Hopkins University Press, 2006.

这种临时教职人力资源的急剧膨胀也加速了管理自主权的扩大。① 学术资本主义的核心在于关于高校和教工两方面社会契约的重新商议,这种契约被称为加拿大式"合同工",指的是非终身制的教师他们是短期工,使高校学术人员的构成具有极大的灵活性。

实际上,兼职教职工也被称作"任意"职员,由管理者的意愿来决定其去留。尽管全职临时教职工也许有一些相应的权利,在合同到期之时,扩大的管理自主权并不意味着可以重新聘用那些兼职教职工,即使是在联合的背景下。② 此外,临时教职工在很大程度上经历的是解除合同事件,一个相对于解聘而言并不那么具有政治争议的行为。

一个关乎发展的经验主义问题需要教职工转型过程的发生。关于有着 2/3 终身制血统的美国学者到仅剩 1/3 比例的决断程序是什么?众所周知,这种转变自然而然地发生了。与此同时,其他的人对担任一部分管理工作的意愿是不亚于成为终身教授的意愿的,但是此前这一领域并没有实际的经验可以借鉴。

近来一些研究结果也反映了临时工的工作环境。③ 然而,事例太少,还远远不够解释工作环境的协商性:管理者寻求更多的管理权和灵活自由;劳工寻求更多的自主权和对其工作的控制权。④ 尽管如此,对于学术管理者的研究并没有强调这些问题。

大多数的管理灵活性在教育传递中并不仅仅来源于教职工的契约属性,也来源于管理者有效地分流了终身教职工的传统管理结构。提高美国大学课程比例这一措施始终贯穿于一些独立于学术控制边界的单元。间隙单元(例如不断延伸扩展的教育学院)的建立和扩大应该和另外一个研究在联系在一起,即平衡管理层和学术劳工在塑造大

---

① Rhoades, Gary, *Managed Professionals: Unionized Faculty and Restructuring Academic Labor*, Albany: States University of New York Press, 1998b.

② Ibid..

③ Kezar, Adrianna, and Cecile Sam, "Institutionalizing Equitable Policies and Practices for Contingent Faculty", *Journal of Higher Education* 84, 2013 (1), pp. 56 – 87.

④ Rhoades, Gary, *Managed Professionals: Unionized Faculty and Restructuring Academic Labor*, Albany: States University of New York Press, 1998b.

学课程发展和方向上的影响。

此外,教育发展所带来的技术进步代表着知识生产与传播的新路径。教学距离变长,网络教育与兼职教职工并行发展,他们也可以同他们所创造的课程之间存在一定的距离。纷至沓来的公开网络课程深刻地代表了教师职业的分层和结构化,且值得探索。

无论学术劳动力发展的动力和过程是什么,他们中的临时教职工的当前条款表达了一种"正合时宜"的交付教学模式,并可以轻松影射到学术资本主义制度当中。一项最新的调查揭示:明显有一部分临时学术劳动力会在学期开始前两周内改变自己的教学任务,[①] 与此同时,他们也被限制接近关键性的教学资源,不管是庞大的图书馆资源还是课程管理系统。现存一种相当清晰的模式是:高校为大多数新教师开发教学工具,以供其开展有质量的教学,而不仅仅是容纳和给予。

这种工作环境带来了一个关键的问题,即这种工作环境会给不同的学生成果和教育质量带来怎样的影响。一些研究也尝试发掘出兼职教职工所占的比例同毕业率之间的关系,例如在其他的研究中。[②][③] 这一研究和那些对工作与学习环境之间的关联做定性研究一样,值得进一步的探索。

学术资本主义看起来正在给降低教育质量、加剧社会分层的学术人员铺垫道路。在拥有最少教育资源与最多兼职教师的高校里,很容易发现低收入学生与种族学生。我们返回去讨论一个由管理型教师数量的急剧增加而引发的话题:资源配置有一种远离对教学的投入,转而投入非学术性人员和办事处的趋势。临时教职工数量占整个学术劳

[①] Street, Steve, Maria Maisto, Esther Merves, and Gary Rhoades, "Who Is Professor 'Staff' and How Can This Person Teach So Many Students?" Policy Report 2, LOCATION: Campaign for the Future of Higher Education, 2012.

[②] Eagan, M. K., and A. J. Jaeger, "Part-Time Faculty at Community Colleges: Implications for Student Persistence and Transfer", *Research in Higher Education* 50, 2009 (2), pp. 168–188.

[③] Umbach, Paul, D., "How Effective Are They? Exploring the Impact of Contingent Faculty on Undergraduate Education", *Review of Higher Education* 30, 2007 (2), pp. 91–123.

动力总数比例的增长代表了学术资本主义正在改变重点，将生产者推到幕后，同时将不同的专业管理者推向市场、入学管理、学生服务和产学研合作活动中。

研究产生的新循环

学术资本主义知识创造的新循环在两个问题中很明显。一个是什么样的知识应该优先。曾经"基础的"或者"基本的"现在变成了"好奇心驱动"，这不只是"好奇"或者"轻率"。曾经被指定在一个较小的类别应用的知识现在被视作基本的创收项。大多数这种情况被《学术资本主义与新经济》这本书所描绘，重点关注了大学扩展中的技术改革（与大学所处的社区相对抗）。其中很大一部分可以在资助产生的组织集中度提高这件事上看出来，这一提高也引来了许多的关注。

知识创造新循环的第二个方面长期以来都被忽略了。同教学一样，突然出现的，属于从属地位的学术劳动者——博士后研究者进行了大量这样的研究。从 20 世纪 70 年代末到 90 年代末，美国大学博士后人数增长了两倍。[1] 这种显著的增长也出现在了 21 世纪。[2] 在这 10 年的大部分时间中，博士后是理工科博士研究生就业中增长最快的类别。[3]

早在 20 世纪 90 年代末期，在博士后人数增长的同时，博士后研究者的工作环境逐渐成为政策的焦点，这些出现在大学联盟，例如，美国大学联盟、联邦政府机构、美国国立卫生研究院和美国国家科学

---

[1] National Academy of Sciences, *Enhancing the Postdoctoral Experience for Scientists and Engineers: A Guide for Postdoctoral Scholars, Advisers, Institutions, Funding Organizations, and Disciplinary Societies*, Washington, DC: National Academies Press, 2000.

[2] National Science Foundation, "NSF/NIH Survey of Graduate Students and Postdoctoral Researchers in Science and Engineering", Washington, DC: National Science Foundation, 2011.

[3] Fiegener, Mark, K., "Number of Doctorates Awarded Continues to Grow in 2009: Indicators of Employment Outcomes Mixed", InfoBrief, NSF 11-305, Washington, DC: National Science Foundation, 2010.

基金会。① 2003 年，国家博士后联盟宣传团队出现了，其宗旨在于加强博士后工作的质量。公共政策论述已经开始意识到博士后并不再是通往终身制教职的阶梯，而已经成为探索工作环境的长期经历。②③

从全球范围来看，我们在学术层面对博士后知之甚少。我们不清楚他们的工作环境。我们也不清楚这些研究者和其他独立研究者之间的关系：研究生助理。④ 我们对劳动力最为依赖的生产部分的研究目的与质量的影响了解得很少。

学术资本主义新循环中的学术自由

在美国学术领域中，学术自由最核心的地方在于它的终身制，一方面是由于它带来的工作安全感，另一方面是它在应聘和更改决策中所牵涉的合理流程。相反，学术工作种类增加的核心在于工作中存在强烈的不安全感和缺乏正当的程序，它以牺牲学术自由为代价。学者经常忽略学术自由的两个方面：第一方面是参与组织关于大学战略性方向讨论的自由和参与政策与实施对话的自由；第二方面是像专家一样参与更加广泛的社会议题的自由。

学术资本主义阻碍了以上两类活动，并直接和间接阻碍了学术劳动力的重组。当起决定性作用的是管理控制、产生收入以及企业的公众形象时，提出有关管理方向的问题（更不必说提出反对或促进二者之一）就是引发了一个危险信号。当大部分学术劳动力不缺乏独立时，很大程度上处于任意职位，结果是严重缩小了公众利益。

---

① Nerad, Maresi, and Joseph Cerny, "Postdoctoral Patters, Career Advancement, and Problems", *Science* 285, 1999, pp. 1533 – 1535.

② Stephan, Paula, *How Economics Shapes Science*, Cambridge, MA: Harvard University Press, 2012.

③ Zumeta, William Mark, *Extending the Educational Ladder: The Changing Quality and Value of Postdoctoral Study*, Lexington, MA: Lexington Books, 1985.

④ Cantwell, Brendan, "Academic In-Sourcing: International Postdoctoral Employment and New Modes of Academic Production", *Journal of Higher Education Policy and Management* 333, 2011 (2), pp. 101 – 114.

协商一种新型学会：动态的劳动力/管理关系

学术资本主义是一个复杂和有影响力的体系。它是一个包含了详尽的、交叉的一系列政策和实践的知识制度。然而，就像Slaughter教授和我在2004年所总结的一样："新经济中的学术资本主义不论内部还是外部都有可替代物……就其目前的结构来说，（学术资本主义）不是不可避免的。"它并不是不可阻挡的。

我的书和Slaughter教授的理论大多集中在政治经济结构的优势上，包括高等教育体系、机构和专业里的学术资本主义。我们强调不仅仅是外界对高等教育做出的反应，而是学术界不同的组织，包括教授协会重要的部门都积极地参与学术资本主义。

同时，我们所述说的核心是：学术资本主义是一系列经协商达成的政策和实践。协商的性质和结果会因不同的社会和历史环境而改变。简而言之，在一系列能够阐释、延伸和扩展学术资本主义的系统性结构中，也有受到反抗和协商失败的可能。

不幸的是，高等教育科学领域缺乏研究学术资本主义的特殊形式或其他方法，尤其是缺乏将集体作用与一系列不同的制度与专业设置相联系的研究。教授及新的专业人员以何种方式参与集体，从工会到国家专业组织及倡导组织，到正在协商创办新学院的小众的当地组织，并没有系统专门的研究。可以肯定的是，这场谈判过程中的参与者并没有处在平等的地位上。然而，教授也并没有轻易地受到管理精英的控制，集中研究劳工和管理者之间竞争关系的津贴太少，这种情况也出现在了协商新学术的学术劳动力群体里。

不论是在美国还是在全球范围内，高等教育在政策领域都招致了更多的争议。在美国过去的30年里，学术资本主义作为一大研究领域是再明显不过的事实，它也在全球范围内处于优势地位。由于当前知识领域以一种澄清劳工与管理者之间对抗关系的方式在不断涌现，因此社会关系也在重新被定义和表达。

在此,我将举四个有关新学会是怎样被积极地协商的例子:第一个是在美国国家层面的政治斗争,即社会职工集体协商的权利;第二个是大量组织性的活动在美国学术劳动力中日益增多;第三个是学术劳动组织在全国范围内的角色是维护非营利高等教育的公共使命;第四个是管理人才在协商新学术中的角色是不依赖于管理的。

2010年美国中期选举后,这个国家见证了一系列关乎社会职工在共同商议权利方面所受到的威胁。所谓的"权利—工作"立法被引入不同的州,以此破坏了教授们对于工作环境共同商议的权利。两个最具斗争性的地方是威斯康星州和密歇根州。威斯康星州是20世纪第一个通过立法来给予受聘者有权利组织联盟的地方,而密歇根州则是第一个通过立法来保障教授拥有此权利的地方。2011年,威斯康星州州长Scott Walker和共和党州议员们成功地废除了教授们共同商议的权利。2012年,密歇根州立法者通过"权利—工作"法案废除了"只雇用某一工会会员的商定制度",意味着不是联盟人员,但处在谈判单位中的人们不需要交任何代理费。相比之下,同样的"权利—工作"法案在俄亥俄州的公民投票中以60%的票数被废除。

即使公立院校中教授的集体协商权利已经或正在被挑战,但在组织学术雇员方面仍有极大的扩张,这是主要的教师工会中正在增长的方面。最重要的是,将学术劳动力进行重新配置,在公立大学的工会组织中增加博士后以及私立院校中的工会组织中增加兼职教师的人数已经非常显著。在21世纪中后期,为使博士后进入集体谈判,工会做了多次努力。在2008年,一次早期的努力失败后,博士后研究员组织得到了加利福尼亚就业关系委员会的认可。国际工会联合汽车、航天和美国农具工人作为加利福利亚整个大学系统的工会代表,大致包括国内所有学术博士后的10%。后来,罗格斯大学和马萨诸塞州的阿默斯特学院也建立了新的博士后工会。

在21世纪,兼职教师有组织的活动显著激增,尽管兼职教师加入工会组织要追溯到10年前。大多数情况下,在工会谈判中占统治地位的是全职终身制教师。"直到最近,这个只是偶然产生的工会的存在是个例外，它证明了无论是因为非常特殊的历史原因还是由于极其顽固的、充满敌意的当地全职教师领导，它都存在着。"① 但是位于芝加哥罗斯福大学和哥伦比亚大学的两个新的附属学院，这两个私立院校都是新兴模式的例子，尤其是私立院校独立的、有组织的兼职教师。

更具戏剧性的是，教师组织的变化（大都市地区的兼职教师常常在多个机构工作）导致了全市范围内大都市快速发展策略。② 目前，这个策略的主要推动者是服务业员工国际联合会，它承担了波士顿、西雅图、华盛顿地区全市范围内私立院校兼职教师有组织的大都市发展策略活动。③ 它的最终目标是使这些教师成为谈判工会的一员，这是大都市地区院校必须遵从的合约。

特殊的是，其给予教学中的兼职教师的关注尽可能多或多于任何组织中的全职教师的关注，"大多数新教师"的战斗口号是他们的工作环境就是学生的学习环境。Berry（2005）指出"大多数新教师"组织可以被工会和宣传组织看作国家级活动。这个活动把这些教师同扩大低收入学生入学机会的目标相结合，但这与学术资本主义内含的高度分层模式背道而驰。④ 简而言之，教师集体谈判权受重大影响，至少具备良好条件和资源的教师正在重建学术劳工的活动，并且揭示了学术资本主义道路中的一个挑战。

国内除了这些有组织的活动外，新型的国家活动也为学术资本主义的发展提供了可以借鉴的模式。始于20世纪80年代的全国公立大学联盟就是一个很好的例子。⑤ 在2000年，David Nobel、Ralph Nader

---

① Berry, Joe, *Reclaiming the Ivory Tower: Organizing Adjuncts for Change in Higher Education*, New York: Monthly Review Press, 2005.

② Ibid..

③ Rhoades, Gary, "Disruptive Innovations for Contingent Faculty: Common Sense for the Common Good", *Thought & Action* 29, 2013, pp. 71-86.

④ Berry, Joe, *Reclaiming the Ivory Tower: Organizing Adjuncts for Change in Higher Education*, New York: Monthly Review Press, 2005.

⑤ Noble, David, F., *Digital Diploma Mills: The Automation of Higher Education*, New York: Monthly Review Press, 2001.

以及全国各地方协会（加州教师协会，联合大学教师、教授公会）和2个全国协会（美国大学教授协会和加拿大教师协会）聚集在一起讨论一个可能的运动。

最近，已开始打造高等教育未来的活动，2011年5月，在美国国家记者俱乐部举办了一场新闻发布会，产生了智囊团和公文工作文件，以及协调了国家行动来重塑那些违背了学术资本主义过程的公共演讲和政策。①②

而且，有很多重要的例子表明全国协会采取了一系列行动来保护和拓展大学的学术自由。这就是美国大学教授协会的核心功能，加拿大的教师协会也是这样的。过去的几年里加拿大教师协会在维持大学和工业的合作伙伴关系时成功地保护了大学的学术自由。2012年，为了避免被公众谴责"工业干扰学术自由"，加拿大教师协会成功地使两所高校（Wilfrid Laurier and Waterloo）与贝尔斯利国际事务学院重新签订协议，用来限制后者影响学术自由的能力。③

在协商创办新学会时产生的集体争议的第四个例子是有关专业管理人员的。专业管理人员的出现不一定要变成对学术较大的管理控制。我们有三种方式来预测和检查这些教授在协商创办新学院时的积极性和独立性。第一个是专业管理人员能够在校园或体制水平上组织集体谈判。第二个是作为围绕在这些教授工作周围的专业机构，这些机构可能制定一些与目前盛行做法相对的目标以及最佳的活动。第三种方式是专业管理人员依当地的水平参与创办新学院，承诺坚守学术的公共职能而不是增加其私有化程度。

在大学自治的程度上，专业管理人员并没有有序地、规范地独立参与并且表达出终身教授的心声。虽然，这些专业机构的重要部分通过成为工会集体谈判的一部分有了一些影响。在某些情况下，比如加

---

① Campaign for the Future of Higher Education, 2013（http：//future of higher ed. org/）.

② Rhoades, Gary, "A National Campaign of Academic Labor: Reframing the Politics of Scarcity in Higher Education", *New Political Science* 33, 2011b（1）, pp. 101 – 118.

③ Canadian Association of University Teachers, "CAUT Withdraws Consideration of Censure of University of Waterloo and Wilfrid Laurier University", *Ottawa: CAUT*, 2012.

利福利亚的学术专业人士、管理人才组成了他们自己的谈判工会。在其他情况下，他们是专业人士谈判工会的一部分。在纽约全州最大、全市最显著的公立院校系统的两个工会是很好的例子，纽约州立大学联合大学教师和纽约市立大学的教授工会既代表全体教职工，又代表专业的管理人士。

在上述每种情况下，专业人员都是集体机构的一部分，有自己独立的目标，与管理层相反。确实，倡导关注学生的入学率、学费、教育质量，这些专业人员正在公开地定义当时的公共政策事件。他们是高等教育公共政策博弈的重要参与者。

专业管理人员建立新学会时能通过专业协会表达自己独立的观点。在美国，国家专业协会的组建几乎一直是专业化进程中的一部分。这些组织帮助那些不符合院校现行做法的"最佳做法"建立、定型、传播。例如，全国学术指导协会给导师提供了一个最佳做法的工作量（也就是一个导师所带的学生数），这与院校聚焦生产力的狭义概念不相符，学生和导师之比超越了最佳做法（也就是学生教师的比率）。

此外，管理人才的专业协会有时在大的公共政策制定上是重要参与者。一个突出的例子是 NAFSA，其前身为外国学生顾问协会（它于1990年更名为国际教育协会，为扩大影响力，把他们的身份从"导师"转变为"教育工作者"、从"国外"转变为"国际化"）。在"9·11"之后的环境里，这个机构一直推动开放边界，让学生和教师进行国际交流。

问题的关键是，这些"管理"的员工成为有组织的"专业人士"，他们提出的结构和目标可能和由学术资本主义及新公共管理产生的狭隘效率的政策推动背道而驰。这些大型的，有时是全球性的机构在推进学术资本主义的某些方面，如转变高等教育机构为服务提供商以推动高技术中心和边缘化教师的授课形式，也是重要的参与者。然而，这些机构也可以在反对学术资本主义的某些方面发挥作用。

最后，在研究学术资本主义时，值得考虑的是地方上的专业管理人员在多大程度上会抵抗某些组织化的压力或者在多大程度上会定义可替代的实践模式，以推动更多的公共产品的制度。文献中的一个例子是对一个大学招生管理系统中的入学管理实践的研究。这项研究是探索当地专业管理人员是如何在积极招收更多学生以获取高收入的系统指令下，在当地以及历来都非常关注本校招生活动的低收入学校中继续进行招募的。① 沿着相似的思路，Kiyama、Lee 和 Rhoades（2012）② 详细研究了一个逐步推进的项目，这个项目由一群在公立研究型大学中与学术资本主义目标和行动不一致的专业管理人员和教师所推动。因此，通过研究学术资本主义的扩张来探索专业人员用何种方式能够构造出活动的可替代路径是很重要的。

结　论

学术文献无论是在经验还是概念上都没有裹足不前，它改变了学术劳动力的部分结构及其关系。全球学术资本主义模式已经或持续在发生这些改变，已经研究到了学术资本主义中学术文献没有涉及的领域。

本章介绍了已在文献中充分探讨的学术资本主义的关键角度。每一章都提示了我们怎样才能通过强调学术劳动力来拓展我们对学术资本主义的认识。每一章都让我们更加深刻地理解了不同身份的人们（在这里主要指专业人才和管理人才）是怎样通过集体讨论来确定高等教育的未来的。

最后，我附加说明了在未来研究学术资本主义中值得考虑的一点。到目前为止，学术资本主义主要是全国高等教育中的一个相关概

---

① Luca, Sandra Guillen, "Formal Policy and Enacted Practices at Regional Public Universities: The Orientation and Practices of Recruitment Professionals at the California State University", PhD diss, University of Arizona, 2010.

② Kiyama, Judy Marquez, Jenny J. Lee, and Gary Rhoades, "A Critical Agency Network Model for Building an Integrated Outreach Program", *Journal of Higher Education* 83, 2012 (2), pp. 276 – 303.

念。1997年Slaughter和Leslies在比较澳大利亚、加拿大、美国的学术资本主义的时候也是这么认为的。2004年Slaughter和Rhoades在研究美国学术资本主义时也是这样定义的。2010年Metcalf分析学术资本主义在加拿大的表现时也是这么认为的。

然而，正如资本主义是由突破国家界限的跨国合作而形成和驱动的全球化现象一样，学术资本主义也是如此。立足于一个国家是不能充分理解学术资本主义的。研究国际组织、高校活动、教师、学生和观点的流动的新模型是为了充分理解学术资本主义。2002年Marginson和Rhoades考虑了关于高校国际化战略的全球流动的三个例子。

在管理人才、专业协会和政策机构的范围内，超越国家界限来考虑学术资本主义国际流动的思路是很有意义的。考虑到了质量保证的概念和实践以及随之而来的、与大学国际化的工作过程和评估的管理控制一样的问责程序。Rhoades和Sporn（2002b）[1]通过专业协会和国际机构来探究学术资本主义这个概念的扩散以及本土化，他们刚开始只是探究横跨大西洋这一条路径，但是随后受荷兰院校的影响，开始在欧洲大陆范围内主动转变、适应、推动，该机构在商品（即和质量保证相关的思想、过程和产品）流通中起到了传统的商业作用。这种国际化转变的程度在经济合作组织与高等教育学习结果主动性发展评估中是很明显的。

研究专业人士的全球化流动也很重要。或许是为了努力塑造欧洲的学术劳动力市场，欧洲的学者更关注学术界的全球化流动。[2]最引人注目的例子就是学术劳动力国际化中出现的正在快速集中发展的部分：博士后。例如，在美国的生命科学领域有超过半数的博士后是国

---

[1] Rhoades, Gary, and Barbara Sporn, "Quality Assurance in Europe and the U. S.: Professional and Political Economic Framing of Higher Education Policy", *Higher Education* 43, 2002b (3), pp. 355 – 390.

[2] Enders, Jürgen, "Border Crossings: Research Training, Knowledge Dissemination, and the Transformation of Academic Work", *Higher Education* 49, 2005 (1 – 2), pp. 119 – 133.

际化的。① 探索全球化流动的一个很重要的背景就是专业人员和学术带头人之间的社会关系结构。例如，Cantwell and Lee（2010）② 提供了一份关于英美大学社会关系中的种族歧视和南北动态的研究报告。在如今的全球学术经济中，第一世界的科学是由第三世界的科学劳动者所控制的。正如很多兼职教职工是学术界的流动劳动力一样，博士后基本上都是院校国际化中的流动工人。

国际化流动的意义和劳动力的条件对于学术界的学术自由和公共共享具有深远的影响。尤其是国际博士后，作为学术工作者的他们非常注重科学学术自由和依赖雇用他们的教授。除非他们加入工会，他们几乎没有享受到与就业决策有关的正当的程序权利。他们必须了解到那是因为自己的流动身份。

最后，考虑到教授工会的思想流动和跨境交流。在 2009 年，认识到与北美大学海外校园学术就业队伍的形式相关的就业权和学术自由问题，加拿大教师协会和美国大学教授协会发布了有关全球基层就业条件的政策建议。这份合作声明规定就业原则不仅适用于教职工，还适用于所有员工，尤其突出了对学校做出贡献的外国工作人员的剥削这一问题。学术研究者不仅要研究大学跨境流动的动机，还要研究在这些动机下的跨境流动，建立政策和实践规则的国际努力。

通过突出学术劳动力来扩充学术资本主义理论，考察建立一个新学会不只是本地的、系统的和全州或国家的，同时也是像资本主义在不同政治经济与专业界限中通过制度、整体以及机构来扩展的全球性的行为。

---

① Committee to Study the National Needs for Biomedical, Behavioral, and Clinical Research Personnel, *Research Training in the Biomedical, Behavioral, and Clinical Research Sciences*, Washington, DC: National Academy of Sciences, National Academy of Engineering, and the Institute of Medicine, 2011.

② Cantwell, Brendan, and Jenny J. Lee, "Unseen Workers in the Academic Factory: Perceptions of Neoracism among International Postdocs in the United States and the United Kingdom", *Harvard Educational Review* 80, 2010 (4), pp. 490–516.

注　释

1. 在美国高等教育中，专业人员的术语和百分比都来自美国国家教育统计中心出版的《教育现状》。

2. 新的教师队伍多数是一个全国性的全职和兼职教师代表团。参见他们的网站：www.newfacultymajority.info/equity/。

3. 这些数据来自联邦政府的关于高等教育教职工的数据，一般由高等教育机构发布综合高等教育数据分析报告，参见美国国家教育统计中心出版的《教育现状》。

4. 这一基础不是像其他国家一样以学术自由为核心，无论是在历史上一直以保护教授的公务员地位为基础的欧洲大陆，还是在将正当保护条款写入高等院校集体契约里的加拿大。

5. 在美国各州的立法和宪法中规定了公立高校教授的集体谈判权，像那些州政府的公职人员一样由国家公共劳动关系委员会制定。与之相反，私人高校的教授和专职人员的权利，如私营部门和联邦政府雇员，由国家劳动关系委员会规定。

第二部分

学术资本主义和全球化

第八章

高等教育全球产业化

［芬］伊尔·科皮伦　　［美］布莱登·坎特维尔

在此书的开篇部分，作者为了修正和挑战我们将学术资本主义作为一种理论或者研究现象来对待的方式，着手处理了许多具有理论和实践挑战性的问题。本文同时也运用了大量的章节来探讨这个特别的主题，即全球化。对于进一步研究学术资本主义来说，一个至关重要的工作就是分析全球化和学术资本主义之间是如何产生联系的。它们之间的联系已经被 Slaughter 、Leslie（1997）[1] 和 Slaughter、Rhoades（2004）[2] 所认证，但我们坚信它值得进一步的分析。例如，全球化对研究学术资本主义的方法论的影响。随后的内容会特别关注学术资本主义和全球化这一主题。

高等教育是一项全球事业越来越成为一种共识，这一设想被强有力的证据所支持。经济合作与发展组织发现离开国籍所在地或永久居住地外出求学的学生人数已超过四百万，而且，这一数量逐年增加。[3] 琳琅满目的社团表格和排名方案使用相似的、规范的一系列

---

[1] Slaughter, Sheila, and Larry L. Leslie, *Academic Capitalism: Politics, Policies, and the Entrepreneurial University*, Baltimore: Johns Hopkins University Press, 1997.

[2] Slaughter, Sheila, and Gary Rhoades, *Academic Capitalism and the New Economy: Markets, State, and Higher Education*, Baltimore: Johns Hopkins University Press, 2004.

[3] Organization for Economic Co-operation and Development, *Education at a Glance*. Paris: OECD, 2012.

标准,规范全球水平的竞争,以便在全世界范围内比较大学组织的优劣。① 现在政策协调超过国家水平,比如,亚洲发展银行、欧洲委员会、经济合作与发展组织、联合国教科文组织和世界银行,这些组织由区域和全球委托,对高等教育的影响越来越大。②③④

短期内,全球化的幽灵极大地影响着高等教育。正如 Musselin (2011) 所言,"如今,没有一种关于高等教育的政策声明不是以'在全球化世界中……高等教育扮演着重要的角色'开始的"⑤。这种声明毫无疑问是正确的。政策制定者和学校领导者都把全球化视作改革的动力。但是 Musselin 最想告诉我们的是,全球化在高等教育研究领域是一个相对新鲜的词汇,常常被政策制定者和像学者一样的人理解为非凡的和精彩的进程。它对高等教育施加影响,同时在全球化政治经济中增加了高校的重要性,并且激励它们对全球化环境做出战略回应。⑥ 这并不意味着要摒弃对全球化和高等教育的研究。相反,这项工作需要更多的关注。但是我们也应对在高等教育研究中理解全球化这一方式持批判性态度。需要更多的研究,来发现更完整、更有条理和更细致入微的对高等教育和具体学术资本主义在全球化时期如何转型的理解,以及在全球化进程中如何推进高等教育。

---

① Cantwell, Brendan and Barret J. Taylor, "Global Status, Intra-Institutional Stratification and Organizational Segmentation: A Time-Dynamic Tobit Analysis of ARWU Position among US Universities", *Minerva* 5, 2013 (2), pp. 195 – 223.

② Bassett, Roberta Malee, and Alma Maldonado-Maldonado, eds., *International Organizations and Higher Education Policy: Thinking Globally, Acting Locally*? New York: Routledge, 2009.

③ King, Roger, *Governing Universities Globally: Organizations, Regulation and Rankings*, London: Edward Elgar, 2009.

④ Shahjahan, Riyad, A., "The Roles of International Organizations (IOs) in Globalizing Higher Education Policy", In *Higher Education Handbook of Theory and Research*, 2012 (27), pp. 369 – 407.

⑤ Musselin, Christine, "Convergences and Divergences in Higher Education Systems", In *Handbook on Globalization and Higher Education*, 2011, pp. 454 – 468.

⑥ Cantwell, Brendan, and Alma Maldonado-Maldonado, "Four Stories: Confronting Contemporary Ideas about Globalisation and Internationalisation in Higher Education", *Globalisation, Societies and Education* 7, 2009 (3), pp. 289 – 306.

第八章 高等教育全球产业化

全球化界定

全球化，作为一种进程，包括跨国资本、人员和创意流动，以及后福特主义生产模式的优势，已经改变了全世界（虽然不均衡）的社会、政治、文化和经济联系。即使全球化存在巨大的复杂性，但它仍然是一个需要推敲和争辩的概念。许多关于全球化的问题仍然存在争议。例如，全球化现象要多久？全球化的核心是经济、政治或文化吗？这些方面是如何相互联系的？全球化和民族国家有何关系？社会关系跨国化对个人身份、对社会有什么影响？全球化是量变还是质变？①

社会科学家从全方位的角度出发认为，全球化的研究在理解当代社会安排方面至关重要。②③④⑤⑥ 许多社会学家们在下列几方面达成了共识：（1）社会变革和转型的步伐在 20 世纪的后几十年中已经显著加快，对社会生活和人类文化产生了重大影响；（2）这些社会改变和转型与人民、国家日益密切的联通性（客观维度）以及互联网世界不断增强的认知性（主观维度）有关；（3）更准确地说，全球化影响着这些更具体的经济、社会、政治、文化和意识形态的过程，让人感觉这个术语无处不在，尽管不均，但是不同程度的全球化是相互关联的。⑦

本书作者特别感兴趣的是在全球政治经济中知识的转换作用。随

---

① Robinson, William, I., "Theories of Globalization", In *Blackwell Companion to Globalization*, 2007, pp. 125 – 143.

② Castells, Manuel, The Rise of the Network Society, *The Information Age: Economy, Society, Culture*, Oxford: Blackwell, 1996 (1).

③ Held, David, and Anthony McGrew, *Globalization/Anti-Globalization: Beyond the Great Debate*, 2nd ed., Cambridge: Polity Press, 2007.

④ Robinson, William, I., "Theories of Globalization", In *Blackwell Companion to Globalization*, edited by George Ritzer, 2007, pp. 125 – 143. Oxford: Blackwell.

⑤ Sassen, Saskia, *A Sociology of Globalization*, New York: W. W. Norton, 2007.

⑥ Scholte, Jan Aart, *Globalization: A Critical Introduction*, 2nd ed., Basingstoke: Palgrave Macmillan, 2005.

⑦ Robinson, William, I., "Theories of Globalization", In *Blackwell Companion to Globalization*, 2007, pp. 125 – 143.

着跨国流动的人口、商品、资本和信息强度的加强,如果经济增长更多的依赖于创新而非生产效率,那么知识的生产和应用似乎已经成为社会和经济组织的关键推进因素。[1] 由于高等教育在很大程度上涉及知识的生产和传播,因此,大学在全球经济中至关重要。高校是否应指导社会变革,或者它们是否正在成功将知识转化为可测量、可转让商品的资本主义价值体系的附属品,这是有待商榷的。[2]

高等教育的学者们清楚地认识到全球化对于学术系统(独立学院和大学、学术工作和学生市场)的治理和转型的意义。这样就建立和完善了关于高等教育和全球化的文献,而且这方面的文献在不断地完善。[3][4][5][6][7] 尽管文献的发展是丰富和复杂的,但在高等教育领域最常见的理解是把全球化作为一个外生过程,国际化是高等教育对全球化的回应(通常在战略上)。牛顿关于力的概念(全球化)引起的反应(由高等教育机构)是不够的,因为它认为全球化是不可避免的,而大学的回应是即刻的和有意识的。[8]

即便我们不希望为全球化提供太具体的定义,回顾我们所看到的,全球化作为为后续章节提供基础的关键维度是非常重要的。如上所述,全球化被视为有助于社会关系跨国化的一系列过程。其特征属

---

[1] Cowan, Robin, and Gert van de Paal, *Innovation Policy in a Knowledge-Based Economy*, Luxembourg: Commission of the European Communities, 2000.

[2] Patrick, Fiona, "Neoliberalism, the Knowledge Economy, and the Learner: Challenging the Inevitability of the Commodified Self as an Outcome of Education", *ISRN. Education*, 2013.

[3] Altbach, Philip, G., and Jorge Balán, eds., *World Class Worldwide: Transforming Research Universities in Asia and Latin America*, Baltimore: Johns Hopkins University Press, 2007.

[4] Clark, Burton, R., *Creating Entrepreneurial Universities: Organizational Pathways of Transformation*, Issues in Higher Education. New York: Emerald Group, 1998.

[5] Currie, Jan, and Janice Newsom, eds., *Universities and Globalization: Critical Perspectives*, London: SAGE, 1998.

[6] King, Roger, Simon Marginson, and Rajani Naidoo, eds., *Handbook on Globalization and Higher Education*, London: Edward Elgar, 2011.

[7] Marginson, Simon, and Marijk van der Wende, "Globalization and Higher Education", Paris: Organization for Economic Co-operation and Development, 2006.

[8] Cantwell, Brendan, and Alma Maldonado-Maldonado, "Four Stories: Confronting Contemporary Ideas about Globalisation and Internationalisation in Higher Education", *Globalisation, Societies and Education* 7, 2009 (3), pp. 289–306.

性进一步表现为区分美国化和西化等表现。

第一,全球化是多标量。它来源于许多地域范围的各种活动,①这意味着全球化不能仅仅着眼于全球范围的研究。相反,如果我们要发展全球化的具体概念,那么来源于地方和国家范围的那些参与者和流程也需要被研究。② 在高等教育方面,其含义是:高等教育的全球化起源于地方、国家和跨国活动。③ 全球化的多标量进一步暗示研究各种各样参与者的策略和活动是必要的,这些参与者是从个体参与者(如不同大学的学者和管理人员),到集体行动者(如整个大学和高等教育系统),国家部委和其他政府机构,私营企业和国际组织[如经济合作与发展组织(OECD)和联合国教科文组织(UNESCO)]的各类人员。换句话说,在高等教育竞争日趋激烈的全球视野中,分析这些不同的参与者在不同规模和网络中如何运转是十分重要的。

第二,全球化是多中心的。全球化的起源,尽管不一而是,一般而言,是来自许多地方的活动。④ 移民和外国直接投资是那些不只是在某些特定的民族国家甚至地区发起活动的良好范例。因此,高等教育的全球化不是一个可以解释的过程,例如,美国高等教育机构是如何致力于扩大它们在世界各地的活动。虽然具有先进高等教育系统的国家知名机构无疑是有影响力的,但它们不足以形成全球高等教育。这本书的核心假设是用有效的和令人信服的理由来研究来自各大洲的参与者、网络工作和过程,同时认识到全球化或高等教育是一个不平衡的过程。

第三,全球化是一系列的过程主题。也就是说,全球化受经济、

---

① Jessop, Bob, "Globalization: It's about Time Too!" *Reihe Politikwissenschaft* 85, 2003, pp. 1 – 23.

② Sassen, Saskia, *A Sociology of Globalization*, New York: W. W. Norton, 2007.

③ Marginson, Simon, and Gary Rhoades, "Beyond National States, Markets, and Systems of Higher Education: A Glonacal Agency Heuristic", *Higher Education* 43, 2002 (3), pp. 281 – 309.

④ Jessop, Bob, "Globalization: It's about Time Too!" *Reihe Politikwissenschaft* 85, 2003, pp. 1 – 23; Kauppinen, Ilkka, "Towards Transnational Academic Capitalism", *Higher Education* 64, 2012 (4), pp. 543 – 556. doi: 10.1007/s10734 – 012 – 9511 – x.

政治、文化、宗教等的影响。① 这是全球化研究中普遍接受的起点,②但同时,声称全球化主要是通过一些特殊的社会力量来驱动是否合理,也是一个备受争议的话题。本书内容涉及高等教育的全球化是否应该集中在一些特定的社会制度或系统的因果效应上来解释,还是应该承认,没有任何特定的社会制度(如资本主义),可以解释高等教育的全球化正在被持续推进等问题。

第四,全球化是多时的,既包含时空上的延伸或扩展,也包含超越时间、空间和压缩状态下社会关系控制力的增强。后者指的是提高物质和非物质流体速度的科技。③ 例如,信息和通信技术促进了以网络教育和跨国流动学生的形式确保跨国境外税收的安全性,同时也加强了同跨国公司的研究发展合作。

第五,全球化是多因素的,就是说多种因果机制导致全球化。全球化本身并没有造成什么影响。当然,构成全球化的那些子过程里包含的因果关系④告诉我们,原因解释不能基于类似"全球化迫使国家缩减公共支出"这样的过度概括。在高等教育的案例中,一个足够特别的因果机制(同时描绘全球化的特性)将会确立包含私企和研究型大学在内的跨国研究发展网络的基础,并会得到国家的支持。⑤这种因果机制支撑着跨国学术资本主义。

第六,全球化是多种形式的。资本全球化并不是唯一的全球化可行形式。在这本书的内容中,高等教育全球化的主要形式是一个以经验为主的开放难题,这个难题的答案可能要依背景而定。学术资本主

---

① Jessop, Bob, "Globalization: It's about Time Too!" *Reihe Politikwissenschaft* 85, 2003, pp. 1-23; Kauppinen, Ilkka, "Towards Transnational Academic Capitalism", *Higher Education* 64, 2012 (4), pp. 543-556. doi: 10.1007/s10734-012-9511-x.

② Scholte, Jan Aart, *Globalization: A Critical Introduction*, 2nd ed., Basingstoke: Palgrave Macmillan, 2005.

③ Jessop, Bob, "Globalization: It's about Time Too!" *Reihe Politikwissenschaft* 85, 2003, pp. 1-23; Kauppinen, Ilkka, "Towards Transnational Academic Capitalism", *Higher Education* 64, 2012 (4), pp. 543-556. doi: 10.1007/s10734-012-9511-x.

④ Ibid..

⑤ Kauppinen, Ilkka, "Towards Transnational Academic Capitalism", *Higher Education* 64, 2012 (4), pp. 543-556.

义的运用作为一个起点，假设资本全球化毋庸置疑地影响着当今高等教育的发展，但是也要理解这种影响没有必要的原因，这点也很重要。因此未来的学术资本主义也是一个以经验为主的开放难题。这种方法解释了对学术资本主义以及学术资本主义替代物局限性的认识。

对于全球化的这种抽象解释十分适合这个部分，因为这给更加具体地理解全球化留下了充足的空间，学者们能够进行他们特定的项目研究。例如，我们的解释不包括任何关于哪一个社会区域对全球化的出现影响最大的任何先验假设。此外，在任何情况下，我们的解释都不需要适应跨国主义的方式。[①] 事实上，矛盾的是我们同样也认为全球化出现于不同地理范围内的活动中。接下来的章节中，来自个人、机构、国家系统和全球化过程的分析将占据大量篇幅。这种分析的不统一性为我们更加深入了解学术资本主义如何与其他全球化过程相互作用以及学术资本主义如何在不同的国家背景中发挥作用提供了途径。

基于这些复杂性，我们可以说"全球化的所有过程很大程度上是无意识的，形成或抵制全球化的不同策略间相互作用的结果是比较混乱的……夸大全球化的某些特点，忽略其他的，挑战未知事件和进程，因此对全球化的任何解释都有可能是片面或不完美的"[②]。我们相信这种复杂性同样适用于高等教育全球化和相关理论框架。

学术资本主义的全球化

正如上文中所提到的，高等教育全球化的所有理论依然存在可能的缺陷，虽然揭示了高等教育全球化的某些方面，但是忽略了高等教育全球化其他方面很重要的事件和过程。换句话说，我们认为这本书和其他书一样，没有能够对高等教育全球化的所有相关和重要方面进行阐述。一个简单的理由就是学术资本主义的观念并不意味着占据高

---

① Robinson, William, I., "Beyond Nation-State Paradigms: Globalization, Sociology, and the Challenge of Transnational Studies", *Sociological Forum* 13, 1998 (4), pp. 561–594.

② Jessop, Bob, "Globalization: It's about Time Too!" *Reihe Politikwissenschaft* 85, 2003, p. 4.

等教育的每一个层面，因为高等教育并没有沦为市场或者类市场的活动。① 我们可以这样认为，即使大量组织工作者参与促进高等教育全球化，但是它的演变仍然不会是任何有意识的设计。

我们主张通过认识国家并不是容纳学术资本主义网络和活动的唯一"容器"，来帮助我们更好地理解高等教育的全球化。但是我们在说学术资本主义全球化时到底是什么意思呢？至少有以下两层含义。第一，不同国家的高等教育的某些方面或层面在不同程度上所包含的塑造学术资本主义的网络和活动，并在此种意义上学术资本主义的全球传播。但是这并不是说这些网络和活动在不同国家是统一的，不过可以认为是学术资本主义知识体系的具体例子。② 这里，后者的观点被理解为一个抽象的理论模型，这种理解对于展示在不同的经济、历史、文化和政治背景中产生学术资本主义还需要长期的研究（见本书第十章）。换句话说，这种理解为原因机制解释不同国家出现学术资本主义有相同点和不同点提供了可能。例如，Slaughter 和 Cantwell（2012）支持后者的观点。③

第二个含义与第一个含义相关，从经验水平来看，它们有所重叠，尽管如此，为了实用性和灵活性还是将它们分开分析。学术资本主义的全球化也特指构成学术资本主义的网络和活动，但是在国界内被组织和运行，并将高等教育、国家、市场范围内的个人和集体联合起来。④⑤ 运用这层含义，我们认为学术资本主义已经进入跨国阶段，同时也应该承认国界内产生学术资本主义的形式并没有消失。跨国学

---

① Marginson, Simon, "Competition and Markets in Higher Education: A 'Glonacal' Analysis", *Policy Futures in Education* 2, 2004 (2), pp. 175–244.

② Kauppinen, Ilkka, and Tuukka Kaidesoja, "A Shift towards Academic Capitalism in Finland", *Higher Education Policy*, 2013.

③ Slaughter, Sheila, and Brendan Cantwell, "Transatlantic Moves to the Market: Academic Capitalism in the United States and European Union", *Higher Education* 63, 2012 (5), pp. 583–603.

④ Kauppinen, Ilkka, "Towards Transnational Academic Capitalism", *Higher Education* 64, 2012 (4), pp. 543–556.

⑤ Kauppinen, Ilkka, "Towards a Theory of Transnational Academic Capitalism", *British Journal of Sociology of Education*, 2013.

术资本主义的出现是一个正在兴起的过程，就像更广泛意义上的全球资本主义的出现一样，① 这个过程可能会给高等院校带来无法预见的转折，造成非预期的后果。

因此，学习学术资本主义应该在社会联系的跨国背景中。这种认识为探索方法和理论问题打开了新的领域，同时也表明识别和研究跨国学术资本主义的永久标识很有必要。完成这些任务显然很有必要，这本书仅能为方法、理论的经验课题研究提供首要步骤。但我们相信这些步骤十分重要，为我们将来进一步的研究提供了不同的视角。②

通过一种超越国家主义方法论的方式来使学术资本主义概念化，我们不仅能够更好地理解全球化的不同的子过程（如撤销管制规定）如何影响高等教育，还可以了解与高等教育有关的人员对全球化的贡献以及正在对全球化做出的贡献。按照这种方式，本书不仅对高等教育研究有贡献，也可能对全球化的学术著作做出更大贡献。研究高等教育如何与全球化的其他过程交互作用更有利于我们了解高等教育角色的转变以及更广泛的社会和经济转变。

这本书的第二部分从 Illkka Kauppinen 和 Brendan Cantwell 的第九章开始。他们认为学术资本主义是通过确立并参与全球生产网络的一个跨国过程而被认可。他们强调，和工业生产相似，学术资本主义可以通过连接院校和全球政治经济参与者的复杂跨国网络进行随时间和空间的分类交易。

Ilkka Kauppinen 在第十章中根据全球不同地方的学术资本主义转变的原因基础构建了理论。他们认为社会机制可以解释政策的产生和学术资本主义由来已久的变化，而不是描述学术资本主义如何在联结大学和国家及公司中发挥作用。他们认为朝学术资本主义转变在全球很多地方可见。虽然变化是多样的，但是可以通过四类社会机制解释

---

① Robinson, William, I., *A Theory of Global Capitalism*, Baltimore: Johns Hopkins University Press, 2004.

② Shahjahan, Riyad, A., and Adrianna J. Kezar, "Beyond the 'National Container' Addressing Methodological Nationalism in Higher Education Research", *Educational Researcher* 42, 2013 (1), pp. 20–29.

第二部分　学术资本主义和全球化

这些变化：（1）全球竞争；（2）结盟；（3）立法；（4）鼓励学术资本主义的组织设计和再设计。

Alma Maldonado-Maldonado 在第十一章中预估了发展中国家背景下的学术资本主义和新兴经济之间的关系。她解释道，运用和 Jussi Välimaa 相似但是理由不同的方法，美国和其他富裕英语国家研究得出的学术资本主义理论并不能解释世界上很多地方的高等教育。Maldonado-Maldonado 进行了一系列修订，让学术资本主义更有全球适应性。

在第十二章中，Hei-hang Hayes Tang 阐述了中国的学术资本主义。Tang 指出中国大陆、香港、澳门和台湾都在不同程度地朝学术资本主义转变。正如 Tang 所陈述的，有着共同历史底蕴的高等教育系统却以不同的方式向学术资本主义转变。

Roger P. King 在第十三章中认为大学应该认真考虑风险管理。例如，通过建立海外分校，全球化进程为大学参与学术资本主义创造机会。但是 King 也解释道，这种机会也充满风险。

最后，在第十四章，Ilkka Kauppinen、Charles Mathies 和 Leasa Weimer 探讨了学术资本主义对学生到底意味着什么。他们构建一个框架将国际学生比作货物。他们的成果将帮助我们理解学术资本主义全球化正在如何转变学生的身份。

第九章

基于全球产业网的跨国学术资本主义

[芬] 伊尔·科皮伦　　[美] 布莱登·坎特维尔

在参与大学跨国活动的过程中,学者们认为"跨国高等教育"有不断增长的趋势,如跨国研究网络、跨国大学分校、跨国合资企业、跨国大学学位课程和大规模网络课程联盟的兴盛等,这样的例子还有很多。与此同时,跨国高等教育近来十分关注跨国多校区大学,它的表现包括学生的跨国流动等发展趋势。从一个更宽广的视角看,跨国高等教育也包括参与跨国研究和发展(R&D)的网络和以跨国公司为主的市场主体。

跨国大学是跨国高等教育重要的有组织性的标志,但是单纯地描述它们并不能帮助我们理解应该如何从理论上阐述跨国高等教育,也不能确定什么样的概念将会有用。从学术资本主义角度看,我们更能接近如何使跨国高等教育发展理论化的问题。在这种情况下,我们认为,"全球产业网"这个概念有助于加深我们对学术资本主义的理解,即学术资本主义是一种不局限于某一个国家范围的现象。

相比较而言,由于近几十年经济全球化的快速发展,[1][2][3] 学术资

---

[1] Castells, Manuel, *The Rise of Network Society: The Information Age: Economy, Society, and Culture*, 2nd ed., Oxford: Blackwell, 1996 (1).

[2] Robinson, William, I., *A Theory of Global Capitalism: Production, Class, and State in a Transnational World*, Baltimore: Johns Hopkins University Press, 2004.

[3] Sklair, Leslie, *Globalization: Capitalism and Its Alternatives*, New York: Oxford University Press, 2002.

本主义也正日益成为一种全球化的现象。我们有意使用"跨国学术资本主义"这个术语，原因在于经验并不允许我们大谈特谈全球化的学术资本主义。换句话说，当我们把大量的主体连接到覆盖全世界每个角落的系统中时，我们感觉宣称学术资本主义在全世界大行其道看似合理。我们进一步认为，当与某个特定国家的学术资本主义相比时，"全球产业网"的概念有助于部分揭示跨国学术资本主义（TAC）的独特特征。我们还认为，TAC用各种各样的组织形式来表现自己，形式之一就是跨国大学的出现。在"全球产业网"中，学术生产过程不受空间限制并且各个跨国主体被连成一个整体，跨国大学通过参与"全球产业网"使得 TAC 发生转变。

TAC 是指跨越国界并促成知识、创新、资本、产品和人员的跨国流动的行为、实践网络和过程。比如，跨国研究和发展（R&D）网络由来自不同国家的各种主体组成，并且通过不同形式的研究合作把高等教育机构与跨国公司连成一体。[①②] TAC 概念的提出，也为个体研究者、研究团队以及高等教育机构获得外部跨国资金增加了可能性（例如通过欧盟的资金机制）。总体上看，TAC 的概念主张国家不是所有的市场和类市场行为活动的基础，并且这些活动并不局限于某一个国家。[③④]

我们将在这一章评估"全球产业网"概念的功能和局限性，以推动 TAC 的研究。同时还将进一步通过"全球产业网"来评估 TAC 出现的组织类型。我们旨在建立一个概念的框架，但是也会引用一些经验性的例子来解释我们的观点。基于本书第八章全球化的概念，在考虑不同的组织形式如何促成 TAC 的转变或成为 TAC 的组成部分之

---

① Kauppinen, Ilkka, "Towards Transnational Academic Capitalism", *Higher Education* 64, 2012 (4), pp. 543 – 556.

② Kauppinen, Ilkka, "Academic Capitalism and the Informational Fraction of the Transnational Capitalist Class", *Globalization, Societies and Education* 11, 2013a (1), pp. 1 – 22.

③ Kauppinen, Ilkka, "Towards Transnational Academic Capitalism", *Higher Education* 64, 2012 (4), pp. 543 – 556; Kauppinen, Ilkka, "Academic Capitalism and the Informational Fraction of the Transnational Capitalist Class", *Globalization, Societies and Education* 11, 2013a (1), pp. 1 – 22.

④ Shahjahan, Riyad, A., and Adrianna J. Kezar, "Beyond the 'National Container' Addressing Methodological Nationalism in Higher Education Research", *Educational Researcher* 42, 2013 (1), pp. 20 – 29.

前，我们从 TAC 及"全球产业网"开始讨论，通过分析 TAC 和"全球产业网"概念的优点和局限性以得出结论。

跨国学术资本主义

根据学术资本主义的理论，政策制定者、行政人员和一些研究者、研究团队和各部门越来越把知识理解为一种商品。①② 为了建立竞争性的优势和在（类）市场中获得利益，知识作为一种商品可以在不同的地方和组织之间流动。国界并不能限制知识的流动，国家也不完全是这些带有学术资本主义特征的流动、循环及实践的囊括者。

我们把 TAC 定义为这样一种不断发展和无限期的全球规模的整合行为，它以一种加强大学与全球知识资本整合的方式来整合教学、科研和服务。TAC 为大学和学术个体增加了通过国际渠道获得多种外部资金来源的机会。因此，我们的出发点是以下清楚的观点：学者和大学用来使经济来源和其他形式的资本多样化的实践、网络和知识圈正在逐步国际化，这种主张受到众多学者的间接支持。③④⑤⑥⑦⑧⑨

---

① Kauppinen, Ilkka, "Multiple Meanings of 'Knowledge as Commodity' in the Context of Higher Education", *Critical Sociology* 39, 2013b (4), pp. 1 – 17.

② Slaughter, Sheila, and Gary Rhoades, *Academic Capitalism and New Economy: Markets, State, and Higher Education*, Johns Hopkins University Press: Baltimore, 2004.

③ Altbach, Phillip, G., and Jane Knight, "The Internationalization of Higher Education: Motivations and Realities", *Journal of Studies in International Education* 11, 2007 (3 – 4), pp. 290 – 305.

④ King, Roger, Simon Marginson, and Rajani Naidoo, eds., *Handbook on Globalization and Higher Education*, London: Edward Elgar, 2011.

⑤ Marginson, Simon, "Global Field and Global Imagining: Bourdieu and Worldwide Higher Education", *British Journal of Sociology of Education* 29, 2008 (3), pp. 303 – 315.

⑥ Marginson, Simon, and Gary Rhoades, "Beyond National States, Markets, and Systems of Higher Education: A Glonacal Agency Heuristic", *Higher Education* 43, 2002 (3), pp. 281 – 309.

⑦ Naidoo, Rajani, "Repositioning Higher Education as a Global Commodity: Opportunities and Challenges for Future Sociology of Education Work", *British Journal of Sociology of Education* 24, 2003 (2), pp. 249 – 259.

⑧ Slaughter, Sheila, "Problems in Comparative Higher Education: Political Economy, Political Sociology and Postmodernism", *Higher Education* 41, 2001 (4), pp. 389 – 412.

⑨ Slaughter, Sheila, and Brendan Cantwell, "Transatlantic Moves to the Market: Academic Capitalism in the United States and European Union", *Higher Education* 63, 2012 (5), pp. 583 – 603.

第二部分　学术资本主义和全球化

我们并未宣称学术资本主义已成为一种世界范围的现象，发生在所有历史、经济、文化和政治的专门领域。因此，TAC 的概念并不等同于单个的"全球脚本"的观点。相反，它是指高等教育和知识资本在地理上不平衡的跨国整合，例如，与大学相联系的跨国创新公司的建立和地区性而非全球性的公司，但是在某种程度上这种公司还是有全球化政治经济的含义。再比如，应用科学网络大学（UASnet）把 10 个欧洲国家的技术机构、公司和政府机构联系起来，其目的在于塑造欧洲在全球经济中的地位，其明确的目标就是"强化 UASnet 对欧洲研究和创新战略的贡献"，以便增强欧洲的全球竞争力。这些例子都表明高等教育如何在整合跨国流动资本及跨国公司过程中发挥作用，[1][2] 跨国公司与知识密集型的跨国经济实体密切相关。[3][4] 我们认为，跨国公司是全球资本中关键的共有主体，也是"全球产业网"的重要主体（和大学、政府以及非政府组织一起）。

通过专门地讨论 TAC 的概念与跨国流动、网络和实践的联系，而不是把它看作一种各国高等教育系统与其相关组织的全球化的交集，我们为讨论"社会交叉机构的差异"的可能性留足空间。[5] 在这方面，我们兼容了这种可能性，即"在每一个国家语境下，由来已久的、普遍的逻辑强化了现在的正在运行的公共机构规则"[6]。这就是"全球脚本"的理念与 TAC 的概念不一致的主要原因。

更进一步地讲，TAC 的概念并不认为知识的生产会发生在每个民族国家的界限内，只有知识商品的分布和传播会发生在国际市场。类

---

[1] Kauppinen, Ilkka, "Towards Transnational Academic Capitalism", *Higher Education* 64, 2012 (4), pp. 543 – 556.

[2] Kauppinen, Ilkka, "Academic Capitalism and the Informational Fraction of the Transnational Capitalist Class", *Globalization, Societies and Education* 11, 2013a (1), pp. 1 – 22.

[3] Robinson, William, I., *A Theory of Global Capitalism: Production, Class, and State in a Transnational World*, Baltimore: Johns Hopkins University Press, 2004.

[4] Sklair, Leslie, *Globalization: Capitalism and Its Alternatives*, New York: Oxford University Press, 2002.

[5] Beckert, Jens, "Institutional Isomorphism Revisited: Convergence and Divergence in Institutional Change", *Sociological Theory* 28, 2010 (2), pp. 150 – 166.

[6] Ibid..

似于全球经济的理念，TAC 被赋予生产网络跨国化的特征，暗示着我们对 TAC 的定义更多的是基于生产领域里正在发生的改变而不是分配和消费市场正在发生的改变。从这个角度看，TAC 的关键共同主体是那些复杂的高等教育组织，这些组织有着延伸到国家之外的、全球化经营规模的生产网络。但是我们应该如何使这些生产网络概念化，这要求我们走出方法论上的国家主义。为了回答这个问题，我们转向讨论"全球产业网"这个主要是由经济地理学家提出的概念。

全球产业网

向跨国学术资本主义的转变是一个类似于全球化的多中心过程。换句话说，TAC 并不起源于任何单个的国家或者地区，而是牵涉不同国家和地区的主体，也就是说某些国家和大学在形成 TAC 的过程中扮演着比另一些国家更重要的角色的观点也是正确的。TAC 不是一个由美国或者欧洲领导的过程，但是很明显，这些地区中的一些主体是这个过程的中心。"全球产业网"的概念提供了一个富有成效的起点来进一步发展多中心 TAC 的概念。

我们认为，TAC 出现的基本前提是大学类似于跨国经营的多产公司。随着多产公司和大学生产出各种各样的商品，①② 包括学生指导、研究、公共服务和技术转让等，传统的政治经济学家，像新古典主义的马克思主义一样，理论上认为商品和服务的生产是三个因素在起作用：（1）土地；（2）劳动力；（3）资本。在工业生产方面，这些因素受到公司和有界组织的调动，它们由以当地或者国家为基准的

---

① Cohn, Elchanan, Sherrie L. W. Rhine, and Maria C. Santos, "Institutions of Higher Education as Multi-Product Firms: Economies of Scale and Scope", *Review of Economics and Statistics* 71, 1989 (2), pp. 284–290.

② Leslie, Larry L., Sheila Slaughter, Barrett J. Taylor, and Liang Zhang, "How Do Revenue Variations Affect Expenditures within US Research Universities?" *Research in Higher Education* 53, 2012 (6), pp. 614–639.

股东代表、股票持有者或者利益相关者的经理所经营。① 高等教育类似物是当地或者国家大学的,由教师或者行政人员代表各种对高等教育感兴趣的股票持有者来经营,包括学生、受托人、国家和公司等。

除了生产的传统因素之外,我们也把知识看作生产的第四个因素。反馈信息、研究结果、个体知识及技能和知道"如何做"以及社会资本(帮助维系生产网络),都类似于生产过程中的传统因素。换句话说,我们不仅把知识看作一种商品输出,也看作一种生产过程中的输入。人们普遍认为知识输入塑造生产过程。

跨地区生产的概念已经被发展,可以解释遥远地区的生产,这些地区通过生产货物或者服务的过程而彼此相连。迈克尔·波特(1985)把经济生产描述为通过"价值链"而发生,在这种价值链中,原材料可以转变成商品,商品最终在一个多步骤、多公司联合的过程中被消费。背离强调直线过程而非政治和权力的价值链的视角。经济地理学家②③④、管理者⑤和政策研究者们⑥致力于描述"全球产业网",从他们的工作中我们得出结论:生产网络是一个相互作用、共同运行和相互交易的联结,它通过某种专门的产品或服务的生产、分配或消费的方式来实现。⑦

当生产网络涵盖各个国家时,我们把它看作全球化的。对我们而

---

① Davis, Gerald, F., *Managed by the Markets: How Finance Re-Shaped America*, Oxford: Oxford University Press, 2009.

② Coe, Neil, M., Peter Dicken, and Martin Hess, "Global Production Networks: Realizing the Potential", *Journal of Economic Geography* 8, 2008 (3), pp. 271 – 295.

③ Coe, Neil, M., Peter Dicken, Martin Hess, and Henry Wai-Cheung Yeung, "Making Connections: Global Production Networks and World City Networks", *Global Networks* 10, 2010 (1), pp. 138 – 149.

④ Henderson, Jeffrey, Peter Dicken, Martin Hess, Neil Coe, and Henry Wai-Chung Yeung, "Global Production Networks and the Analysis of Economic Development", *Review of International Political Economy* 9, 2002 (3), pp. 4436 – 4464.

⑤ Levy, David, L., "Political Contestation in Global Production Networks", *Academy of Management Review* 33, 2008 (4), pp. 943 – 963.

⑥ Ernst, Deiter, and Linsu Kim, "Global Production Networks, Knowledge Diffusion, and Local Capability Formation", *Research Policy* 31, 2002 (8), pp. 1417 – 1429.

⑦ Coe, Neil, M., Peter Dicken, and Martin Hess, "Global Production Networks: Realizing the Potential", *Journal of Economic Geography* 8, 2008 (3), pp. 271 – 295.

言，全球化并不意味着生产网络覆盖着地球的每个角落。不像"价值链"是直线且封闭的系统，"全球产业网"是充满活力并联结各国政府、公司、公众以及非营利和非政府组织的体系。但是，为了具体地理解"全球产业网"，也为了分析生产过程中的非经济因素。① 与 Coe 和其他人（2010）不同，我们有必要走出公司的领域，在分析时我们还包括了高等教育机构，将其作为"全球生产网"概念中的一个新的因素。这里"生产"不仅指经济活动（如商品和服务的生产），也指其他的社会过程，如知识的（再）生产、演讲、资本和劳动力。②③④

我们对 TAC 这一概念的理解旨在将多种主体纳入考虑。我们考虑的主体范围可能超出高等教育研究通常所包括的传统主体。考虑到广泛的参与主体，我们认为现在分析这一信息合情合理：为了产生创造性，提高民族竞争力，要审视巨大的政治压力和激励机制，建立起高等教育、市场和准市场间的联系，还要建立国家资助的发展和竞技项目间的联系。⑤ 从某方面讲，"全球产业网"可以被理解为与"新知识流程"相似，这是 Slaughter 和 Rhoades（2004）在他们的学术资本主义理论中提到的。因为没有内在依据显示应该把这些流程限制在国家界限内，我们可以通过强调这些跨国运行的"新知识流程"来传播"全球产业网"这个概念。

---

① Coe, Neil, M., Peter Dicken, Martin Hess, and Henry Wai-Chung Yeung, "Making Connections: Global Production Networks and World City Networks", *Global Networks* 10, 2010 (1), pp. 138 – 149.

② Henderson, Jeffrey, Peter Dicken, Martin Hess, Neil Coe, and Henry Wai-Chung Yeung, "Global Production Networks and the Analysis of Economic Development", *Review of International Political Economy* 9, 2002 (3), pp. 4436 – 4464.

③ Jessop, Bob, "Cultural Political Economy of Competitiveness and Its Implications for Higher Education", In *Education and the Knowledge-Based Economy in Europe*, 2008, pp. 13 – 40.

④ Levy, David, L., "Political Contestation in Global Production Networks", *Academy of Management Review* 33, 2008 (4), pp. 943 – 963.

⑤ Slaughter, Sheila, and Brendan Cantwell, "Transatlantic Moves to the Market: Academic Capitalism in the United States and European Union", *Higher Education* 63, 2012 (5), pp. 583 – 603.

第二部分　学术资本主义和全球化

"全球产业网"为高等教育参与者提供了策略。但是高等教育参与者同样是全球政治经济学的参与者。换句话说，高等教育机构和它们的下设部门不仅对教育环境做出反应，而且能塑造所处的全球环境。① 有观点表明"全球产业网"是经济、政治和社会关系的活动集，生产过程不限制在国家和组织内部，也符合这一论断。就像Levy（2008）所说，"全球产业网""使经济、政治和散漫的系统整合在一起，在这个整合中市场和政治权力变得错综复杂"②。我们也假设政治和市场的支配力在这个产业网中是紧密相连的。

希望维护治理要求或希望能在利益分配中占取更多份额的各类参与者经常会怀疑这个生产网的稳定性。因此"网络"一词适用于多样的合理形式和用法。③ "全球产业网"研究并不假设生产过程是线性和单向的（与供应链或中心—边缘分析相比较）。④ 因为"全球产业网"是活动性的，它们的稳定性和可预见性变化多端。大量的参与者能施加影响并在产业网中与大学间（或中心）形成权力关系，这种影响和权力关系会不断地随时变动。正如国家可能被理解为是多方利益的争夺点，大学和学术性的社会领域也会是竞赛和斗争的领域，⑤ 这意味着"全球产业网"的形成和规模化是必然发生、不可逆转的。举一个在大学内部发生的、具有"全球产业网"含义的斗争的例子：耶鲁大学在和新加坡国立大学合作期间，其校园内出现了教职人员和行政管理人员间的斗争。

---

① Cantwell, Brendan, and Alma Maldonado-Maldonado, "Four Stories: Confronting Contemporary Ideas about Globalization and Internationalization in Higher Education", *Globalization, Societies and Education* 7, 2009 (3), pp. 289 – 306.

② Levy, David, L., "Political Contestation in Global Production Networks", *Academy of Management Review* 33, 2008 (4), pp. 943 – 963.

③ Coe, Neil M., Peter Dicken, Martin Hess, and Henry Wai-Cheung Yeung, "Making Connections: Global Production Networks and World City Networks", *Global Networks* 10, 2010 (1), pp. 138 – 149.

④ Altbach, Phillip, G., "Globalization and the University: Myths and Realities in an Unequal World", *Tertiary Education and Management* 10, 2004 (1), pp. 3 – 25.

⑤ Pusser, Brian, "The State, the Market and the Institutional Estate: Revisiting Contemporary Authority Relations in Higher Education", In *Higher Education Handbook of Theory and Research*, 2008 (23), pp. 105 – 139.

"全球产业网"的多中心性质使得它跨越多地区,并需要其中的参与者能够协调它们的产业流程并整合所需要的各式各样的能高效生产最终产品和服务的活动。在这种情况下"产业流程"① 是指各个大学依赖于种种因素的生产过程,这些因素包括技术投入(例如质量控制),服务投入(例如人类资源、保险、广告和营销),后勤系统(例如人们和信息/知识的流动)和财务(例如信用和银行),管理、协调和控制系统(例如知识产权法)。每条产业流程会依次被"更大的产业网络涵盖住"②,包括大学和政府机关、民营企业、非政府组织间的人际关系。根据 Holton（2008）的类型学,③ 这些网络包含了商业、知识和政策网络元素,使"全球产业网"除了地域多中心性之外的性质更加复杂。然而,这些包含了商业、知识和政策网络的产业网同时也是学术资本主义的示例,也就是说,它们显示了经济、学术和国家领域之间的模糊界限。

以跨国教育产业为例。除了其他条件之外,大规模的国际学生教育还需要大学和组织机构间的协调,这种组织机构包括诸如能联系大学和学生的招生公司,以及能转换学术成果和认证语言水平的机构,声明通过移民政策调节国际学生的流动性,需要能够促进货币兑换和电子转账的国际银行系统以便学生支付学费和满足生活费用。此外,这些网络的复杂性使之受限于复杂的多层次治理结构,④ 比如组织与纪律规范、法律、合同和其他具有市场和政治权力的参与者。换句话说,我们假设规范所形成的学术工作、国家和地方法律、现有的和新的合同并未纳入"全球产业网",反而在治理和维护这些产业网络中复杂交互。

---

① Dicken, Peter, *Global Shift: Mapping the Changing Contours of the World Economy*, 5th ed., SAGE: London, 2007.
② Ibid..
③ Holton, Robert, J., *Global Networks*, New York: Palgrave MacMillan, 2008.
④ Levy, David, L., "Political Contestation in Global Production Networks", *Academy of Management Review* 33, 2008 (4), pp.943 – 963.

第二部分 学术资本主义和全球化

参与"全球产业网"的多种方式

当提到跨国学术资本主义时，人们很容易指出，把资源用来扩展跨国活动的新兴跨国大学是高等教育领域唯一的关键组织主体。但是我们认为只关注跨国大学不能完全解释这个复杂的、开放式过程。为此，我们提供一个关于各类参与主体的初步概览，这些参与主体都（有意或无意地）为 TAC 通过"全球产业网"的出现做出了贡献或正在做出贡献。首先我们讨论一下新兴的跨国大学，因为它们是高等教育机构中最能指导过渡期活动和参与产业网的，这有助于促成 TAC 的转变和特征化。

我们并不是第一个把跨国大学描述成新兴组织形式的。例如，Lane 和 Kinser（2011）最近编辑的著作中便谈到了跨国大学，他们还在著作中把国际分校鉴定为跨国专科学院和大学的发展中心。这样，跨国大学就被定义为"通过信息检索网站、外联办公室、联合学位项目和分校的形式将本国学术活动扩展到国外的机构"[1]。Gallagher 和 Garrett（2012）通过把跨国大学和国际大学相区别，进一步精练了我们对跨国大学的认识。国际大学的活动会延伸到大学所属国家之外，比如给国际学生办理入学注册。但是国际大学在捆绑的组织内维持生产，而跨国大学并不用"全球产业网"捆绑它们的产业过程，更像是跨国合作。

我们发现跨国大学是跨国化学术资本主义在"全球产业网"的表现，并不是通过更复杂的组织来简单复制旧的等级秩序。这些新兴的组织机构可能依靠发展中国家作为廉价基地进行探索，并可能设计学位来满足文化上和政治上不同国家的特定市场需求，而不是依靠一刀切的做法。[2] 这种形式的大学机构离开了传统概念中的学术

---

[1] Lane, Jason, E., "Global Expansion of International Branch Campuses: Managerial and Leadership Challenges", *New Directions for Higher Education* 2011, 2011 (155), pp. 5–17.

[2] Gallagher, Sean, and Geoffrey Garrett, "From University Exports to the Multinational University: The Internationalization of Higher Education in Australia and the United States", Sydney: United States Studies Center, 2012.

"核心"和"边缘"关系,在这个传统关系中边缘机构是依赖于核心的。①

大学可能采取跨国形式作为巩固它们的地位以及在日益激烈的全球高等教育市场竞争中获取更大利益的策略。② 采取跨国形式的一个可能原因是承认了自己国家资金紧缩。换句话说,大学可能认识到试图从其他国家获得收入以达到组织目标的重要性,因为国内可用的资金来源不是在下降,就是不充分。为此,新兴的跨国大学可以被看作为 TAC 转变做出直接贡献的机构形式。为了推进这一观点,我们通过以上对"全球产业网"的描述来整合这个概念,把关于跨国大学的工作建立在这个基础上。

Gallagher 和 Garrett (2012) 认为第三阶段的国际化高等教育已经到来或者正在到来。国际化的第一阶段包括国际研究生招生和短期海外交流学习的发展。第二阶段包括通过免费的国际生和分校的教育输出。在第三阶段中,国际化更加激进。"随着大学成为越来越接近高等教育相似体的跨国公司,海外活动和国际合作关系已开始成为关键性的角色。"③ 我们进一步断言,第三阶段不仅仅暗示着大学正在接纳着跨国公司的一些特点,而且大学和跨国公司的合作也在加深,这反过来也意味着大学在理解和解释全球化的知识资产怎样运作中成为愈加重要的组织。④

名牌大学像斯坦福和耶鲁,都会在"全球产业网"现身并起到重大影响。正如 Gallagher 和 Garrett (2012) 写到的,这些大学"一直是美国历史性的总部",并且"大多数高附加值的工作,包

---

① Altbach, Phillip, G., "Globalization and the University: Myths and Realities in an Unequal World", *Tertiary Education and Management* 10, 2004 (1), pp. 3 – 25.

② Gallagher, Sean, and Geoffrey Garrett, "From University Exports to the Multinational University: The Internationalization of Higher Education in Australia and the United States", Sydney: United States Studies Center, 2012, http://ussc.edu.au/ussc/assets/media/docs/publications/1301_ Garrett Gallagher_ Higher Ed_ Final. pdf.

③ Ibid..

④ Kauppinen, Ilkka, "Towards Transnational Academic Capitalism", *Higher Education* 64, 2012 (4), pp. 543 – 556.

括管理和策略都将在'总部'完成,更多的全球产值将回到这里并由这里控制"。这些大学有能力将"全球产业链"切片,① 向更传统的国际高等教育形式展示威胁。"相对于追求以竞争价格来教育大量的国际学生,跨国大学设计教育并在国内探索,用国外廉价又高品质的劳动力和基础设施来为它们的产品服务,直接售往它们的海外市场,再将收益投入更加创新的产品或者补贴给探索的项目。"②

跨国大学的出现可能会破坏许多大专院校,但不太可能提升现有大学层次结构。如果已经享有盛誉和资源充足的大学成为跨国的,甚至间接地掌控更大份额的可用资源,这在我们对高等教育机构的评估中将增加分层和不平等。③④ 因此,跨国机构形式的出现,相对地会出现全球化的学术资本主义,跨国机构会增强已经占据突出地位的北美、欧洲和亚洲大学的地位。

但是这意味着美国或者美国的公民就能获益吗?举一个例子来看。假定公共货物,比如纯粹的知识,就产生在可以被垄断的私人物品旁边,⑤ 然后很合理地推断出美国公民将能受益,但受益程度也许不会高于他人。即使私人物品是由集中于美国的跨国大学的产业网络所积累的,我们也没理由假设这些物品的分配方法就能改善现有的不公平和财富集中状况。在最基本的标准下,进入美国精英大学仍会被高度分层,那些历来被这些院校排除外的学生在获取资格上没有取得

---

① Gallagher, Sean, and Geoffrey Garrett, "From University Exports to the Multinational University: The Internationalization of Higher Education in Australia and the United States", Sydney: United States Studies Center, 2012.

② Ibid..

③ Cantwell, Brendan, and Barret J. Taylor, "Global Status, Intra-Institutional Stratification and Organizational Segmentation: A Time-Dynamic Tobit Analysis of ARWU Position Among US Universities", *Minerva* 51, 2013 (2), pp. 195 – 223.

④ Slaughter, Sheila, and Brendan Cantwell, "Transatlantic Moves to the Market: Academic Capitalism in the United States and European Union", *Higher Education* 63, 2012 (5), pp. 583 – 603.

⑤ Marginson, Simon, "Global University Rankings: Implications in General and for Australia", *Journal of Higher Education Policy and Management* 29, 2007 (2), pp. 131 – 142.

第九章　基于全球产业网的跨国学术资本主义

任何进展。① 我们没有理由假设 TAC 将能成功改变录取的不公平。此外，和全球资本主义相似，通过海外直接投资，跨国运行的公司已经取得了包括"全球产业网"在内的更大权力，② 随着时间的推移，这也将发生在全球高等教育领域。

我们赞成 Gallagher 和 Garrett（2012）很好地描述的跨国大学形式模型，但是认为可能还有其他形式的跨国大学模型。此外，高等教育机构还可能以其他更传统的方式参与"全球生产网"。例如，芬兰的赫尔辛基大学就是在欧洲创新技术机构（EIT）下运作的一系列知识创新社区（KICs）的一部分。知识创新社区是特有的位于欧洲的由高等教育组织、私人公司和起源于不同欧洲国家的公共角色组成的跨国网络。③ 此外，全球化公司在全世界寻求伙伴，与这些公司有合作的大学可能是跨国大学或者是更传统的大学。④⑤ 在所有这些案例中，不管大学的组织结构如何，它们都被卷入"全球产业网"，产生潜在的专利研究成果。这种网络并不一定涉及工业投资研究，但是公共资源研究成果常通过与"全球产业网"中的大学相连接而被导入工业生产。⑥

大学不仅以教育生产者还以知识生产者的角色变得跨国化。通过执行"全球化研究和教学的方式"⑦ 卷入跨国学术资本主义，提

---

① Bastedo, Michael N., and Ozan Jaquette, "Running in Place: Low-Income Students and the Dynamics of Higher Education Stratification", *Educational Evaluation and Policy Analysis* 33, 2011 (3), pp. 318 – 339.

② Dicken, Peter, *Global Shift: Mapping the Changing Contours of the World Economy*, 5th ed., SAGE: London, 2007.

③ "Knowledge and Innovation Communities: What Are Knowledge and Innovation Communities (KICs)?" Budapest: European Institute of Innovation and Technology, 2013.

④ Kauppinen, Ilkka, "Towards Transnational Academic Capitalism", *Higher Education* 64, 2012 (4), pp. 543 – 556.

⑤ Kauppinen, Ilkka, "Academic Capitalism and the Informational Fraction of the Transnational Capitalist Class", *Globalization, Societies and Education* 11, 2013a (1), pp. 1 – 22.

⑥ Slaughter, Sheila, and Gary Rhoades, *Academic Capitalism and New Economy: Markets, State, and Higher Education*, Johns Hopkins University Press: Baltimore, 2004.

⑦ Gallagher, Sean, and Geoffrey Garrett, "From University Exports to the Multinational University: The Internationalization of Higher Education in Australia and the United States", Sydney: United States Studies Center, 2012.

供获得学术型人才新资源（如提高学术资本跨国化）、资金和财政支持的新来源（如增强经济资本跨国化）和新的学生市场（如提高大学的经济和学术资本跨国化）的可能性。在一些案例中，对于跨国大学而言，知识的循环和不同形式的资本积累通过"全球产业网"跨国发生。对于跨国大学而言，学术生产并不出现在自治的或国家领导的组织，相反，学术生产方式根植于由私人公司、政府机关和大学附属非政府组织等多种潜在参与者联系起来的跨国网络中。

卷入"全球产业网"的大学和管理控制这些大学的人们很明显未将各个国家看作活动的单独领域。相反，与全球定位公司的总裁如何定位和证明自我一样，这些大学的定位超越了国家的界限。[1][2] 例如，纽约大学"面对的是这样一个世界，这个世界中来自全球的优秀学生能在跨越洲际范围的大学网络中顺畅交流"[3]。而且，那些管理和掌控跨国大学的人并不仅仅根据他们的国家起源证明自身，或者至少提升其自身阶层（不管他们是否承认）。例如，涉及成立新的研究中心或者是在其他国家设立分校时，大学管理与治理委员会必须明白它们的角色是建立于跨国化的基础之上，而不是严格的国家基础之上。

一些大学开始参与，或者至少在某些方面参与类似跨国公司的组织似乎是试验性的。这些发展也牵涉那些跨国大学的管理和规范人员。弗吉尼亚大学校长的短暂下台就是证明，说明了与跨国公司关系

---

[1] Robinson, William, I., *A Theory of Global Capitalism: Production, Class, and State in a Transnational World*, Baltimore: Johns Hopkins University Press, 2004.

[2] Sklair, Leslie, *Globalization: Capitalism and Its Alternatives*, New York: Oxford University Press, 2002.

[3] Gallagher, Sean, and Geoffrey Garrett, "From University Exports to the Multinational University: The Internationalization of Higher Education in Australia and the United States", Sydney: United States Studies Center, 2012, http://ussc.edu.au/ussc/assets/media/docs/publications/1301_ Garrett Gallagher_ Higher Ed_ Final. pdf.

紧密的董事会成员正忙于"胜者为王"的竞赛。① 希拉·斯劳特和他的同僚的研究表明董事会成员的产业联盟是对大学领域通过专利生产商业知识的预示。②

"全球产业网"的两个例子

现在我们介绍两个关于高等教育如何卷入"全球产业网"的例子。在对这两个实例的介绍中，我们将评估它们是如何显示跨国资本主义的过渡的。第一个例子是斯科尔科沃科技机构（Skoltech），是最近成立的坐落于莫斯科郊区的一所私人研究型大学。第二个例子是课程时代（Coursera），一间总部位于硅谷，由非营利大学联盟构成，旨在生产和提供大量开放网络课程（MOOCs）的营利性公司。我们选择这两个例子的原因是它们涉及了"全球产业网"及跨国资本主义的很多方面。Skoltech是一所由跨国伙伴参与而形成的单地域大学，主要致力于研究和科技转让。Coursera不是一所大学，而是一家通过触手可及的全球网络将许多国家的大学联系起来并以生产和输出网络课程为目的的营利性公司。

Skoltech

Skoltech的设计者将它视为一所国际化的大学，其使命是在俄国联邦及全世界范围内产生教育的、学术的和经济的影响。③ 将

---

① Pusser, Brian, "Mr. Jefferson, Meet Mr. Friedman: Governance, Markets, and the University as a Public Sphere", Paper Presented at the Annual Meeting of the Association for the Study of Higher Education, Las Vegas, Nevada, 2012.

② Mathies, Charles, and Sheila Slaughter, "University Trustees as Channels between Academic and Industry: Toward an Understanding of the Executive Science Network", *Research Policy* 42, 2013 (6–7), pp. 1286–1300.

③ Skoltech, "Home Page" (www.Skoltech.ru/sites/default/files/. 2013).

第二部分　学术资本主义和全球化

Skoltech 发展纳入俄国硅谷是一项政府计划,① 目的是整合市场主体和大学以促进俄国知识繁荣并对国外产生影响。Skoltech 由五个部分构成：信息技术、能源效率技术、核技术、生物医学与空间技术和电子通信。Skoltech 与起源于芬兰、法国、德国、瑞典和美国的阿尔斯通、波音、西斯科、陶氏化学公司欧洲宇航防务集团、爱立信、IBM、英特尔、强生、微软、诺基亚、SPA 和西门子网络公司这些国外跨国公司有合作。大学合作伙伴有以色列的艾维尔大学中心、俄国的乌拉尔联邦大学和斯科尔科沃开发大学。②

除了以上提到的跨国合作，Skoltech 还与麻省理工有合作关系，称为"麻省理工 Skoltech 计划"。考虑到麻省理工已与 Skoltech 达成在教育、研究和创业计划中培养能力的共识,③ 也考虑到其他的合作关系，我们可以说，Skoltech 可以被看作通过跨国知识流通形成的一所大学，其目的是在有益于俄国联邦国家创新系统的基础上参与"全球产业网"。在麻省理工和其他公共及私人参与者的帮助下，Skoltech 将会成为一所独一无二的世界级的研究型大学。2012 年 12 月已逾 700 间私人公司以多样化的方式与 Skoltech 合作，这决定了 Skoltech 强大的经济定位。④

正如这所大学所代表的，"与所有层次的国际公司合作将我们的项目整合成国际性的创新环境，并将全球参与者共同创造的产品和服务联系起来"⑤。换言之，Skoltech 忙于与多样化的跨国公司进行研究合作，通过这些合作链，Skoltech 已卷入"全球产业网"，尤其是全球研究和发展（R&D）网络。Skoltech 是一个强大的组织，它阐释了高等教育如何通过跨国学术资本主义整合进全球生产网这一问题。

---

① "Can Russia Create a New Silicon Valley?" *Ecomomist*, 2012, July 14（www. economist.com/node/ 21558602）.
② Skoltech, "Home Page", 2013（www. Skoltech. ru/sites/default/files/）.
③ "Skolkovo Foundation and MIT to Collaborate on Developing the Skolkovo Institute of Science and Technology", *Cambridge*, MA：*MIT Skoltech Initiative*, 2012（http：//web. mit. edu/sktech/news-events/pr1. html）.
④ Skolkovo, "Investors", 2012（http：//community. sk. ru/net/investors/）.
⑤ Ibid..

第九章　基于全球产业网的跨国学术资本主义

Coursera

Coursera 位于硅谷，是一间与大学合作、生产和输出大量网络开放课程的公司。2012 年，前任斯坦福大学计算机科学教授 Andrew Ng 创立了 Coursera。至 2013 年 5 月，已有 63 个教育组织参与 Coursera 并为其提供 MOOCs。参与的教育组织中类似新加坡国立大学、斯坦福大学、东京大学和多伦多大学这样的研究型大学居多，也有如纽约自然历史博物馆和英国联邦政府信托基金这样的组织参与。英语是课程的主要语言，Coursera 还会提供中文、法语、意大利语和西班牙语的课程。到 2013 年年中，已有大约 270 万学生加入 Coursera 课程。Coursera 是体现"全球产业网"在跨国学术资本主义中的角色的典型案例，因为它将大学、非营利性组织和营利性公司关联在一个与学术资本主义和部分传统学生知识传播学术路径有显著联系的国际网络中。而且，即使独立大学处于不同的国家，网络自身并不被任何国家牵制或控制。

Coursera 课程对学生是免费的，不需要获得认证，不需要申请，不需要报名费用。通过这种方式，Coursera 像其他的 MOOC 平台一样，在开放的教育资源和开放来源的微软活动中反映了其根源。[①] 在表达其合作理念时——我们相信关联人们以构成更庞大的教育系统使得全世界的任何人能够无限制地学习。Coursera 通过消除空间、时间、社会和经济问题这些一直以来限制获取高等教育的障碍，将其自身构建为一个跨国性的获取渠道。但是 Coursera（和其他 MOOC 提供者一样）在很多重要的方面与其他开放的技术活动不同。Coursera 不像 Lunix 一样提供技术平台，也不像 Firefox 一样提供应用，而是提供内容丰富的网络课程。与知识共享相对的专有版权保护了它的内容，使其不能以任何方式被篡改、添加或修改。相反，Coursera 生产和输

---

① Weiland, Steve, "Open Educational Resources: American Ideals, Global Questions", Paper presented at the annual meeting of the Association for the Study of Higher Education, Las Vegas, Nevada, November 14 – 17, 2012.

出的网络课程可以在消费或再消费的时候广泛免费获得,但是当潜在知识产权可能被认为其适合非商业活动的人更改或使用时,课程是不能获得的。①

就像它之前的 Facebook 和谷歌一样,在意识到什么时候、怎样才能够产生客观的收益之前,Coursera 已经通过技术投资获得了实质性的收益。Coursera 毕竟是一家商业公司,当然要以获得收益为目的。风险投资家在 2012 年 7 月向 Coursera 投资了 2200 万美元。这并不能明确显示 Coursera 是怎样被货币化的,但是有很多种可能的方式。一种是 Coursera 将会和 Google、Facebook、Twitter、YouTube 及其他免费消费网络服务一样卖广告。另一种方式是 Coursera 将收取学生结课证明的费用(一种后端收费方式)。参与院校可以向获得了本校老师提供的 Coursera 课程的学生收取学费,1/3 的合作院校将达成协议,以信用或者是收费的方式提供 Coursera 课程。②

对于与 Coursera 合作的院校而言,我们并不认为利益是其首要动机,至少在短期是这样。到目前为止我们能说,与 Coursera 网络课程的合作还未形成实质性的收益流,大学收益只在其生产的个人网络课程所产生的税收中占很小的份额(6%—15%)。③ 那为什么全世界的大学急切地想要参与 Coursera? 一个可能性是大学管理者担心错过了 MOOCs 这杯羹和其将来的潜在收益。很明显 Coursera 是存在全球收益的可能性的。另外一个可能性是大学屈服于遍布全球的信息技术而选择加入 Coursera 及其他网络课程合作组织。参与这些相似的全球化课程产品网络也增加了大学的可见性,比如全球大学排名就是全球化、世界级身份的象征,它提供了如顶级学生和教师这些资源的获取渠道。换句话说,参与 Coursera 为大学提供了获取多种形式资本的机会。

---

① Weiland, Steve, "Open Educational Resources: American Ideals, Global Questions", Paper presented at the annual meeting of the Association for the Study of Higher Education, Las Vegas, Nevada, November 14–17, 2012.

② Young, Jeffrey, R., "Providers of Free MOOCs Now Charge Employers for Access to Student Data", Chronicle of Higher Education, December 4, 2012 (http://chronicle.com/article/Providers-of-Free-MOOCs-Now/136117/).

③ Ibid..

结　语

"全球产业网"给高等教育领域的参与者提供了突破国家边界的运行机会，通过这种方式，这些网络导致了跨国学术资本主义。这些网络的空间复杂性使得跨国学术资本主义的研究必须采取多样化空间尺度，包括地方的、国家的和跨国的尺度。

通过"全球产业网"对跨国公司的整合（例如全球 R&D 网络），高等教育组织不仅向跨国学术资本主义转变，而且也强化了正在转变的全球资本主义。在本章中，我们阐述了跨国大学的出现不仅仅是一种新的组织形式及它们有可能面临的挑战，而且揭示了这一新的组织作为全球资本主义的基本组成部分是如何与"全球产业网"相联系的，在学术资本主义跨国化时扮演着复杂的非线性的角色。

我们进一步提出，在多方追求优势累积和形成生产方式，以求生产出商品化的专有知识或者获取非专属知识的传播途径的全球政治经济下，大学正扮演着一种新的，或至少称作扩张的角色。在这方面，跨国学术资本主义的建立可以看作一个战略性的重要时刻，在这一时刻，私人参与者努力确保和促进知识资本主义中资本的积累。此外，我们预计大学已经开始以跨国组织的方式重塑自身，以获得地位、实力和基本资源等这些利益。换言之，大学加入"全球产业网"，通过超越国家界限的生产网络，拓展其接触面的跨国性活动积累不同形式的资本，强烈预示着对于高等教育的全球化，其在方法论上揭示了我们将要继续努力的方向。

注　释

1. 同见于 Shahjahan 与 Kezar（2013）的高等教育国家主义方法论。
2. 公司与大学的重要区别在于：大学，即使追求利益增长也并不完全致力于利益最大化或与其代表者分享价值，即当我们比较资本公司与大学的运行方式时，我们将大学看作一种商业主体。

3. 基于原始来源，我们将术语"多国公司"与"跨国公司"作为同义词使用。

4. 我们发现 Gallagher 及 Garrett 寻找跨国公司与跨国大学的某些相似处/匹配处是十分有趣的但同时认为在某些情况下这些相似之处明显言过其实和难以取信，在这一章我们并不为这些不确定方面给予限定。

第十章

如何解释学术资本主义：
基于机制分析的方法

［芬］塔卡·凯德索亚　　［芬］伊尔·科皮伦

学术资本主义的实证研究主要描述了不同背景下学校、市场和政府间不断变化的关系以及它们之间渐渐模糊的界限。本章探讨了是否能进一步对高等教育系统的重建进行系统性因果解释。我们的目标是通过概括梳理——能解释社会现象的——机制分析这一方法，将其应用于解释学术资本主义的现象，为上述的问题提供一个切实的回答。我们希望在解释学术资本主义产生的同时，也探讨全球化与学术资本主义之间的相互联系。

以前的研究不仅描述了学术资本主义这一现象，也提供了对其理论上的解释。例如，在《学术资本主义和新经济》（2004）这本书中，Slaughter 和 Rhoades 说："我们提出了一个学术资本主义的理论，解释了高校同新经济整合的过程，即知识/学习制度已经由公共产品的体制转变为学术资本主义的体制。"他们也确定了几个"大学和新经济整合的过程"，并说明了一系列"构成学术资本主义知识/学习制度的机制和行为"[①]。Slaughter 和 Leslie（2001）探讨了多种外部和内部机制，具体行动者与组织单位在内外部的机制作用下制定或适应学术资本主义的规则。他们也写到，相较于同样可以解释最近在高等教育领域发生变化的竞争

[①] Slaughter, Sheila, and Gary Rhoades, *Academic Capitalism and the New Economy: Markets, State, and Higher Education*, Baltimore: Johns Hopkins University Press, 2004, p.14.

性理论来说,学术资本主义这一理论"更明确地关注作用机制,能够解释高等教育发生的策略性变化以及针对这种变化的抵制力量"[①]。Slaughter 和 Cantwell 在 2012 年进一步扩展了这个理论。[②] 有人因此说,学术资本主义不仅发展了其理论的解释性,同时也借鉴了一系列社会机制与过程,这些社会机制与过程有的成为学术资本主义知识/学习制度的构成框架,有的提供了在多样的民族文化语境下的支持。

我们承认在学术资本主义的现有研究文献中,已经包含了学术资本主义形成过程和形成机制的主要内容,其影响了不同民族语境下学术资本主义知识/学习制度的转化。然而我们认为,学术资本主义可以进一步发展成为解释性理论,因为 Slaughter 和 Rhoades(2004)既没有详细说明学术资本主义理论在什么意义上可以被视为解释性的,也没有说明解释性机制的概念。目前也还不清楚,该理论所解释的学术资本主义的现象及现象范围是什么。正如我们下面所指出的,这个理论仍然有概念上模棱两可的地方。

本章的目的是勾勒出解释学术资本主义的方法论框架,推进学术资本主义的解释性研究。我们继续发展的这个框架,是基于社会机制的概念和机制分析解释的模型。我们的做法借鉴了目前建立在哲学和历史社会科学领域中的关于机制解释的方法论的讨论,也借鉴了现存的文献研究来说明这个框架是如何应用到学术资本主义现象中的。在解决这些方法论问题之前,我们仔细审视了学术资本主义的理论和实证研究的一些方面。

解释性研究的必要性

在学术资本主义最近的许多研究中,[③][④] 学术资本主义的概念扮

[①] Slaughter, Sheila, and Larry L. Leslie, "Expanding and Elaborating the Concept of Academic Capitalism", *Organization* 8, 2001(2), pp. 154–161.

[②] Slaughter, Sheila, and Brendan Cantwell, "Transatlantic Moves to the Market: The United States and the European Union", *Higher Education* 63, 2012(5), pp. 583–606.

[③] Slaughter, Sheila, and Larry L. Leslie, "Expanding and Elaborating the Concept of Academic Capitalism", *Organization* 8, 2001(2), pp. 154–161.

[④] Slaughter, Sheila, and Gary Rhoades, *Academic Capitalism and the New Economy: Markets, State, and Higher Education*, Baltimore: Johns Hopkins University Press, 2004.

演着双重角色。第一,它是指构成实证研究对象的实证辨识性行为、活动、实践、机制和过程的集合。第二,它作为一个理论的名称,旨在解释这些描述学术资本主义知识/学习制度的实证性可辨识现象的出现。在我们看来,学术资本主义概念的模糊性在对这一主题进行解释性研究的过程中,具有混淆待解释名词(一个可被解释现象)和解释要素(用来解释现象的因素)的风险。因为存在这种意义上的模糊性,为了能够建立学术资本主义的因果关系的解释框架,我们认为有必要对其方法论思想进行更加精确和清晰的表述。

此外,尽管 Slaughter 和 Rhoades (2004) 声称,学术资本主义理论可以解释高等教育系统最近的重组,也能够解释大学、政府和市场之间界限的模糊,但我们认为目前学术资本主义的研究文献大部分是描述性的。它一直侧重于确定和描述大学以及大学与其他社会系统的关系的最近发展趋势和变化。一些研究还分析了这些制度性变化是怎样引起了各个大学学术工作团队不断增加的相互矛盾的需求。[①] 因此,对解释这些现象因果关系所做出的努力相对较少。此外,尽管学术资本主义为最近发生在高等教育系统中的概念化重组提供了一套可行的相互联系的理论,但它并没有为不同民族语境下学术资本主义知识/学习制度的出现提供方法论上有意义的因果解释。

在社会科学中,描述性(与之相对的是解释性)研究是毋庸置疑的。描述性研究不仅为各种实践目的提供有用信息(如决策),而且在进行解释性研究中确定和说明经验现象时,它们经常是不可或缺的;同样,在用经验的证据对提出的解释进行评价上,它也可以提供经验性的证据,对提出的解释进行评估。描述性研究提供了经验性确定的现象,可以为解释机制理论思想和模型的初步建设提供一定的思路。然而,鉴于大量的描述性研究已经对不同语境的学术资本主义现象进行描述,我们认为现在是时候开始对高等教育中这些经验记录的变化进行更多具体的因果解释了。正如上面提到的,我们承认在一些

---

① Ylijoki, Oili-Helena, "Entangled in Academic Capitalism? A Case-Study on Changing Ideals and Practices of University", *Higher Education* 45, 2003 (3), pp. 307–335.

相关的研究文献中存在重要的解释性研究，但是这部分内容可以被最新的方法论的观点更加充分地论证阐述。

因为我们的出发点是基于机制的解释模式，应该说这是在学术资本主义文献①中使用的机制概念。与下文提到的社会机制发展的概念相对，术语"机制"在学术资本主义文献中通常没有典型意义。它也可以模糊使用，因为在涉及各种各样的社会实体和过程中这一概念就是被模糊使用的。例如，Slaughter 和 Leslie（2001）明确提出了一些"外部和内部机制"——比如市场缩减、激烈的竞争、私有化、市场化、解除管制的公共机构和间隙组织的出现——包含着由具体行为主体和组织单位制定或适应下的学术资本主义。就像学术资本主义的概念，这些机制有着双重角色，其中一些角色构成了学术资本主义知识/学习制度特征的现象，而其他一些角色可以看作导致这个制度出现的因果过程。此外，Slaughter 和 Cantwell 认为，叙述性描述、论述和社会技术作为现有的机制，解释了学术资本主义的出现。正如我们下面所表明的，我们对解释机制构成的理解是不同的，同时会更加具体。

在这一章中，我们试图从社会机制的角度理顺学术资本主义知识/学习的社会机制。这种社会机制引发了高等教育和大学的重组，导致学术资本主义知识/学习制度的出现。为此，我们首先详细说明基于机制的解释和社会机制的本质。

基于机制的解释和社会机制

近几十年来，关于社会机制和基于机制解释的讨论，许多情况下都是在社会科学的方法论和哲学领域。② 然而这些想法在高等教育研究领域关注得较少。③ 在学术资本主义解释研究的背景下，我们试图

---

① Slaughter, Sheila, and Gary Rhoades, *Academic Capitalism and the New Economy: Markets, State, and Higher Education*, Baltimore: Johns Hopkins University Press, 2004.

② Hedström, Peter, and Petri Ylikoski, "Causal Mechanisms in the Social Sciences", *Annual Review of Sociology* 36, 2010, pp. 49–67.

③ Bastedo, Michael N., ed., *Organization of Higher Education: Managing Colleges for a New Era*, Baltimore: Johns Hopkins University Press, 2012.

第十章　如何解释学术资本主义：基于机制分析的方法

通过简略地介绍一些我们认为有用的想法来改变这种状况。

社会学家 Peter Hedström（2005）表明"机制方法背后的核心思想是，我们既不用普遍的规律来解释，也不用统计学上的相关因素来解释，而是通过具体的机制原理来说明现象是如何产生的"[1]。因此，基于机制分析的解释通常不同于法律的解释，因为前者通常不涉及任何一般的法律声明，也不属于机制分析的演绎形式。[2][3][4][5][6] 因为社会机制通常被认为是由社会行为主体和他们的活动相互作用组成的，基于机制的解释被认为是功能主义和结构主义解释方法，它们可以概括社会行动主体的行为，也能说明在大的社会结构系统下社会行为活动的必然结果。

此外，社会科学背景下基于机制解释的模式，通常关系到默顿中间范围理论思想，[7] 这意味着基于机制的方法，不仅是从"宏大的"社会理论来区分——这被认为对解释对象来说太过于笼统、抽象和模糊——而且是从基于相关性统计因果模型的传统上来区分，这是批判它用统计变量代替真实社会行为主体的折中经验主义和趋势。[8] 然而，在关于社会机制的理论和模型的经验测试中，统计分析的实用性是不可否认的。但引发社会现象的这些社会机制究竟是什么呢？

借鉴 Machamer、Darden 和 Craver（2000）[9] 生物学上基于机制解释的有影响力的论文，Hedström（2005）认为："社会机制，如这里

---

[1] Hedström, Peter, *Dissecting the Social: On the Principles of Analytical Sociology*, Cambridge: Cambridge University Press, 2005, p.24.

[2] Ibid..

[3] Hedström, Peter, and Petri Ylikoski, "Casual Mechanisms in the Social Sciences", *Annual Review of Sociology* 36, 2010, pp.49 – 67.

[4] Bastedo, Michael, N., *The Organization of Higher Education: Managing Colleges for a New Era*, Baltimore: John Hopkins University Press, 2012.

[5] Tilly, Charles, "Mechanisms in Political Processes", *Annual Review of Political Science* 4, 2001 (1), pp.21 – 41.

[6] Machamer, Peter, Lindley Darden, and Carl F. Craver, "Thinking about Mechanisms", *Philosophy of Science* 67, 2000 (1), pp.1 – 25.

[7] Hedström, Peter, 2005, *Dissecting the Social: On the Principles of Analytical Sociology*, Cambridge: Cambridge University Press.

[8] Ibid..

[9] Machamer, Peter, Lindley Darden, and Carl F. Craver, "Thinking about Mechanisms", *Philosophy of Science* 67, 2000 (1), pp.1 – 25.

所定义的，描述了一系列组织起来的实体和活动，它们规律性地带来了特定类型的结果。"在其他方面，Hedström（2005）清楚地表明，就社会机制来说，关键的实体和活动是社会行为主体和他们的行动。尽管这一观点不包括在他的社会机制定义中，作为一种方法论个人主义主张，Hedström 做了一个额外的假设，即在社会机制中社会行为主体总是独立的个体。Mario Bunge 的社会机制解释否定了这个方法论的个人主义观点。

对 Bunge（1997）来说，社会机制是"一个社会系统中的一个机制"①。他还写道，"社会机制是一个过程，涉及至少两个代理人参与形成、维护、改造或是分解一个社会系统"。② 社会系统相应的"是由人和人沟通使用的工具所组成"，③ 或者，就更复杂的社会系统而言，它们组成了社会的子系统。而且，Bunge（1996）认为，所有社会系统最终是"通过感觉（例如仁慈或仇恨）、通过信仰（例如规则或理想）、通过道德和法律，并且通过以上所有社会行为如共享和合作、交换和通知、讨论和指挥、强迫和背叛的形式联系在一起（或被分开）"。④⑤⑥⑦ 根据他的 CESM 模型系统，每个社会系统都可以根据它的构成、环境、（相关的）结构和机制来分析。因此他把社会机制的概念和社会系统的概念联系在一起。

Bunge 关于社会系统的观点⑧主要强调了四个方面：（1）社会系统有

---

① Bunge, Mario, "Mechanisms and Explanation", *Philosophy of the Social Sciences* 27, 1997（4）, pp. 410 – 465.

② Ibid. .

③ Bunge, Mario, *Social Science under Debate: A Philosophical Perspective*, Toronto: Toronto University Press, 1998, p. 311.

④ Bunge, Mario, *Finding Philosophy in Social Science*, New Haven, CT: Yale University Press, 1996, p. 21.

⑤ Bunge, Mario, *Emergence and Convergence: Qualitative Novelty and the Unity of Knowledge*, Toronto: University of Toronto Press, 2003.

⑥ Kaidesoja, Tuukka, *Naturalizing Critical Realist Social Ontology*, London: Routledge, 2013.

⑦ Wan, Poe Yu-ze, *Reframing the Social: Emergentist Systemism and Social Theory*, Burlington, VT: Ashgate, 2011.

⑧ Kaidesoja, Tuukka, *Naturalizing Critical Realist Social Ontology*, London: Routledge, 2013.

本体论意义上的突出特性，它们的个体成员不足，而且不仅仅是系统部分的特性的本体论集合（或结果）；（2）社会系统是具体的和动态的实体，最终由人和他们的器物组成；（3）社会系统本质上是动态的实体，不断地与它们变化的社会（和自然）环境（包括其他社会系统）相互作用，这意味着社会系统的成员、结构、环境、边界和功能随着时间的变化而变化；（4）社会系统不仅相互作用而且彼此交叉，在这个意义上，大部分生活在现代社会的人，同时是多个社会系统的成员。

社会系统突出特质的范本包括关系结构、规范、体系和一个凝聚的系统。Bunge（2003）认为，这种突出特质不是费解的谜团，因为它们在这些系统部分的特质上是独立的，同样在它们共同的关系和相互作用上也是独立的。因此，它们可以根据系统的组成部分的特质、关系和相互作用来解释；同样，在一些情况下，也可以根据它们与环境的关系和相互作用来解释。但是这种解释不排除从我们社会本体论解释的特质，因为"解释的出现仍然出现"①。Bunge 与这种概念的强有力形式相区别，Bunge 提倡突出特质概念的弱多样化，因为后者否认了科学地解释社会系统突出特质的可能性。

区分 Bunge 与 Hedström 关于社会机制的理解，是本章更为重要的两个要点。Bunge 认为：（1）每个社会机制都存在于一些社会系统中；（2）有些社会机制，不仅仅存在于人类个体相互作用的水平上，而且存在于集体行为主体相互作用的水平上，例如组织。这两点都与 Hedström（2005）倡导的方法论个人主义背道而驰。

Bunge（1997）基于社会机制解释的观点认为，从理论发展的视角看，最有趣的社会机制会在社会系统中重现。因此，尽管 Bunge（2004）倾向于将机制等同于具体的过程，但其社会机制的概念解释了因果相互作用的结构，可以使社会系统中的一个特定的阶级能够共享或者驱动这种机制系统——他们自己来选择。此外，可以预期的是，在由子系统组成的所有复杂社会系统中，有许多相互作用和交叉

---

① Bunge, Mario, *Emergence and Convergence: Qualitative Novelty and the Unity of Knowledge*, Toronto: University of Toronto Press, 2003, p.21.

的机制,在不同的组织层次运转着。①② 根据 Bunge(1997)得出的结论:"每个重大的社会变革机制,都可能是各种不同的联系在一起的机制的组合",并且"所有社会变革的单因素(尤其是单行的)解释都是不全面的"。③

我们相信,了解社会机制概念的最好方式是把一些思想和以下的观点结合起来。如 Hedström(2005)一样,我们强调在某些语境,社会机制由相互关联的和相互作用的社会行为主体和他们的活动组成,但我们反对他认为这些行动者应该是独立的个体的观点。除了认为社会机制由相互作用的个体构成之外,我们还主张,核心行动者是具体的社会系统重要的社会机制(在 Bunge 看来),核心社会行动者作为一个具体的社会系统(比如说正式组织),是存在于重要的社会机制中的。在 Bunge 之后,我们承认社会机制可以有效地解释社会系统机制(即社会过程的相互作用结构,导致社会系统的形成、寄托、改造或废除),但我们否认把这个观点应用到所有社会机制。在我们看来,Bunge 把所有社会机制和一些社会系统联系起来的观点,极大地限制了基于机制解释社会现象的目的。因为不是任何具体类型的社会系统,都会引发令人关注的与之相联系的社会机制。④

在部分地借鉴 Hedström 和 Bunge(2005)思想的基础上,我们认为,社会机制能够被更好地理解为:相互联系的行动组织或许多社会行为主体(或个体或组织集体)组织的互动,推动了社会进程;并且这些机制可能(但不是一定)与一些系统的环境相联系。有时也必须注意,调节了行动,也调节了社会行为主体之间的交流。此外,不像社会机制文献中假设的那样,我们认为,社会机制概念并不

---

① Bunge, Mario, "Mechanisms and Explanation", *Philosophy of the Social Sciences* 27, 1997 (4), pp. 410–465.

② Bunge, Mario, "How Does It Work? The Search for Explanatory Mechanisms", *Philosophy of the Social Sciences* 34, 2004 (2), pp. 182–210.

③ Bunge, Mario, "Mechanisms and Explanation", *Philosophy of the Social Sciences* 27, 1997 (4), pp. 417–418.

④ Mayntz, Renate, "Mechanism in the Analysis of Social Macro-Phenomena", *Philosophy of the Social* Sciences 34, 2004 (2), pp. 237–259.

意味着行动的具体理论上的承诺；尽管它强调了在社会现象解释中，环境影响社会行动的重要性。[1] 这种理解对不同解释目的来说，可能需要利用不同行动理论的概念资源；并且对一些解释目的来说，集体（如正式组织）可能被视为社会行为主体。

社会机制导致学术资本主义出现

当前存在一些在一定程度上合理的社会机制，可以解释学术资本主义知识/学习制度在美国和其他地区出现。这里我们认为：（1）社会机制与这个概念先前的描述特性是协调的；（2）社会机制已经在现存的学术资本主义（虽然不总是被称为社会机制）研究文献中提到或做出了假设；（3）社会机制可以认为是解释性机制，在这个意义上，它们通过在美国和其他国家高等教育和大学的重组，参与学术资本主义知识/学习制度的产生发展。我们认为，至少有四个通用的机制可以满足这些要求：全球经济竞争、联盟组成、立法和组织设计（和重新设计）。

在这里我们认为，叙述性描述、论述和科技是不同种类的社会机制下的构成要素，而不是不同的社会机制。[2] 因为我们想要强调，为了达到某个目标或是追求他们的利益，不同种类的相互作用的社会行为主体总是生产/再生产、流通和使用这些实体——不管他们是否成功。像为了不同的目的，通过不同的社会行为主体产生和流通策略论文、报告、政策项目、大学规则和立法文本一样，它也强调把描述和论述经常嵌入实体中，这在方法论意义上是很重要的。在我们对基于机制的社会现象的解释感兴趣的情况下，单单聚焦在这些文本的抽象内容上是不够的，这些内容必须相应地被整理构建成社会系统和不同种类机制的构成要素。

---

[1] Kaidesoja, Tuukka, "The DBO Theory of Action and Distributed Cognition", *Social Science Information* 51, 2012 (3), pp. 311 – 337.

[2] Slaughter, Sheila, and Brendan Cantwell, "Transatlantic Moves to the Market: The United States and the European Union", *Higher Education* 63, 2012 (5), pp. 583 – 606.

第二部分 学术资本主义和全球化

全球经济竞争

随着里根和撒切尔政府推动的新自由主义思潮的高涨（在他们中还有其他人），苏联及其联邦国家的解体，冷战的结束，资本在国际间流动的放松监管以及新的信息通信技术工具和基础设施的发明、传播，都导致了伴随着全球经济竞争加剧的资本主义经济全球化的新一轮浪潮。加剧的全球经济竞争塑造了全球高等教育体制的社会环境，但是我们如何准确地理解全球经济竞争的机制呢？

从整体层面来说，竞争可以看作一个过程，鉴于两个或是更多的社会行为主体在一段时期用相互之间排他的方式追逐同样稀缺的资源，这个过程将导致资源在竞争性的参与者和大多数成功参与者（例如竞争的获胜者）的增长的效率（在一些方面）之间不均衡的分配。然后有可能把这种抽象的机制用于更加具体的竞争过程，例如在全球市场方面公司之间市场份额以及利润的全球经济竞争，或者是在国家之间营造一种旨在提升公司的竞争力环境（例如在国家创新体制以及低税率方面），以获得新的投资以及资本跨国流动。这些竞争机制可以进一步的具体化，例如，通过依赖全球资本主义理论。但是竞争的所有过程都被道德或是法律的标准所规范（或者是兼而有之），于是竞争从战争或是暴力中分离。[1][2][3] 全球经济竞争的过程和全球资本主义相关，因此从历史沿革上预设了一个创建的传统的框架。尽管全球经济竞争的不同机制能够从理论上进一步具体化，但是，接下来我们依赖对这些机制更多的直觉理解并思考它们与学术资本主义的关系。

---

[1] Centeno, Miguel A., and Joseph N. Cohen, *Global Capitalism: A Sociological Perspective*, Cambridge: Polity Press, 2010.

[2] Robinson, William, I., *A Theory of Global Capitalism: Production, Class, and State in a Transnational World*, Baltimore: Johns Hopkins University Press, 2004.

[3] Sklair, Leslie, *Globalization: Capitalism and Its Alternatives*, Oxford: Oxford University Press, 2002.

第十章 如何解释学术资本主义：基于机制分析的方法

在私人公司（包括国内外的）、地区产业以及国有经济之间的经济竞争机制可以被看做应对学术资本主义发展的其中一个关键的驱动力。全球市场上公司之间日益增加的经济竞争和最近的全球资本主义经济危机引发了发达的工业化国家严重的财政问题，导致了公共开支的削减和去寻求新的税收资源。考虑到全球经济竞争的加剧，当前的政治环境、高等教育的大众化以及预算资金的减少，大学被迫为了额外的开支寻找新的资源以维持它们运营的开支，它们也被寄予厚望——通过更为有效地将科研和教育服务成果商品化和商业化来促进新知识经济的发展。正如接下来要讨论的，新自由主义的思想和其他竞争性的理论思想可以帮助我们更好地了解各种社会行为主体——主要负责科学和教育政策、高校立法、高校行政管理和应用研究等方面的治理——是如何应对日益增长的全球经济竞争带来的影响的。

描述（或构成）学术资本主义知识/学习制度的竞争机制包括大学之间为富裕的和聪慧的学生以及额外的经费和排名之间的竞争，学院之间为预算资金以及额外资金的竞争，研究团队之间以及各个研究者之间为了声誉和额外经费的竞争。同时大多数的竞争机制是自然跨国化的甚至是全球化的（例如学生市场，见本书第十四章）。

创造、扩散和加强多种竞争机制和各自的市场，构成了学术资本主义知识/学习制度。然而，这些不应被看作高等教育制度重组的驱动力量，而是应该看作已经被认识到的解释机制运作的结果。譬如说，不仅由强大的政治联盟所制定，而且由学术和非学术参与者所属的中介和间隙组织设计（重新设计）的新法律和规章政策，已经能够让大学在各种类型的市场中扮演更加顺畅的角色，也能够创建一个学术准市场的新类型（在学术生产力方面，创建基于学院间竞争的大学筹资机制的新类型）。尽管如此，为了其他的解释目的，这些竞争机制的类型或许也可以被看作解释性的。

联盟的形成

  联盟的形成通常被界定为在两个或是更多个体或群体之间，为了某些特别的目的建立起来的暂时性联盟或是结合的一个过程。因此，联盟的形成需要个体或群体之间拥有一致的可共享的目标，而这要求各个派别之间互相妥协。为了实现它的既定目标（例如新法律的某种类型），一个联盟经常依赖于它的成员的专业性（为了找到问题和提供信息）和语言技巧（例如把一些具体的主题转换为政策制定的工具）。[1]

  Slaughter 和 Rhoades[2][3] 分析了在美国环境下政策竞争性的联盟的形成，下面截取了部分他们观点中对冷战/健康战联盟的内容观点。竞争联盟在 20 世纪 70 年代前后逐渐形成。它的目标是：（1）通过知识产权的私有化和商品化赢得全球市场的控制权；（2）高科技技术产业和生产服务业提供政府津贴；（3）研发，包括大学研发转向商业科学和技术研究。[4] 根据他们的分析，这个联盟不仅包括共和党和大多数民主党，还包括州、地方政府、学校（校内组织）和一些企业。[5] 在这类联盟建立之前，为提高企业效益和促进新联盟的竞争力，国防、医疗健康、农业和保险等研发政策会发生巨大变化。[6]

---

  [1] Sell, Suan K, and Aseem Prakash, "Using Ideas Strategically: The Contest between Business and NGO Networks in Intellectual Property Rights", *International Studies Quarterly* 48, 2004 (1), pp. 143 – 175.

  [2] Slaughter, Sheila, and Gary Rhoades, "The Emergence of a Competitiveness Research and Development Policy Coalition and the Commercialization of Academic Science and Technology", *Science, Technology and Human Values* 21, 1996 (3), pp. 303 – 339.

  [3] Slaughter, Sheila, and Gary Rhoades, *Academic Capitalism and the New Economy: Markets, State, and Higher Education*, Baltimore: Johns Hopkins University Press, 2004.

  [4] Slaughter, Sheila, and Gary Rhoades, "The Emergence of a Competitiveness Research and Development Policy Coalition and the Commercialization of Academic Science and Technology", *Science, Technology and Human Values* 21, 1996 (3), pp. 303 – 339.

  [5] Ibid..

  [6] Slaughter, Sheila, and Gary Rhoades, "The Emergence of a Competitiveness Research and Development Policy Coalition and the Commercialization of Academic Science and Technology", *Science, Technology and Human Values* 21, 1996 (3), pp. 303 – 339.

第十章 如何解释学术资本主义：基于机制分析的方法

为实现这些目标，联盟以重述"基础科学特权"的方式提升更多商业科技①来保证美国私营企业的竞争力。对最新竞争力的描述是"知识的价值不在于其本身，或是它某天可能会为经济发展做贡献，而是它为市场创造的产品和工艺"。②联盟使用一系列这种陈述的原因在于公开新法律改革和大学政策的公正性。正如我们将要看到的那样，联盟的制度创新与相关法律紧密相联。

在跨国层面上，在20世纪80年代的欧洲内部，我们也能识别出类似竞争联盟的形成。粗略来看，跨国界政策制定组织欧洲产业圆桌会议和欧洲政治领导者（特别是欧盟委员会）是欧洲联盟的主要成员。这个联盟成功地推动了竞争力的议事日程，并且在更广泛意义上说，推动了单一的欧洲市场计划。③④⑤ 正如美国商业领导者那样，⑥欧洲产业圆桌会议同样也需要应对不稳定事件、外部的威胁、突发状况及挑战。欧洲背景下，这些问题包括美国和日本在大学和产业界之间合作的优势，东亚新兴经济体竞争的威胁和欧洲高等教育的分裂化。这个联盟其中的一个目的就是，通过强化欧洲国家各平台间高等教育与产业间的联结，来重构欧洲的高等教育。⑦ 这个例子很好地说明了欧洲学术资本主义的转变不能仅仅解释为国家洲际边界间社会机制的转换。相反，我们应对跨民族国家的社会机制的构成持开放的态度。这同样适用于立法。

---

① Slaughter, Sheila, and Gary Rhoades, "The Emergence of a Competitiveness Research and Development Policy Coalition and the Commercialization of Academic Science and Technology", *Science, Technology and Human Values* 21, 1996 (3), pp. 303-339.

② Ibid..

③ Bradanini, Davide, "The Rise of the Competitiveness Discourse—A Neo-Gramscian Analysis", Bruges Political Research Paper 19, Bruges: College of Europe, 2009.

④ Van Apeldoorn, Bastiaan, "Transnational Class Agency and European Governance: The Case of the European Round Table of Industrialists", *New Political Economy* 5, 2000 (2), pp. 157-181.

⑤ Van Apeldoorn, Bastiaan, *Transnational Capitalism and the Struggle over European Integration*, London: Routledge, 2002.

⑥ Slaughter, Sheila, and Gary Rhoades, "The Emergence of a Competitiveness Research and Development Policy Coalition and the Commercialization of Academic Science and Technology", *Science, Technology and Human Values* 21, 1996 (3), pp. 303-339.

⑦ Kauppinen, Ilkka, "European Round Table of Industrialists and the Restructuring of European Higher Education", Globalisation *Societies and Education*, 2014.

立 法

立法过程的不同之处在于它需要依赖不同的语境背景，即使是在大多数情况下，它也有一个可以识别的互动结构。在议会民主制的国家，法律经常牵涉以下的步骤：（1）法律提案的准备；（2）导致提案要么接受、要么拒绝的议会过程；（3）可接受法律的实施。它与州立法机构、政治党派以及各种各样的游说者（例如兴趣组织）有关。

正如 Slaughter 和 Rhoades 所强调的，大多数法律能够支持并为美国高校学术资本主义的活动与实践创造新的机遇，而这得益于国会中的两党联盟认为其具有相当的竞争力。他们也郑重地指出，尽管国会联盟对"私有化和商业化的联邦立法的研究"是"两党联立，是政治性的"，但"联盟集聚了于商业阶层合作的民主党和与共和党……目的是在国家资助和州政府支持下，推动私有化，降低管制和商业化的非自由政策的发展"[1][2]。因此，联盟形成机制与法律之间存在很重要的联系。

总的来说，关于学术资本主义的实证研究聚焦在"国内和国际法律、威胁、在高等教育阶段对于学术资本主义创造机会的贸易协议[3]以及研究型大学[4]等方面"。例如以下的法律包含了适用于美国联邦、州和跨国层面的学术资本主义立法条目。[5]

---

[1] Slaughter, Sheila, and Gary Rhoades, "The Emergence of a Competitiveness Research and Development Policy Coalition and the Commercialization of Academic Science and Technology", Science, Technology and Human Values 21, 1996 (3), pp. 303 – 339.

[2] Slaughter, Sheila, and Gary Rhoades, Academic Capitalism and the New Economy: Markets, State, and Higher Education, Baltimore: Johns Hopkins University Press, 2004.

[3] Slaughter, Sheila, and Gary Rhoades, Academic Capitalism and the New Economy: Markets, State, and Higher Education, Baltimore: Johns Hopkins University Press, 2004.

[4] Ibid..

[5] Slaughter, Sheila, and Gary Rhoades, "The Emergence of a Competitiveness Research and Development Policy Coalition and the Commercialization of Academic Science and Technology", Science, Technology and Human Values 21, 1996 (3), pp. 303 – 339.

(1) 1980 公法 65—517，《拜杜法案》，里根总统 1983 年备忘录上的政府专利政策；

(2) 1884 公法 98—462，《国家合作研究法》；

(3) 1988 公法 100—418，《综合贸易及竞争法》；

(4) 1993 公法 103—182，《北美自由贸易协定》；

(5) 1994 公法 103—465，《关税及贸易总协定》。

在其他国家也已论及过类似的法律变革。然而，正如已经指出的那样，不仅是国内法律直接或间接地促进了学术资本主义，国际法律也一样。例如世贸组织与贸易有关的知识产权方面的协议促进了高校的专利活动，进而转向学术资本主义，而世贸组织成员国也因此加强了知识产权保护，拓宽了知识产权类别。① 诸多研究揭示了如何促进此协议是一个跨国合作的过程，一些主要成员国在这方面也是跨国合作。②③④ 并且，这个例子也暗示了民族主义方法论的框架不足以充分解释学术资本主义在某些特定国家和地区的转变（例如欧洲）。

正如 Slaughter 和 Rhoades 所指出的，⑤ 法律机制与组织设计和重设的机制相关：新的立法通过减少在私立、非盈利及公共组织边界间流动资本的障碍，提高了美国公司的竞争力，也使大学与市场之间出现了一种新型的中介组织，它反过来也模糊了大学、市场与国家之间的界限。⑥ 法律因此被看作有助于美国学术资本主义以及在跨国层面上发展的一个重要的社会机制（例如，欧洲高等教育的重组）。因为

---

① Kauppinen, Ilkka, "Towards Transnational Academic Capitalism", *Higher Education* 64, 2012 (4), pp. 543–556.

② Braithwaite, John, and Peter Drahos, *Global Business Regulation*, Cambridge: Cambridge University Press, 2000.

③ Kauppinen, Ilkka, "Towards Transnational Academic Capitalism", *Higher Education* 64, 2012 (4), pp. 543–556.

④ Sell, Suan K., *Private Power, Public Law: The Globalization of Intellectual Property Rights*, Cambridge: Cambridge University Press, 2003.

⑤ Slaughter, Sheila, and Gary Rhoades, "The Emergence of a Competitiveness Research and Development Policy Coalition and the Commercialization of Academic Science and Technology", *Science, Technology and Human Values* 21, 1996 (3), pp. 323–324.

⑥ Slaughter, Sheila, and Gary Rhoades, *Academic Capitalism and the New Economy: Markets, State, and Higher Education*, Baltimore: Johns Hopkins University Press, 2004.

新立法可以刺激具有学术资本主义特征的新的组织、活动和实践的出现。

组织设计和重新设计

中介和间隙组织的创立是学术资本主义理论中的一个主要部分。这些组织推动了政治、实践以及具有学术资本主义知识/学习体制等特征的活动，同时也模糊了市场、大学国家之间的界限。[①] 我们需要强调，从某种意义上来说中介和间隙组织并非有意识地去建立的，它们并没有因为要确保得到——能够增加自己院校竞争力的——外来资源来同其他院校抗衡，而刻意地通过专业社会人士，使用设计计划、政策和蓝图等建立起来。这样的一些组织实际上是由在大学内部先前已存在的组织重构而成。

尽管我们把组织的设计与重构，看作有助于学术资本主义知识/学习体制的出现的重要社会机制，但我们也必须强调设计者的计划、政策的实施以及蓝图的实施可能会产生预想之内和意料之外两种结果。换句话说，设计出来的组织能在多大程度上满足设计者的初衷，组织的工作可能带来哪些意料之外的影响，这些都属于主观经验上的问题。此外，我们要知道设计者的具体目的和计划方案并不是无中生有的，其所处的制度与文化环境发挥着极大的影响。因此，我们也建立了一些机制，通过影响组织设计者的计划和活动来塑造整个组织领域。

在制度同构主题的文献中已经讨论了在组织领域层面上的运作机制。它们倾向于阐述为什么是特定的组织，例如大学在某一特定的组织领域，其结构上日渐趋同。[②] 这些有名的机制模式就被贴上了强

[①] Slaughter, Sheila, and Gary Rhoades, *Academic Capitalism and the New Economy: Markets, State, and Higher Education*, Baltimore: Johns Hopkins University Press, 2004.

[②] DiMaggio, Paul, J., and Walter W. Powell, "The Iron Cage Revisited: Institutional Isomorphism and Collective Rationality in Organizational Fields", *American Sociological Review* 48, 1983 (4), pp. 147–160.

第十章　如何解释学术资本主义：基于机制分析的方法

制、模仿和吸引的标签。在欧洲和拉丁美洲的教育系统中，有很多新的高等教育组织体制的设计者（或者是旧体制的重设者）模仿他们认为成功的美国大学的组织和政策模式，同时尝试转换这些模式以满足适应当地制度环境的要求。我们不认为这些机制必然会推动高等教育组织同质化，然而①这些同样的机制（依赖于环境）或许会导致分化，并且在这种情况下，组织方式的分化目的是采纳和参与这些具有学术资本主义特征的网络和活动。这种假设是符合不同学术资本主义的观点的。②③ 进一步说，我们需要假设这种分化在国家内部和国家之间都存在。

我们也把第四个机制囊括到先前的列表中——组织之间的竞争④——在复杂多变的背景下可能有助于学术资本主义，也可能起反作用。因为竞争的压力会导致组织在同一个领域的要么同化要么分化，而这取决于组织设计者（重新设计者）在不同背景下的阐释。它也可能导致在不同国家背景下学术资本主义的混杂，因为竞争会导致多样化的政治法律制度和组织模型的形成（或重构），从而促使高校组织生态圈更加具体专业化的分工。

其关键是在组织领域某些层面的运行能够引起或影响组织设计或重设。在当前情况下的问题是——哪种机制可以引起同化、异化何时出现——这些都属于主观经验上的判断。一些在非洲、亚洲和欧洲国家中形成的组织，并不必因为想要成为学术资本主义机构的模范代表而精准地复制美国建立起的组织模式。正如谈论资本主义经济体系多样性是有意义的一样，学术资本主义的多样性以及建立各自的组织理由（例如常规环境系下的差异）也是

---

① Beckert, Jens, "Institutional Isomorphism Revisited: Convergence and Divergence in Institutional Change", *Sociological Theory* 28, 2010 (2), pp. 150 – 166.

② Slaughter, Sheila, and Larry L. Leslie, *Academic Capitalism: Politics, Policies and the Entrepreneurial University*, Baltimore: Johns Hopkins University Press, 1997.

③ Slaughter, Sheila, and Gary Rhoades, *Academic Capitalism and the New Economy: Markets, State, and Higher Education*, Baltimore: Johns Hopkins University Press, 2004.

④ Beckert, Jens, "Institutional Isomorphism Revisited: Convergence and Divergence in Institutional Change", *Sociological Theory* 28, 2010 (2), pp. 150 – 166.

第二部分 学术资本主义和全球化

有意义的。

进一步说，社会科技水平，例如欧洲水平基准①和全球大学排名，这些都可以通过鉴别哪种大学类型可以在国际竞争中赢得良好声誉、帮助推进结构性相同的大学的产生并促进其竞争来完成。这些大学的成功不仅在于它们表面获得的声誉，还包括它们在市场上的运作以及与市场成员间的互动（包括国内和国际间的）。可能有人会认为这是不同国家和地区在组织层面鼓励学术资本主义发展的浪潮下，存在于地区甚至于全球的影响机制（通过竞争或者"软"威慑的手段）。在这些实例中，组织设计者（重新）朝着特定的方案类型不断地进行调整。同时，随着学术资本主义不断地被实证研究所论证，②国际组织如欧盟、国际货币组织、经合和世贸等国际组织也通过特定设计、政策和组织策略，来促进不同的背景下学术资本主义知识或是学习体制的组织策略的传播和扩散。这些过程解释了不同环境下（例如欧洲不同的国家）部分同质化教育组织的存在。

特殊机构的设计和重设机制既不遵循道德也不遵循政治中立，③新组织和组织变革的计划和政策的设计，并非单纯的技术问题，其通常是基于设计者（重设者）自身对合理的组织设计结构、目标和社会功能的看法，这些观点通常来自设计师所处的社会与制度环境。与设计者持有相异的道德和政治观点的个人通常会质疑设计师的观念。同时，在组织中的成员通常需要遵从新组织设计的政策和规划带来的规范和守则，而人们认为新设计的规则应该与他们的社会交互行为相适应。这些规范和守则会通过激励、惩罚和社会技术（如系统质量控制）等手段引导和调节组织成员的行为。要注意，并非所有的政

---

① Slaughter, Sheila, and Brendan Cantwell, "Transatlantic Moves to the Market: The United States and the European Union", *Higher Education* 63, 2012 (5), pp. 583 – 606.

② Rhoades, Gary, Alma Maldonado-Maldonado, Imanol Ordorika, and Martín Velásquez, "Imagining Alternatives to Global, Corporate, New Economic Adcademimc Capitalism", *Policy Futures in Education* 2, 2004 (2), pp. 316 – 329.

③ Bunge, Mario, *Social Science under Debate: A Philosophical Perspective*, Toronto: Toronto University Press, 1998.

第十章 如何解释学术资本主义：基于机制分析的方法

党都有相同的机会影响到设计（或者是改革）政策和计划（当然同样适用于法律）的构想。

包含学术资本主义特征的三种设计组织类型和它们的设计机制非常具有指导意义。第一，高校外部的中介组织推动了高校与市场间的紧密联系，有助于多样化背景下学术资本主义的出现。① 一些组织像商业—高教论坛组织（美国）、卡耐基科学技术委员会（美国）、欧洲产业圆桌会议（欧洲）和高等教育商业论坛（欧盟）都被设计（重新设计）以推进和游说新自由主义以及重塑高等教育的政治声誉和其社会功能。② 第二，重建高等教育的另一个重要内容是在大学内部出现的截取多样化市场导向项目的间隙组织的设计，③ 例如，技术转移办公室就是为大学的专利政策和推动研究发现的专利以及衍生公司的机构。第三，政策决策者、大学管理者和管理人员对高等教育系统和大学的重新设计为学术资本主义发展做了铺垫。管理理论变迁与思想的传播与实施，例如新公共管理、全面质量管理、业务流程再造④⑤等思想，对实证研究的过程来说是非常重要的。因为管理理论不只是对教育组织的描述说明（正确或者错误），还应该包括这样一些描述——为了实现一些或多或少的目标这些组织应该做何种改变。因此，这些管理理论的最佳定义是社会科学理论，因为它们总是包含道德和政治的因素，无论它们的支持者是否愿意承认这一点。

---

① Slaughter, Sheila, and Brendan Cantwell, "Transatlantic Moves to the Market: The United States and the European Union", *Higher Education* 63, 2012 (5), pp. 583–606.

② Slaughter, Sheila, and Brendan Cantwell, 2012. "Transatlantic Moves to the Market: The United States and the European Union", *Higher Education* 63, no. 5: 583–606. doi: 10.1007/s10734-011-9460-9.

③ Ibid..

④ Olssen, Mark, and Michael A. Peters, "Neoliberalism, Higher Education and the Knowledge Economy: From the Free Market to Knowledge Capitalism", *Journal of Education Policy* 20, 2005 (3), pp. 313–345.

⑤ Slaughter, Sheila, and Brendan Cantwell, "Transatlantic Moves to the Market: The United States and the European Union", *Higher Education* 63, 2012 (5), pp. 583–606.

结　论

学术资本主义就这个主题提供了一个富有成效的解释性研究框架。四种通用的社会机制为我们关于在美国和其他地方出现的学术资本主义知识/学习制度的出现的论点提供了依据。我们并不认为这些机制囊括了学术资本主义产生的所有社会机制。但是我们认为对不同背景中学术资本主义的解释性研究来说，上文提到的通用机制是最重要的。

由于缺乏相关的实证性研究，对跨国甚至全球运行的社会机制如何推动学术资本主义发展这一点还没有系统研究。因此，在本章中我们不仅关注美国的学术资本主义情况，而且提供了一些关于全球运行社会机制的阐述性例子。从这个视角来看，对学术资本主义与全球化的关系的研究就不仅仅是找到跨国学术资本的实证性例子，而且要探讨在地区和全球范围内学术资本主义是如何得到增强的。学术资本主义的区域性推广，以及具有学术资本主义特征的这些机构的扩散，并不必然导致跨国学术资本主义的增强，而是使不同国家的学术资本主义相互适应。因为学术资本主义跨国性活动、区域化流动及网络等特征不会在不同国家和地区自动产生，而是逐渐适应发生的。因此从根本上来说，学术资本主义的全球化是否意味着国家高等教育系统相对集中或具有学术资本主义特征的跨国化元素是一个实证问题。当然，也有可能这两个趋势都涉及在内。

总之，即使学术资本主义知识制度全球化趋势确实存在，这种模式在不同的制度背景下仍存在专业化和差异化。同样，不同国家背景下的院校和机构，不必为了符合学术资本主义知识制度的基本原则而互相模仿。例如，我们发现芬兰的技术转移办公室与美国的就不完全一致，但是学术资本主义进入芬兰高等教育体系，这似乎已表明它们之间也有相似之处。[①] 进一步研究可以确定存在着什么

---

① Kauppinen, Ilkka, "A Moral Economy of Patents: Case of Finnish Research Universities' Patent Policies", *Studies in Higher Education*, 2013a.

第十章 如何解释学术资本主义：基于机制分析的方法

类型的国家资本主义和区域资本主义，以及在何种程度上这些类型涉及跨国方面。总的来说，我们认为，虽然学术资本主义在不同国家都出现的趋势存在各种原因，但是由于大学间的竞争，为了在竞争中获得优势，这种趋势会促使国家和组织进行更加细化、专门化的调整，即使存在像全球研究性大学这种强大的现有模板供设计者（重设者）参考。

上面形成的方法论框架适用于不同类型的研究方法。这些研究方法解释了学术资本主义在高等教育体系的不同层次以及跨国化方面所体现出来的现象。这些方法可能包括案例研究法、比较研究法，甚至是调查研究法。基于机制的解释性研究采用了不同类型的研究方法，包括定量和定性研究方法。从这些方面来看，基于机制的方法也适用于普通的多元化方法论。

注 释

1. 越来越多的研究表明学术资本主义发展的趋势不仅存在于美国，还存在于许多欧洲国家[①][②]和拉丁美洲国家，[③] 以及大范围的跨区发展。[④][⑤]

2. 这一发现符合学术资本主义的文献内容，因为"学术资本主义理论关注因素——教师、学生、管理人员和专家学者——利用大量

---

① Kauppinen, Ilkka, and Tuukka Kaidesoja, "A Shift towards Academic Capitalism in Finland", *Higher Education Policy* 27, 2014, pp. 23–41.

② Slaughter, Sheila, and Brendan Cantwell, "Transatlantic Moves to the Market: The United States and the European Union", *Higher Education* 63, 2012 (5), pp. 583–606.

③ Rhoades, Gary, Alma Maldonado-Maldonado, Imanol Ordorika, and Martín Velásquez, "Imagining Alternatives to Global, Corporate, New Economic Adcademimc Capitalism", *Policy Futures in Education* 2, 2004 (2), pp. 316–329.

④ Kauppinen, Ilkka, "Towards Transnational Academic Capitalism", *Higher Education* 64, 2012 (4), pp. 543–556.

⑤ Kauppinen, Ilkka, "Academic Capitalism and the Informational Fraction of Transnational Capitalist Class", *Globalization, Societies and Education* 11, 2013b (1), pp. 1–22.

国家资源为知识、高等教育机构和新经济建立循环关系"①。Slaughter 和 Rhoades（2004）都强调他们"必须把学院和大学（以及学术管理者、教授和其他教授）作为学术资本主义的重要组成，而不仅仅是'企业化'的参与者"。② 学术资本主义理论因而明确区分了学术资本主义知识/学习制度中涌现的各种社会角色，这些角色包括个人和环境中的组织。

3. 类似的社会机制分类有三个较活跃的跨国政策转变：实施、协调和扩散。③

4. 至于欧洲产业圆桌会议，它的目标不是调整高等教育本身，而是增加在全球资本主义趋势下欧洲跨国公司的竞争力。正是在这一议程下，欧洲产业圆桌会议也将欧洲高等教育的重组确定为其主要目标。

---

① Slaughter, Sheila, and Gary Rhoades, *Academic Capitalism and the New Economy: Markets, State, and Higher Education*, Baltimore: Johns Hopkins University Press, 2004, pp. 1 – 12.

② Slaughter, Sheila, and Gary Rhoades, *Academic Capitalism and the New Economy: Markets, State, and Higher Education*. Baltimore: Johns Hopkins University Press, 2004.

③ Dahan, Nicholas, Jonathan Doe, and Terrence Guay, "The Role of Multinational Corporations in Transnational Institution Building: A Policy Network Perspective", *Human Relations* 59, 2006 (11), pp. 1571 – 1600.

第十一章

知识驱动的外围经济
——学术资本主义的理解

[墨西哥] 艾尔玛·马尔多纳多

> 若一本书不包含其对立面，则此书是不完整的
> ——豪尔赫·路易斯·博尔赫斯（1940年）

距第一本有关学术资本主义的著作——《学术资本主义：政治、政策和创业型大学》（1997）的出版，已经过去了17年；距《学术资本主义与新经济：市场、国家和高等教育》的发表，也已经过去了10年。本章将回顾这两本著作带来的影响，并将详细地探讨学术资本主义在帮助我们理解发展中国家以及新兴经济体方面做出的特殊贡献。在Borges的幻想美学作品《特隆、乌克巴尔、奥尔比斯、特蒂乌斯》（2011）中，作者构建了一个新世界。在那个世界中，所有哲学性质的研究总是呈现这样一种特点："对每一个问题的谈论都包含正、反两面的意见，并且每一个论点都有严密的论证。"[①] 由于这两本著作都没有直接地论及发展中国家的情况，因此本章无法全面地对学术资本主义进行探讨。但是，本章至少会努力地尝试把学术资本主义理论与各国的国情联系起来。《学术资本主义：政治、政策和创业型大学》分析了澳大利亚、加拿大、英国以及美国这几个国家学术资本主义的发展状况，而《学术资本主义与新经济：市场、国家

---

① Borges, Jorge Luis, *Ficciones*, Buenos Aires: Random House Mondadori, 2011, p. 29.

和高等教育》则只对美国的情况进行了研究。因此，本章将发展中国家学术资本主义的发展状况也纳入讨论的范围，算得上是切题的。

自第一本研究学术资本主义的著作发表后，并直到《学术资本主义与新经济：市场、国家和高等教育》发表前，高等教育领域发生了一些重大的变化。变化之一，就是高校的普遍扩招。1997年，全球高校招生都陷入了僵局。但是到了2004年，除了日本与法国之外，大部分国家的高校入学率都开始增长，比如，美国高校的入学率高速增长；英国高校的入学人数出现平稳增长；甚至在巴西、中国、印度、墨西哥这些大型发展中国家，高等教育的入学人数也大量增加。林肯（2013）认为，据目前已有的数据来看，高等教育入学人数的增长很有可能会持续下去。而且，考虑到大多数国家人口的发展状况，这种现象至少还会持续20年。[①]

另一与此相关的背景事件，即从2007年开始的经济危机。这次经济危机已经成为大多数国家制定公共政策时考虑的因素之一，并最终对教育系统也产生了影响。事实上，关于此次经济危机到底如何影响着教育政策的制定，各方还未进行充分的探讨。此次经济危机除了已经影响到国家层面和地方层面的教育政策之外，还造成了对发展中国家的国际经济援助的缩减，而这种缩减，则可能影响到发展中国家某些教育项目的发展。这也是学术资本主义的主要观点之一，即在经济危机的背景下，社会、经济的发展与高等教育之间的相关性在不断增强。

理论背景

十多年来，高等教育领域中最流行的理论恐怕非"三重螺旋模型"理论[②]及其衍生品莫属。"三重螺旋模型理论"的主要思想之一

[①] Lincoln, Daniel, "Research Universities: Networking the Knowledge Economy", Paper presented at the IHERD-OECD Expert Meeting, Marseille, France, July 1 – 2, 2013.

[②] Etzkowitz, Henry, and Loet Leydesdorff, "The Dynamics of Innovation: From National Systems and 'Mode 2' to a Triple Helix of University-Industry-Government Relations", *Research Policy* 29, 2000 (2), pp. 109 – 123.

就是"在知识社会中,同政府、企业一样,高校也在创新方面发挥重要作用"。众多学者、企业家和政府都在讨论高等教育的重要性,不仅因为高等教育影响着经济的发展,更重要的是高等教育推动着创新的发展。近期,Lane 和 Johnstone(2012)出版了一本著作,他们研究了一些有关高等教育与经济、创新之间关系的假设。并且,他们强调我们必须慎重地对待这些假设:"鉴于这种干扰,人们总是习惯于采用趣闻轶事和个案分析的形式进行研究,而这些趣闻轶事和个案总是能反过来印证该种假设的合理性。"[1] 从这个角度来说,由于在经济危机的影响下,大多数国家的境遇变得更糟糕,因此,学术资本主义确实与经济发展和创新之间是存在一定联系的。学术资本主义理论(尤其是以上提到的两本书)并未将发展中国家纳入讨论范围,原因有许多,其中之一就是在发展中国家中与知识有关的基础建设十分薄弱。

2011 年,日本每 100 万居民中就有 5180 名(高校)研究员,美国每 100 万居民中有 4637 名研究人员,英国每 100 万居民中有 3947 名研究人员,欧盟达到了世界平均水平——每 100 万居民中有 3059 名研究人员。然而,在"金砖五国"(巴西、俄罗斯、印度、中国以及南非)中,除俄罗斯外,其他国家每百万人口中研究人员的占比则远远落后:俄罗斯已经接近上述发达国家的平均水平,每 100 万居民中有 3091 名研究人员;中国每 100 万居民中有 863 名研究人员;巴西的这一数据是 668 名;南非是 393 名;印度则只有 136 名。经济合作与发展组织(OECD)发现,像巴西、印度或者墨西哥这样的国家大多是其他"知识生产者"国家的"消费者"。[2] 其余的国家,则基本上不具备参与全球知识经济竞争的实力。

---

[1] Lane, Jason E, and D. Bruce Johnstone, eds., *Universities and Colleges as Economic Drivers: Measuring Higher Education's Role in Economic Development*, Albany: State University of New York, 2012.

[2] OECD (Organization for Economic Co-operation and Development), "The Knowledge-Based Economy", OECD/GD (96) 102. Paris: OECD, 2006.

与美国这样的国家相比，那些被视作"知识消费者"的国家明显处于劣势。比如，美国在研发和高等教育方面的投入占GDP的比例全世界排名第一，而且，有大约70%的诺贝尔奖得主都在美国工作。此外，世界一流大学中，3/4为美国大学。① 即使在其他知识经济发展的衡量指标上，美国也是全世界的领袖，比如学术知识的生产比、出版商数、研究成果被引次数、互联网普及率等。② 综上所述，本章主要探讨的问题是：学术资本主义究竟能在多大程度上对发展中国家高等教育的发展做出分析和解释。

本章并不会对学术资本主义的内涵、内容、主要观点等进行阐述或总结，因为这些问题已经涵盖在本书第一章的内容中。在此我想强调的是，这两本有关学术资本主义的著作都认为，高等教育机构都已经历了相似的转变。在学术资本主义的背景下，高校及其研究人员都越来越难获取资源。因此，为了达到目的，他们必须要调整自己的行为，寻求更多提高收入的方式。这个就是所有高校中基本的"剧情设定"。不论是发达国家与发展中国家之间，还是权威研究机构/领域与非权威研究机构/领域之间，在压力和可支配的收益方面，都存在着许多差异。Slaughter 和 Rhoades（2004）认为："我们研究不同国家之间的差异是如何产生的……我们认为学者/学术在高等教育的市场化过程中扮演了积极的、领导性的角色，而并不认为高等教育的市场化是外部商业利益逐渐侵蚀的结果。"③

在大部分的高等教育变革中，学术资本主义都做出了两种贡献：一方面即经济制约；另一方面即改变学术机构的态度和行为。

---

① United Kingdom/United States of America Study Group, *Higher Education and Collaboration in Global Context: Building a Global Civil Society*, *A Private Report to Prim Minister Gordon Brown*, London: United Kingdom/United States of America Study Group, 2009（http://globalhighered.files.wordpress.com/2009/07/final-report_28_7_09.pdf）.

② Flick, Corrine M., and Convoco Foundation, *Geographies of the World's Knowledge*, Oxford: Oxford Internet Institute, University of Oxford, 2011.

③ Slaughter, Shelia, and Gary Rhoades, *Academic Capitalism and the New Economy: Markets, State, and Higher Education*, Baltimore: Johns Hopkins University Press, 2004.

不过，这种贡献也许正隐含在学术资本主义对知识生产的影响中。教育领域中公共财政支持的缩减已经带来并且还将持续带来高校的改变。以往那些拒绝变通的高等教育机构，现在已经别无选择。但是，各个国家、各个高校到底在何种程度上能够参与这场被称作"知识经济""人才竞赛""知识竞争""知识社会"的"新游戏"中呢？

学术资本主义与知识生产的作用：一个击穿点？

美国的第一次"产学研"合作发生在1888年的麻省理工大学。当年，为了迎合当地工业发展的新需求，"麻省理工大学在化学工程专业启动了第一个本科四年制培养计划"①。从那时开始，美国成为在教育与工业之间，换言之，即在知识与经济发展之间加强合作的榜样。Slaughter和Leslie（1997）指出："二战后，美国的基础应用学科的发展就已出现了明显的差异。物理学家和核能工程师在核武器研究方面取得的成就，被政府和企业视作基础学科研究的胜利。"②伯曼（2012）则认为，这种差异最主要地体现在美国公共政策的转变之中："高校过去一直在尝试进行顺应市场逻辑的实践。然而，由于文化、资源、监管环境的不利影响，直到20世纪70年代末，这种实践在广度和深度上都仍然十分有限。到20世纪70年代末至20世纪末80年代初，创新能促进经济发展的观念影响了政策的转变、改变了社会的氛围，不仅为'产学研'合作的实践扫除了监管制度上的障碍，还为其提供了新的资源。在这种新的社会氛围下，市场逻辑在

---

① Schultz, Laura, I., "University Industry Government Collaboration for Economic Growth", In *Universities and Colleges as Economy Drivers: Measuring Higher Education's Role in Economic Development*, 2012, pp.129-162.

② Slaughter, Shelia, and Larry L. Leslie, *Academic Capitalism: Politics, Policies and the Entrepreneurial University*, Baltimore: Johns Hopkins University Press, 1997, p.180.

整个领域中都变得更强大。"①

自然而然地出现了许多有关知识生产、创新与发展之间关系的研究和假设。在诸多假说中,有两位学者的研究可以从三个方面概括高等教育对经济发展的影响:第一种观点认为高校的经济活动不过是高校在一定地域范围内财政收支行为产生的"涟漪"……第二种观点认为,"产学研"合作的价值在于为高校赢得更高的学术声誉……第三种观点则是从商业行为中一些可量化指标的角度来看待高校的经济影响,比如专利总量、专利税所得。②

如果还有人对美国的支配地位存在疑惑,那么上述观点则能从三个方面消除这种疑虑。并不是说其他国家并不会有上述情况出现,只是说大部分已经发表的、正在流通的有关知识与经济发展的研究主要还是来自美国。或者说,在某种程度上与其他国家相比,美国常常以经济回报来衡量它们对高等教育的社会影响。以蒙塔纳州立大学为例,"基于2008—2009年的数据,如果没有蒙塔纳州立大学,政府将损失10950万美元的年支出和近730个高薪工作"。而一份纽约的研究报告则凸显了大学文凭的经济价值:"以2008—2009年为例,纽约州立大学的160万毕业生现在仍居住在纽约,并且成为该州高等教育劳动力的主力军。"③ 最后,专利和研究能力方面:"美国每年有大约3000个专利都属于高校——这个数字是20世纪80年代的8倍以及20世纪60年代的30倍——目前,高校的专利权仅收入一项就已超过了2000万美元。"

Slaughter 和 Rhoades 对此做了进一步的探讨。他们认为,目前我们正经历着由"公共知识/学习时代"向"学术资本主义知识/学习时代"的转变。对此他们做了如下解释:"学术资本主义的语境下,

---

① Berman, Elizabeth Popp, *Creating the Market University: How Academic Science Became an Economic Engine*, Princeton, NJ: Princeton University Press, 2012, p. 12.
② Gais, Thomas, and David Wright, "The Diversity of University Economic Development Activities and Issues of Impact Measurement", In *Universities and Colleges as Economic Drivers: Measuring Higher Education's Role in Economic Development*, 2012, pp. 31-60.
③ Ibid. .

人们看中的是知识的私有化和它所能带来的经济利益。许多高校、学者以及企业都声称,与公共知识相比,私有化的知识能更快地实现收益……被视作一种私人物,人们通过判断它能否源源不断地创造高科技产品、在全球市场中创造利益来衡量其价值。"①

这里或许有一点小小的矛盾。根据经济学家的观点,知识是一种公共产品,而教育则是一种服务。然而,一些国际组织却不这么认为,比如联合国教科文组织的某些成员就认为教育是一种公共服务②——一些古典经济学家认为,为达到某种目的而使用某种知识并不妨碍为了达到另一些目的而同样地使用该种知识。③ 然而,随着时间的流逝,私人出版业与专利界利用恰当的知识,通过有效的机制取得了巨大的发展。为了增加收入,他们加强了知识的排他性。比如,据《经济学人》2013 年的报道,世界上最大的杂志出版商——荷兰的爱思唯尔公司,去年的利润就占了 2.1 亿英镑(3.2 亿美元)总收入的 38%。而全世界第二大杂志出版商——德国的斯普林格公司,在 2011 年取得的利润则占其 875 亿欧元(1.1 亿美元)总销售额的 36%。根据 Yanagisawa 和 Guellec 2009 年的一份研究报告,④ 自 1986 年开始,经济合作组织区域内的国际专利收入就已经出现了激增;到 1997 年《学术资本主义:政治、政策和创业型大学》问世的时候,这项收入就已经变得十分重要;而到了 2004 年,《学术资本主义与新经济:市场、国家和高等教育》和《新经济》出版的时候,这种增长就表现得更为明显了。同时,高校内部对此的争论主要集中在以下问题上:学者们在编辑、校对、授权等方面付出了劳动,出版商们却没有给予他们相应的报酬。然而,高校却要为出版和征订向出版商支

---

① Slaughter, Shelia, and Gary Rhoades, *Academic Capitalism and the New Economy: Markets, State, and Higher Education*, Baltimore: Johns Hopkins University Press, 2004, p. 29.

② Maldonado-Maldonado, Alma, and Antoni Verger, "Politics, UNESCO and Higher Education", *International Higher Education* 58, 2010, pp. 8 – 9.

③ Mas-Colell, Andreu, Michael D. Whinston, and Jerry R. Green, *Microeconomic Theory*, New York: Oxford University Press, 1995, p. 359.

④ Yanagisawa, Tomoyo, and Dominique Guellec, "The Emerging Patent Market-place", *Science, Technology and Industry Working Paper*, 2009.

付大量的费用。甚至，大部分已经出版的研究成果都是由公共财政赞助的。这其中的矛盾显而易见，但现实却是占用知识的情况已经出现了戏剧性的增长，反正至少在发达国家是这样，而且这种增长主要集中在少数几所高校中："2000 年，美国超过 2700 个专利权都属于排名前 89 所的研究型大学。在这 89 所大学中，4 所大学的专利权占有率甚至达到了总占有率的 28%。而其中排名前十的大学，专利数达到了总数的 45%……财政收入排名前十的大学，它们获得的专利退税甚至达到了所有大学专利退税总额——1000 万美金的 65%。在其他几个方面（比如，在新兴公司持有的股份额度，所创办的新兴公司的数量，以及专利权带来的收入）排名前十位的高校，其商业行为占所有高校总商业行为的 35%—50%。"[1]

这些数据又引发了以下三个问题：如今，知识的私有化意味着什么？知识是一种公共产品的观点，是如何反驳传统经济学的观点的？这是一种古典经济学模型范围内的一种异常现象，抑或是高等教育领域中资本主义发展的结果？如今，知识生产中的许多地缘政治利益也许能够对上述问题做出解答。知识的私有化到底有没有底线？发展中国家的本土知识的境况又如何呢？

有关发展中国家本土知识的争论并不是毫无意义的，因为，现在已有许多将本土知识私有化并加以利用的案例，比如孟山都公司和米利斯公司的尝试。"碱化湿磨法"是发源于中美洲的一种工艺技术，它用浸泡的方式处理谷物，并利用碱性的混合物使玉米冷却。目前，从拉丁美洲甚至到美国的企业，拥有成千上万个与"碱化湿磨法"相关的专利。比如，2000 年 J. R. 短铣公司申请了一项名为"制造去胚玉米粒和马萨面粉的工艺"的专利；2010 年伊利诺伊大学的理事会申请了一项名为"碱化湿磨工艺及其产品"的专利。在一项古代发明/本土知识的基础上申请专利，似乎已经成为知识私有化的一个关键表现。越来越多的人——尤其是政府以及国际组织——也许需要

---

[1] Owen-Smith, Jason, "Unanticipated Consequences of University Intellectual Property Policies", In *Universities and Colleges as Economy Drivers: Measuring Higher Education's Role in Economic Development*, 2012, pp. 239 – 278.

倾注更多的关注。但是，这其中却有一个悖论：通常情况下，本土知识通常都不被纳入知识经济的范畴，除非某项本土知识已经被某个跨国或者本土公司申请了专利。这种现象并不在学术资本主义探讨的范围之内，但是，学术资本主义会对发展中国家这种情况下的学术机构和研究人员产生影响。

另一种探讨各国在全球知识经济中所处地位的途径就是弄清各国的"知识储备"[①]状况。好几个学者都为此提供了一些衡量的指标，一些权威机构甚至已经提出了它们自己的测量方案。比如，Archibugi和Coco（2005）两位学者对三种最重要的测量指标进行了比较，对各国科研能力的测量做出了重要贡献。他们对比了世界经济论坛（WEF）、联合国发展计划署（UNDP）、联合国工业发展组织以及兰德公司四个机构的测量指标。除了对各种测量方法以及假设进行分析之外，他们还指出了它们之间的等级相关性。表11-1呈现了澳大利亚、加拿大、美国、英国这四个国家的排名状况。此外，"金砖四国"、智利、墨西哥、南韩以及土耳其的情况也包含其中，因为它们都是经济合作组织（OECD）的成员国。

如表11-1所示，美国在47个国家中排名第一，加拿大排名第二（科研能力总排名为第四），紧随其后的是澳大利亚（科研能力总排名第五），英国的科研能力总排名位列第八。在本章中，韩国虽然被定义为一种新兴的经济体，但是几乎在每一个类别中都区别于其他的发展中国家。与其他发展中国家相比，韩国的水平明显更接近于发展中国家。

在发展中国家中，智利排名第一，紧随其后的是墨西哥、南非、巴西、中国以及印度。但与韩国相比，智利的排名却至少落后了20多名。遗憾的是，土耳其和俄罗斯并未进入排名。紧挨着"科研能

[①] Schultz, Laura, I., "University Industry Government Collaboration for Economic Growth", In *Universities and Colleges as Economy Drivers: Measuring Higher Education's Role in Economic Development*, 2012, pp. 129 – 162.

第二部分 学术资本主义和全球化

表11-1 四个国家和九种新兴经济体之间的学术资本主义发展水平比较

国家	科研能力在47个国家中的总排名	当前人口总数	高等教育的公共开支占GDP的百分比	高等教育的私人投入占GDP的百分比	高等教育人数占年龄段总人口的百分比	15—19岁的文盲或待业青年	20—24岁的文盲或待业青年	研究与发展的国内支出总额（百万）	研究与发展的国外支出总额	全日制研究人员占总劳动者的比例	三方专利成员	网络接口的持有者	世界经济论坛	阿尔基吉和可可	联合国开发计划署	研究与发展公司	等级意义
澳大利亚	5	23091091	0.7	0.9	38	8	11		2.2		284	79	4	10	8	8	7.5
加拿大	4	35141542	1.5	0.9	51	8	15	21708	1.74	8.6	638	78	2	9	5	2	4.5
英国	8	63181775	0.6	0.7	38	10	19	35615	1.77	7.6	1598	83	8	7	11	9	8.8
美国	1	316285000	1	1.6	41	8	19	365994	2.77		13837	71	1	2	4	1	2
巴西	37	193936886	0.8			14	23				60	38	37	37	38	35	36.8
智利	31	16634603	0.8	1.6	27				0.42		9	31	33	34	30	30	31.8
中国	39	1354040000	1.3					161552		1.6	875	6	39	39	41	33	38
印度	44	1210569573									201						
墨西哥	34	118419000	1	0.4	17	19	27		0.44		12	23	29	30	35	36	32.5
俄罗斯		143400000	1.2	0.6				23394	2339	6.3	73	46	34	35	32	32	33.3
南非	35	52981991	0.6								26	10					
韩国	11	50219669	0.7	1.9	40	8	24	49394	3.74	11.1	2184	97	7	5	15	16	10.8
土耳其		75627384			13	26	44	7664	0.84	2.9		42					

数据来源：Archibugi 和 Coco (2005)[1] 及经济合作与发展组织[2]。

注释：作者已计算和调整数值，在大多数情况已删除小数；空格是表示没有合适的信息。

---

[1] Archibugi, Daniele, and Alberto Coco, "Measuring Technological Capabilities at the Country Level: A Survey and a Menu for Choice", *Research Policy* 34, 2005 (2), pp. 175–194.

[2] OECD (Organization for Economic Co-operation and Development), "Education Expenditure", In *OECD Factbook 2013: Economic, Environmental and Social Statistics*, 2013a.

力排名"一栏的就是"当前人口数"。在对不同国家的情况进行比较时，将各国的规模也纳入考虑的范围是重要的。从表11-1中我们明显可以发现，除美国之外，那些人口最稠密的国家在这些指标中排名更靠前就必须付出更多的努力。国家的规模很重要，但人们常常会忘记这一点。

为了弄清这些国家知识储备的情况，我认为应在衡量时综合几种不同的指标或系数，比如高等教育投入、研究人员数、三方专利数等。这种分析的结果证实了美国在大多数方面的领导地位。换言之，美国在知识经济中遥遥领先，而大多数发展中国家都远远落后。

表11-1的第一列中，包括韩国在内的排名前11的国家，明显在许多方面都很相似。然而，对第二列中排名靠前的国家进行分析，则具有一定挑战性。比如在人口规模上，中国和俄罗斯就在某些指标上区别于其他国家。比如，从研发投入这项指标来看，中国对研发的投入世界排名第二，仅次于美国。但是由于该国庞大的人口基数，中国在专利注册数、研究人员比例以及互联网普及率方面都较为落后。

失学待业青年的高比例已经成为全球当务之急的问题，并可能会最终影响到各国的知识储备，因为这一数据是基于各国受教育人口占总居住人口比例的。失学待业青年比例最高的国家依次是土耳其、墨西哥和巴西。这一比例与高校招生状况密切相关，据已有数据来看，澳大利亚、加拿大、韩国、英国以及美国的超过38%的人口都接受过高等教育。在新兴经济体国家中，只有智利有27%的人口接受过高等教育，墨西哥和土耳其则以17%的比例紧随其后（其他国家没有可用数据）。经济危机似乎影响着大多数国家受过高等教育的人口比，而且不幸的是，其发展前景也不容乐观。Lane 和 Owens 认为，这项指标尤其重要："在知识经济中，人力资源就是至关重要的资源。企业需要技术人才以在国内乃至全国市场中竞争，同时，高校也需要能工巧匠来提供高质量的服务。"[1]

---

[1] Lane, Jason E, and Taya L. Owens, "International Dimensions of Higher Education's Contributions to Economic Development", In *Universities and Colleges as Economic Drivers: Measuring Higher Education's Role in Economic Development*, 2012, pp. 205-238.

那些被称作"知识消费者"的国家也正在努力减少自身与"知识生产者"国家之间的差距。但是，这种努力带来的确是一种两难境地。一方面，它们承受着改变发展模式和改进高等教育政策的压力（在这方面，也许学术资本主义理论能够伸出援手）；另一方面，这些国家的相关制度、基础设施建设以及人力资本又十分贫乏，阻碍着它们目标的实现。Gibbons认为，全球化对知识生产本身产生的影响要远大于教学本身。虽然知识的生产并没有场所的限制，但知识创新还是更倾向于在本地/本国发生。因此，那些已经处于这个关系网络中的高校可以利用这些来开发分散的知识系统，这种开发并不一定发生在全球范围内，而是发生在部分区域。[1]

私营部门：缺失的一部分？

学术资本主义理论中关于新兴国家最具争议的方面可能就是私人部门的角色。根据"三螺旋模型"理论，除了政府和大学之外的第三方合作伙伴是产业，或者称之为私人部门，指出，"企业联合大学支持《拜杜法案》（1980），这一法案使联邦所资助的科研成果私有化，但同时企业不满意大学对知识产权的过度要求以及屡次向它们提出的关于各类医药产品的专利所有权问题的争议。曾经使公共部门和私人部门相互隔离的'防火墙'也就变得越来越容易被穿透"。这也许是新兴经济体与发达国家在发展形势方面最重要的差异之一。事实上，大多数发展中国家将高达70%的政府资助投入研发中。[2] 甚至像英国这样的国家一直也有这种困扰："作为一个拥有一定科学领导能力和相对缺乏风险资本的国家，与美国相比，英国在生物技术领域的

---

[1] Deem, Rosemary, "Globalization, New Managerialism, Academic Capitalism and Entrepreneurialism in Universities: Is the Local Dimension Still Important?" *Comparative Education* 37, 2001 (1), pp. 7 - 20.

[2] OECD (Organization for Economic Co-operation and Development), "Modes of Public Funding of R&D: Towards Internationally Comparable Indicators", *Science, Technology and Industry Working Paper*, 2012.

研发一直停滞不前。"而生物技术产业是推动创新发展最重要的因素之一。Berman（2012）指出，"生物技术企业最初始于风险资本家们寻求大学教师合作伙伴，而一旦熟悉整个研发流程之后，大学教师们便逐渐开始独立研发"①。在一份列有127所风险投资公司的清单中，有98所位于美国，尽管其中有些公司在其他国家设有分公司。且只有29所公司完全不在美国。②

提及在联合学术、产业和大学这方面的成功案例时，大多数人都会想到美国，例如"纽约州立大学奥尔巴尼分校纳米科学与工程学院（CNSE）以及由北卡罗来纳州州政府和北卡罗来纳大学教堂山分校共同创立的三角研究园（RTP）"③。这种由政府、大学和企业"一起共同承担研发成本与风险"的行为也被称为"官产学"现象。④ 美国的这些成功案例中体现的关键因素之一就是私人部门的积极作用。然而，就其他国家特别是发展中国家而言，私人部门在"官产学"中显然没发挥多大的作用。在发达国家，私人部门的推动，尤其是其在经济上的支持，已经在开拓创新领域方面起了决定性的作用，而且它似乎也已经成为促进研发创新与进步的必要条件。

尽管人们普遍认为私人部门在促进创新等方面起着至关重要的作用，但Berman（2012）的贡献却在于强调政府的作用。因此，这也许是这些新兴经济体国家在随意地重复鼓吹"三螺旋模型"理论之前必须注意的一个问题。没有国家干预，就没有创新平台。各国政府意识到这一点了吗？

---

① Berman, Elizabeth Popp, *Creating the Market University: How Academic Science Became an Economic Engine*, Princeton, NJ: Princeton University Press, 2012, pp. 162 – 165.

② Wikipedia, "List of Venture Capital Firms" (http://en.wikipedia.org/wiki/List_of_venture_capital-firms. 2013).

③ Gais, Thomas, and David Wright, "The Diversity of University Economic Development Activities and Issues of Impact Measurement", In *Universities and Colleges as Economic Drivers: Measuring Higher Education's Role in Economic Development*, 2012, pp. 31 – 60.

④ Schultz, Laura I., "University Industry Government Collaboration for Economic Growth", In *Universities and Colleges as Economy Drivers: Measuring Higher Education's Role in Economic Development*, 2012, pp. 129 – 162.

Berman认为政府决策能够最大力度地促进人们这一思维方式的转变，而政府之所以做出这些决策是由于新的思维方式在政治生活中的重要作用。20世纪70年代末，政策制定者们越来越受"科技创新促进经济发展"这一观念的影响，这就导致关于加强创新的政策建议在同时期大量增加。起初，大部分主张学术研究转向市场的政策并没有一致地以自由市场为导向，比如关于削减资本利得税、加强知识产权保护、放宽养老基金投资规定等方面的政策。尽管国家对各个大学研究中心的支持以及政府对各类研究园的补贴都体现出一定的市场导向，但同时它们都具有明显的干预主义倾向。

在各类关于学术资本主义的著作中，尽管其中有一些案例更多地关注学者们如何去适应类市场行为这一意识形态，但其他一些例子——由于它们属于美国、澳大利亚、加拿大和英国范畴——则强调了私人部门的作用。我们必须考虑到，发展中国家在以上情况中的具体表现如何，通常是因为它们的私人部门要么不够强大，要么没有看到在知识生产和创新方面投资的重要性；或者二者兼有。

对新兴经济更恰当的理解

显然，学术资本主义完美迎合了那些存在财政困难的新兴经济体国家的需要。这些国家正处于经济困难时期，有时候不得不大幅缩减政府的财政资助。1997年，第一本关于学术资本主义的著作问世，获取可替代性筹资来源的压力达到历史巅峰。很多时候，由于受经济状况的制约，政府不得不出台和执行一些评估政策以竞争更多的额外资源。

至于第二本书《学术资本主义和新经济时代》中提到的2004年发生的一些变革，与它刚出版时的社会态势相较而言，更符合新兴经济体国家当前的发展状况，可能也更具说服力。当我们谈及高等教育改革时，主要是指以下四个方面：与内部资源配置变化相关的实质性组织变革（包括精简或裁撤院系，扩充或新增院系，以及建立跨学科的部门单元）；在院系教师教学与科研任务分配方面的根本变革；新的组织形式的建立（如与市场相近的校办企业、研究院）；新的管理结构的组建或对原有管理结构的精简和重组。①

自 20 世纪 80 年代开始，大部分发达国家和发展中国家都对它们的高等教育体制进行了一定的改革。早在华盛顿共识出现以前，拉丁美洲就已经面临许多经济难题和严苛的经济政策。总之，在过去的 30 年里，寻求额外的收入以应对国家财政约束和院校日益增长的资金需求已经成为全球高等教育界永恒的主题。

书中有几个重要部分讲述了学术资本主义如何影响澳大利亚、加拿大、英国、美国以及新兴经济体国家。本章只列举当中一部分例子。其中就论述了在学术资本主义背景下加拿大进行的三次改革。②③④ 同时也会讨论英国⑤⑥和澳大利亚⑦⑧进行的一些改革。部分章节将会涉及韩国相关学术资本主义的改革。⑨⑩ 此外，加上一些有

---

① Slaughter, Shelia, and Larry L. Leslie, *Academic Capitalism: Politics, Policies and the Entrepreneurial University*, Baltimore: Johns Hopkins University Press, 1997, p. 11.

② Chan, Adrienne S., and Donald Fisher, eds., *The Exchange University: Corporatization of Academic Culture*, Vancouver: University of British Columbia Press, 2009.

③ Metcalfe, Amy Scott, "Revisiting Academic Capitalism in Canada: No Longer the Exception", *Journal of Higher Education* 81, 2010 (4), pp. 489 – 514.

④ Tudiver, Neil, *Universities for Sale: Resisting Corporate Control over Canadian Higher Education*, Toronto: Canadian Association of University Teachers and James Lorimer, 1999.

⑤ Dickson, David, "Britain Excels in Academic Capitalism", *Nature Medicine* 5, 1999 (2), pp. 131 – 132.

⑥ Williams, Gareth, "The Higher Education Market in the United Kingdom", In *Markets in Higher Education: Rhetoric or Reality?* 2004, pp. 241 – 269.

⑦ Marginson, Simon, "Australian Higher Education: National and Global Markets", In *Markets in Higher Education: Rhetoric or Reality?* 2004, pp. 207 – 240.

⑧ Marginson, Simon, and Mark Considine, *The Enterprise University: Power, Governance and Reinvention in Australia*, Cambridge: Cambridge University Press, 2000.

⑨ Piller, Ingrid, and Jinhyun Cho, "Neoliberalism as Language Policy", *Language in Society* 42, 2013 (1), pp. 23 – 44.

⑩ Seol, Sung-Soo, "A Model of University Reform in a Developing Country: The Brain Korea 21 Program", *Asian Journal of Innovation and Policy* 1, 2012 (2), pp. 31 – 49.

关拉丁美洲、①②③ 墨西哥、④⑤ 巴西、⑥ 土耳其⑦和南非⑧⑨⑩的例子，或者将关于学术资本主义的修正及总体应用情况作为一个框架进行论述。⑪⑫ 尽管本章节不去试图讨论每一篇文章的主要内容，但是我们不得不承认学术资本主义理论在各国（尤其是上述各国）学者中所引起的争论。

学术资本主义引发的研究成果的数量更加强了学术资本主义整个坚固的理论框架的确定性和相关性。尽管对知识存量这一概念的认识

---

① Bernasconi, Andrés, "Is There a Latin American Model of the University?" *Comparative Education Review* 52, 2008 (1), pp. 27 – 52.

② Borón, Atilio, "Reforming the Reforms: Transformation and Crisis in Latin American and Caribbean Universities", In *The University, State, and Market: The Political Economy of Globalization in the Americas*, 2006, pp. 141 – 163.

③ Brunner, José Joaquín, "Transformaciones de la Universidad Pública", *Revista de Sociología* 19, 2005, pp. 31 – 49.

④ Bensimon, Estella M., and Imanol Ordorika, "Mexico's Estímulos: Faculty Compensation Based on Piecework", In *The University, State, and Market: The Political Economy of Globalization in the Americas*, 2006, pp. 250 – 274.

⑤ Rhoades, Gary, Alma Maldonado-Maldonado, Imanol Ordorika, and Martín Velásquez, "Imagining Alternatives to Global, Corporate, New Economic Academic Capitalism", *Policy Futures in Education* 2, 2004 (2), pp. 316 – 329.

⑥ Martins, André Luiz de Miranda, "The March of 'Academic Capitalism' in Brazil during the 1990s", *Avaliação (Campanas)* 13, 2008 (3), pp. 733 – 743 (http://dx.doi.org/10.1590/S1414 – 40772008000300006).

⑦ Kurul Tural, Nejla, "Universities and Academic Life in Turkey: Changes and Challenges", *International Journal of Education Policies* 1, 2007 (1), pp. 63 – 78.

⑧ Mouton, N, G. P. Louw, and G. L. Strydom, "Present-Day Dilemmas and Challenges of the South African Tertiary System", *International Business and Economics Research Journal* 12, 2013 (3), pp. 285 – 300.

⑨ Stewart, Peter, "Re-Envisioning the Academic Profession in the Shadow of Corporate Managerialism", *Journal of Higher Education in Africa* 5, 2007 (1), pp. 131 – 147.

⑩ Subotzky, George, "Beyond the Entrepreneurial University: The Potential Role of South Africa's Historically Disadvantaged Institutions in Reconstruction and Development", *International Review of Education* 45, 1999 (5 – 6), pp. 507 – 527.

⑪ Lotter, Don, "The Genetic Engineering of Food and the Failure of Science, Part 2: Academic Capitalism and the Loss of Scientific Integrity", *International Journal of Agriculture and Food* 16, 2008 (1), pp. 50 – 68.

⑫ Mendoza, P., "Academic Capitalism and Doctoral Student Socialization: A Case Study", *Journal of Higher Education* 78, 2007 (1), pp. 71 – 96.

尚有待提高，但这一存量当前具有的正外部性显得更为重要。从经济和社会角度而言，有如此多的关于知识所具有的各种效应的假设，以致我们有必要针对这一专题展开研究。

尽管如此，我们必须在新兴经济体国家中探讨各类知识，因为这些国家的知识存量不足。学术资本主义作为一个植根于美国环境的理论，自然而然地能被其他发达国家应用自如。因此，我们的挑战在于，在新兴经济体国家有关知识生产和改进其全球地位的进程中，如何使学术资本主义从理论上和经验上持续发挥其应有的作用。比如，"金砖五国"正在逐步拉近彼此之间的距离（特征相似的一个最好的例子便是数十年前的韩国）。所以，沟通发展中国家和发达国家的桥梁也正在被建立和修缮。

总　　结

有人可能会说，高等教育领域鲜有理论贡献。大量的研究者提供了种种理由来解释为何如此。Teichler（1996）说"在今天看来，高等教育作为一个研究领域，其涵盖面之小以致无法被认定为一门学科"[①]。虽然大多数学者认为该研究领域过于狭窄或过于薄弱的主要原因之一是它尚处于发展初期，但这不能成为唯一的理由。比如，Kaneko（2000）指出"高等教育研究是知识和论述的一个分支，它和其他分支之间并没有清晰的界限和逻辑联系。但这也未必是由于高等教育研究处于发展初期的缘故"[②]。该作者提出了一个由实证研究、政策论述和核心范式所组成的三层次结构的概念模型。

高等教育被定义为以专题为中心的研究，其主要特点是进行各种专题调查。这一研究领域的一个重要特点就是它的跨学科性。不同学

---

① Teichler, Ulrich, "Comparative Higher Education: Potentials and Limits", *Higher Education* 32, 1996 (4), pp. 431 – 465.

② Kaneko, Motohisa, "Higher Education Research Policy and Practice: Contexts, Conflicts and the New Horizon", In *Higher Education Research: Its Relationship to Policy and Practice*, 2000, pp. 47 – 58.

科间的联合以及各种以专题为中心的研究的结合大大增加了这一领域可研究专题的数量。它涉及的主要学科包括哲学、社会学、经济学、心理学、法学和历史学；研究专题有学者、学生、财政、评价、责任、质量、管治、多元化、性别、准入、科技、宗教、私企等。我们可以研究高等教育的体制结构，也可以研究各体制内的不同程式及其与其他社会力量之间的关系。此外，人们认为这一领域存在着诸多理论矛盾。高等教育研究"并未被看作一个适合进行大量学术调查研究的领域……人们通常认为高等教育研究还比较新鲜、发展极其不稳定、缺乏内在一致的理论和方法论结构，其已有的知识基础薄弱以致容易不攻自破"。

有些批判则相对中肯得多。Altbach（2001）认为高等教育研究集优劣势于一身。[①] Szczepanski（1997）认为由于这一领域是近些年才被涉足，因此学术界花了很长一段时间才找到恰当的术语和相对精确的分析方法来解决当中的问题。高等教育研究面临这一处境主要有两个原因：发展起步晚和它的跨学科性；缺乏系统化的、独立的方法论，"它一直借用其他领域的研究方法"。[②] 人们对高等教育研究的批判不仅仅涉及它的方法论，而且正如 Teichler 所提到的，也包括高等教育缺乏足够的理论发展。Kogan（1996）指出，这一领域很明显缺乏充分的研究假设和理论基础。[③]

在这一背景下，Slaughter、Leslie 和 Rhoades 所做的贡献对高等教育研究领域产生了重要的影响。除了几乎所有相关的高等教育研究者之外，其他学者也纷纷从诸如 Foucault、马克思这些思想家那里寻求建立学术资本主义相关理论的依据。在有关学术资本主义的著作中，作者们通过呈现大量的理论假设来解释高等院校所经历的一系列

---

① Altbach, Philip, G., "Research and Training in Higher Education: The State of Art", In *Higher Education: A Worldwide Inventory of Centers and Programs*, 2001, pp. 1 – 24.

② Szczepanski, Jan, "Higher Education as an Object of Research: A Reflection", In *Higher Education Research at the Turn of the New Century: Structures, Issues and Trends*, 1997, pp. 349 – 357.

③ Kogan, Maurice, "Comparing Higher Education Systems", *Higher Education* 32, 1996 (4), pp. 395 – 402.

变革。这一做法显得很重要，特别是因为它推翻了这种过于简化的观点：高校之所以需要变革是因为迫于外在压力以及大部分学校规定的制度没有使院校的内部矛盾问题化。其他一些概念包括"高等教育的麦当劳化""新自由主义改革""新管理主义"和"创业型大学"，但这些概念主要都是描述性的。

学术资本主义为联系以下四个因素提供了可能性：（1）经济约束和经济危机现象（当前所有国家都面临）；（2）知识生产与创新的相关性（理解各国间经济发展的巨大差异、经济生产的动力以及市场经济的参与者）；（3）国家、政府、私企以及大学的机构；（4）学科、院系、学者、大学管理者，甚至是学生等地位的复杂性。因此，学术资本主义的主要贡献是就以上这些问题为发展中国家和发达国家进行系统的理论整合。或许，它被认为是比较好的方式帮助国家应对诸如"知识生产者""知识消费者""知识断层""联合经济体"与"新兴经济体"的定义。不管采用何种术语和分类，正如它17年前所具有的相关性和必要性一样，学术资本主义看来都是一个重要的贡献，它提醒着发展中国家还需要做出更多、更精确的努力。

为了完善发展中国家背景下的学术资本主义理论，待解决的问题还有很多。例如，这些国家的研究机构有何不同？这个问题很重要，因为与发达国家相比，发展中国家的大学教师可能扮演着多重角色。在与发达国家管治结构完全不同的管治结构背景下，权力如何在院校中运行？举个例子说，不同国家在自治权和问责制方面就存在很大的差别。编写第一本关于学术资本主义的著作所面临的一个主要挑战是，如何去整合关于澳大利亚、加拿大、英国和美国四国各自案例的论述。当考虑到这一点的时候，我们会发现整件事情甚至比之前想象得更加复杂。随后我们发现，加拿大在这四个国家中显得最为另类。现在，当我们谈及新兴经济体国家时，会发现它们之间的区别更为明显、更为复杂。寻找巴西、智利、中国、印度、墨西哥、南非（或者更糟的俄罗斯和韩国）之间的相似之处，这几乎是一项令人难以置信的艰巨任务。也许，我们可以从"学术资本主义"中学到如何从开始建立"本土化的理论"逐步过渡到最终适用范围更广的理论。另外，需要探究的新兴经济体国家的其他两个方面问题是：这些国家学者的角色（包含他们处境的异同点），以及前文提到的知识的占有。

现在市场化对高等教育的影响无处不在，因此知识生产似乎不可能独立进行。在看到包括当代艺术领域在内的许多领域都受到市场化的影响之后，我们不禁考虑教育和科学是否也会面临相同的问题。英国艺术家 Damien Hirst 曾试图通过只创造一块钻石骨骼（一件命名为"为了上帝的爱"的艺术品）来充实整个当代艺术市场，显然，到最后他会因为作品的天价而自掏腰包买下它。Villoro（2013）[1] 是墨西哥在世的、最著名的一位作家，他很好奇当代艺术品高到离谱的价格是否能够导致其自身市场的瘫痪。在可以预见的未来，市场经济极有可能继续充当主导的社会力量，因此对于高等教育中的知识生产和商业化我们又该有何期待？知识生产和教育消费的新方式将如何改变现有市场，这一状况又将如何持续下去？仅仅只看因慕课而出现的炒作和迷雾，我们很难不去质疑知识和教育市场的不稳定性以及这一市场到底能变得有多贵。艺术家 Damien Hirst 到最后不得不购买了自己的艺术作品，只是因为它的价格高到让其他人没法买到。我们也必须想想高等教育是否有可能走到和 Damien Hirst 一样荒谬的地步。两个例子都说明这种想法并不极端。首先，美国的学费在不断上涨，包括英国在内的其他国家也如此。自 1985 年以来，美国的大学学费激增了 500%。学费究竟能涨到多高？其次，包括 Elsevier[2] 在内的主流学术刊物的出版商采取了一些新的策略来索取在他们所谓的"公开刊物"上发表文章的版面费，这些费用从 500 美元到 5000 美元不等。那些没能力支付这类版面费的作者们该怎么办？诸如此类的例子都说明学术资本主义有可能成为这样一种理论工具：它可以用于解释墨西哥和其他一些新兴经济体国家高等教育和知识经济之间的关系。当然，关于学术资本主义的争论至少还要持续 17 年。

---

[1] Villoro, Juan, "Damián Ortega: Cómo desarmar el mundo", *Gatopardo*（www.gatopardo.com/ReportajesGP.php? R =201.2013）.

[2] "Open-Access Journals", 2014（www.elsevier.com/about/open-access/open-access-journals）.

第十二章

中国的学术资本主义：主题与变革

邓希恒（中国香港）

在中国，包括中国内地、中国香港、中国澳门和中国台湾，教育受共同的传统文化影响。通过不同的学术结构和认证系统将各种教育活动和交流项目予以制度化。在全球化背景下，中国高等教育正发生着翻天覆地的大变革。在中国，国家系统通过考察知识创业者的不同行为来揭示高等教育变革的复杂进程。

本章将探讨学术资本主义这一主题及与学术资本主义现象有关的不同表现形式。借用 Burton Clark（1983）在高等教育系统中国家、市场、学术权威协调模式的观点来理解和分析学术资本主义的政治结构。我所认同和描述的三种理想模式，均处在不同国家高等教育部门权威的核心即国家系统、市场体系、学术系统。以下几部分记录了中国四大高等教育体系的发展历程，尤其仔细分析了在中国背景下知识和学历资本化形成的过程中国家、经济、学术界的协调和制衡。本章的目的就是加强对学术资本主义文化实质精神的理解和提升对当代不断变革的中国高等教育的理解。

学术资本主义和高等教育的政治结构

优先探讨关于学术资本主义的理论问题。本章以新的视角分析学术资本主义在中国高等教育体系的内在表现。但是这种内在逻辑正日益受到跨国化社会关系的影响，并波及中国内地、香港、澳门、台湾之间的经济、政治和文化领域。为了加深对中国学术资本主义主题的不同理解，这一章首先提出学术资本主义可操作性的定义。该定义旨在通过综述历史文献记载来论述中国有关学术活动日益市场化、高等教育的私立结构盛行、知识和逐利性的学术活动资本化的问题。

学术资本主义的操作性概念可以从三维多层面来进行定义。更重要的是，我运用 Clark（1983）[①] 高等教育系统中国家、市场、学术权威协调模式理论的目的是阐明并理解中国区域内学术资本主义政治结构的问题。

首先，学术资本主义指的是高等教育机构和学术团体逐渐作为经济组织来运行的现象。在一个高等教育系统中，资源是按照业绩表现而不是按学术团体和知识分子个人的成员资格来分配。与资本主义经济运营一样，竞争是学术界充满活力的"命脉"。市场框架是由调节知识生产活动发展而来的。如在一个典型的市场框架中，学术资本主义一方面提供教育服务、研究和知识产品、咨询和知识性服务，另一方面满足了知识消费者和使用者的需求。通过分化市场进入学生市场（消费者市场）和学者市场（劳动力市场），两者深受集体购买市场的影响。该市场通过满足提高高等教育机构的业绩、声望和信誉等要求从而吸引优秀的学生和知名学者。通常，学生和教师从具有较少吸引力向更多吸引力的地方流动。对高智商人才的广泛需求成为一种全球性的现象。这种现象通过竞争激烈的学术待遇、薪酬、诱人的学生奖学金和助学金表现出来。知识和教育正在成为一个非公共物品而且越来越资本化。[②] 随着全球化的发展，市场体系更加开放，竞争日益加剧，跨国资本主义的学术活动越来越普遍。

其次，学术资本主义的意识形态使以大学管理主义为主导地位和学术界的特权群体和弱势同行之间的不平等地位合法化。[③] 意识形态

[①] Clark, Burton, R., *The Higher Education System: Academic Organization in Cross-National Perspective*, Berkeley: University of California Press, 1983.

[②] Etzkowitz, Henry, Andrew Webster, and Peter Healey, eds., *Capitalizing Knowledge: New Intersections of Industry and Academia*, Albany: State University of New York Press, 1998.

[③] Slaughter, Sheila, and Gary Rhoades, *Academic Capitalism and the New Economy: Markets, States, and Higher Education*, Baltimore: Johns Hopkins University Press, 2004.

构成了学术事业的"上层建筑"并给学业优异者灌输一种新的理解,即将追名逐利定义为学术比赛中的优异。不同机构对学术团体和个别学者的支持(财力和人力)代表着他们所做贡献的社会回报。围绕"物有所值"、经济生产力、城市/国家竞争力,以及对人类的人才和知识资本的讨论加强了这种意识形态的灌输。自从20世纪80年代兴起新自由主义以来,相关竞争力的话题在政策制定者、企业领导、大学管理者、大众媒体和公众的精英圈之间广泛流行起来。根据2012年Slaughter和Cantwell的观点,[①] 人力资本和知识竞争见证和规范了高等教育新自由主义的变化,把教育作为经济回报的一种投资而不是为社会公益和社会正义的投资。相关论述通过一种社会科学研究手段进一步地阐释和表达了学术资本主义的意识形态,即对世界一流大学的不同排名、期刊出版物的引文检索、质量保障的审查。这种生产和再生产路径的有关论述揭示普遍存在的经济文化形式,为学术资本主义思想奠定坚实的基础且符合现有的政治路线和政治思想。企业领导,尤其是资本主义经济中的企业领导在上述竞争力的产生、发展和推动过程中扮演着关键角色。企业的精英尽管处于学术职业之外,却通常是董事会的委托人或代理人。他们开始逐步对高等教育采用企业化的管理从而代替高校的行政管理。学术资本主义的思想对学术自治和学术自由理念的变化产生了深远的影响。比起让知识分子对当权者说实话,学术自由在一个自由的学术系统能够更好地实现其自由。学术资本主义的思想阻碍了学者对资本主义社会矛盾冲突的解决和为公民追求社会公正的使命。

再次,学术资本主义赋予学术企业官僚机构更大的权利。高等教育管理者及其管理能力逐步加强了对学者专业活动的监管范围。[②] 借效率和成本效益的名义,管理者加强了对资源配置、课程和研究议程的控制和协调(战略研究计划),如学术人员在决策的过程中拥有越来越少的参与权。这种现象尤其在任命教务主任和自上而下实施管理

---

① Slaughter, Sheila, and Brendan Cantwell, "Transatlantic Moves to the Market: Academic Capitalism in the United States and European Union", *Higher Education* 63, 2012 (5), pp. 583 – 603.

② Slaughter, Sheila, and Gary Rhoades, *Academic Capitalism and the New Economy: Markets, States, and Higher Education*, Baltimore: Johns Hopkins University Press, 2004.

时表现得更为普遍。无论是对于政府、私人赞助商、普通大众还是学生，问责制都可以证明这种管理主义。高校行政管理部门在其机构中实施自由放任的原则和制定鼓励竞争的政策，目的是为经济的资本积累提供有利的条件。市场力量进入学术界塑造高等教育的未来，决定着个别学者未来的职业生涯以及实现资本主义经济持续增长和提升竞争力的目标。

仔细审视学术资本主义的政治结构可以加深我们对学术资本主义概念的理解。这种结构可以借助于 Burton Clark 就高等教育系统中国家、市场和学术三者之间的权力制衡进行理解。Burton Clark[①] 制订了呈三角形的理想模式。这种模式在不同的国家均处于高等教育权威的核心部门，即政府体系、市场体系和学术/专业体系。把三个体系分别放在三角形模式空间的每一个角落（如图 12 – 1 所示）

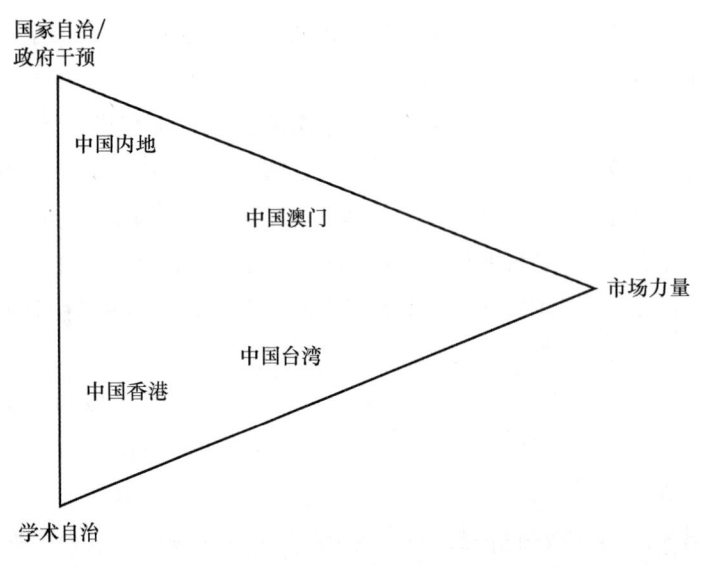

图 12 – 1　中国的学术资本主义：处于不同高等教育系统的核心权威

---

① Clark, Burton, R., *The Higher Education System: Academic Organization in Cross-National Perspective*, Berkeley: University of California Press, 1983, pp. 136 – 137.

三角形的每一个角代表一种模式的极端，这种架构代表着所处不同方向的权利形式。在三角形中各个角最后结合的位置是一个特定高等教育系统核心权利所处的位置。事实上，在每一个高等教育系统中，各种权利的关系是以上三种权利形式（国家、市场、学术权威）在不同程度上协调的结果。如果处在三角形的顶角，在处理高等教育的事务上属于国家权威的极端形式。这种单一制的国家协调模式，通常统一制订政策计划和目标，统一界定问题并集中找出解决方案。正规的高等教育结构需要严格的监管和较强的普适性。总的权利来源于国家，但是在国家政策的审查上，权利倾向于赋予亲政府派的资本家和知名学者而不是反政府主义者。在中国，内地的高等教育系统主要特点是以国家为主导的模式。

在三角形模式的另一端是通过市场这只无形的手协调的一种单一模式。跟国家主导模式不同的是，在纯粹的学术市场没有国家协调模式中的这种普适性的目标。高等教育的产生是社会选择的结果。这种社会选择是指自治组织行动和竞争相互作用的结果而不是常见问题的一种解决方案。① 中国台湾的高等教育系统呈现出市场模式的特点。自20世纪90年代末以来，随着中国台湾高等教育的大众化，高等教育机构的规模急剧增长，其中超过70%是私立院校。中国台湾的民主发展为制衡国家资本主义干预高等教育的事务提供了可能。相比之下，中国澳门高等教育的市场化是由政府和资本家协力、个性化政治和对非民主政府缺乏制衡的共同作用下形成的。

最后是处在三角形底部角落的学术权威。在这种主要以学术权威主导的协调模式中学术自治在最大程度上被提倡和保护，政府主要为高等教育机构提供财政支持。高校事务的决策主要是根据学者们的专业知识，而在资源和权利的分配方面主要是根据学者们在学术界的名誉和声望。例如，在19世纪60年代，英国的国家权利较之前不断增长。通过一个缓冲机构使学者免受市场和国家的影响。该机构也被称为大学资助委员会，它的使命就是捍卫大学自治和学术自由的完整

---

① Banfield, Edward, C., *Political Influence*, Glencoe: Free Press, 1961, pp. 326–327.

性。通过专家的同行评议来保障学术质量。因此，以学术权威为主的模式是通过用政府的钱而不用听命于政府的一种学术权力形式。[①] 如果高等教育系统政府协调作用不强，那么学者们就可以调节政府制定的规则。以中国香港为例，政府没有为高等教育制定长期发展的详细教育政策，有影响的大众媒体不时地制约着政府、捍卫法治，这是其核心价值观之一。自殖民地时期以来，大学教育资助委员会作为一个缓冲机构主要资助香港地区的学术职业使其很少受市场力量和政府的直接干预。就相对不规范的意义来讲，香港地区大概处于三角形的底部接近学术自治角落的位置。不同于香港地区的是，澳门地区没有这样一个缓冲机构去保护学术行业的自治。澳门地区高等教育系统的核心权力紧紧依靠市场模式。通过政府官员和商界领袖共同努力去推动澳门地区学术资本主义的发展。依照本章的概念框架，以下部分将介绍中国不同高等教育的发展道路。

中国内地高等教育"管理的"市场化

在 1949 年中华人民共和国成立之前，中国的民办教育已经很普遍。在 1949 年之前，在所有的高校中大概有 2/5 的民办教育机构在运行。后来由于指导思想的变化，所有民办学校转为公立学校。

从 1980 年起，中国高等教育就已经包含了市场规律，这尤其与 1978 年邓小平同志提出的改革开放政策相呼应。伴随着国家经济的高度发展，教育的要求也在增加。1992 年《中共中央、国务院关于加快发展第三产业的决定》这一国家文件中清楚地表明，在中国，教育被战略性地认为是第三产业必不可少的组成部分。同年，《教育法》第 25 条优先发展私立教育被提出。尽管如此，它是受约束的，而且也不以盈利为目的。根据此项法律规定，发展私立教育被首次公开提倡。还进一步公布了"中国教育改革和发展的纲要"，促使政府、

---

① Clark, Burton, R., *The Higher Education System: Academic Organization in Cross-National Perspective*, Berkeley: University of California Press, 1983, p. 141.

高等教育和市场规律形成了一个新的动态协商机制。之后,中国政府在1998年公布了"促进21世纪教育发展"的方针,确立高等教育要面向大众化的目标。

国家政府通过立法、信息控制以及拨款来控制"受监督"的高等教育市场化。于2002年通过的《民办教育促进法》是一项有重大意义的法规,其目的是引导私立教育机构在合理收益内扩大它们的事业。教育部公布了一系列政策,2003年的"促进私立院校由公共教育机构管理",2004年的关于"促进私立教育法的实施规则"中允许公立院校建立和合并私立院校,这样可以产生利润。

在21世纪初的10年间,中国的高等教育飞速发展,尤其是通过私立教育的建立(或称民办教育)。据统计,在2000年,共有1041所院校和557万的学生入学。到2009年,总共有1983所高校,其中334所属于私立院校(可容纳436万学生,占总人数的20.3%)。最近,2500多所高等职业技术院校和将近300所高等教育机构以民营机构运行。在2011年,309所独立院校在运行(以上数据来自2011年的中华人民共和国教育部)。

为了解释国家控制的中国高等教育的市场化进程,Zhu和Li(2012)证明了没有足够的政府预算来支持和响应加速增长的学生入学人数。根据"使用者收费原则",高等教育机构探讨了提供运转资金的其他措施,包括上涨学费和银行贷款。在2009年,全国范围内高等教育机构的银行贷款已经超过324亿。[1]

中国内地在扩张高等教育部门的进程中,高等教育管理机构的权力开始下放。大学在管理学习事务、学生的招生和教职工的调动(包括管理他们的薪资)方面,更重要的是,在改变知识建构和知识传播的目标方面都有了更大的自主权。由于市场化,知识体系是国家在教育改革中拥有最少控制权的领域。大学的研究越来越面向为经济的发展而创造(或应用)知识。高等教育机构开设了面向市场的应

---

[1] Zhu, Fengliang, and Sumin Li, "Marketization in Chinese Higher Education", In *State and Market in Higher Education Reforms: Trends, Policies and Experiences in Comparative Perspective*, 2012, pp. 181–199.

用学科，包括商业、工程科学、外语和国际贸易，并因此更受学生喜欢。自筹资金的学术项目变得越来越普遍。它们扩大了高等教育的入学率，并增加了入学人数，学生被允许以较低的分数入学。在资金状况和预算的基础上，高校可以为教职员工设计他们的绩效工资等级。学者们可以通过利用外部资源做任务来增加或补充他们的额外收入。Zhu 和 Li 注意到，开展创业活动，包括应用研究成了某些大学教师学术生涯的一部分。

总的来说，学术资本主义重塑了中国大学的机构自主权的状况。但是这种转变进程受政府的影响，由与政府协商而定。在"被管理"的高等教育市场化之中，官僚化是市场力量的另外一个障碍，也可能这个障碍一直在影响高等教育活动。时间将会告诉我们，中国的私立高等教育未来会扮演什么样的角色。

中国香港的企业化的高等教育管理及绩效驱动的教师职业

中国香港因经济发展成功而被人们所熟知。从一个"不毛之地"发展成为亚洲"四小龙"之一，香港地区经济的发展激励许多人为它的"经济奇迹"寻求一个解释。市场规律一直是香港地区文化中近乎神圣的部分。[1] 香港地区的价值体系被认为是受资本主义影响的。[2] 利润、自由市场竞争、普遍效率、资本积累、全球贸易、消费主义和地区发展形成了商业和政治繁荣的"中心价值"。[3] 同样也存在于香港地区资本主义的操作原理中。在受殖民统治期间，它的高等教育部分从来都不是经济的中心。它被看作一种社会

---

[1] Postiglione, Gerard, A., "The Hong Kong Special Administrative Region of the People's Republic of China: Context, Higher Education, and a Changing Academia", In *Reports of Changing Academic Profession Project Workshop on Quality, Relevance, and Governance in the Changing Academia: International Perspectives*, 2006, pp. 97 – 114.

[2] Lung, Y. T., *Lung Ying-tai's Hong Kong Notebook*, Hong Kong: Cosmo, 2006.

[3] Lee, Leo Ou-fan, *The City between World: My Hong Kong*, Cambridge, MA: Harvard University Press, 2008, p. 5.

服务而不是一种商品。如果当时政府控制高等教育的有限扩张,许多学生就需要到国外读大学。香港大学的研究成果和生产率都是很渺小的。当政府或工业发展需要政策决定和技术革新的知识时,它们从外国尤其是英国购买研究。香港的大学是从1990年开始才有研究传统的。

总的来说,香港特别行政区政府在高等教育的发展和今后的部门发展中一直占支配地位。除了一所私立文科学院(在2006年成为一所大学)和一所开放大学(通过自筹资金运行项目),香港地区的所有大学都是公共资助的。政府还成立了教育机构(正在朝着大学发展)和一所表演艺术专科院校。高等教育政策并不是由政府直接地或自上而下地执行,而是通过一个叫作"香港大学基金委员会"的缓冲组织来执行。从法律上来说,香港地区高等教育机构是依机构条例和行政机构管理和运行的自治团体。香港特别行政区基本法的第137条规定,保护学术自由。机构有处理拨款的权利,这种做法是基于学术自由的哲学体系,它还涉及效率和有效性。优秀议题、成本效益和公共责任制是政策议程的关键。香港地区高等教育的企业管理在这方面是可见一斑的,尤其是在这样一种文化存在共识和管理主义被接受的环境下。

1997年亚洲金融危机影响导致的财政缩减增强了大学的企业式管理方法。20世纪90年代早期,在本科生教育机会大幅增加期间,当地公共社区机构有责任提升关于效率、成本效益及经济贡献的问题。政府宣布,由政府拨款的机构为达到国际优秀水平应该加强它们的竞争强度。六大学科的"优秀中心"的组建能更好地进行知识经济的管理研究。相应的,通过近似的归类,当地大学在那个时期的战略计划反映了政府的战略主题。

在2000年教育改革中削减了高等教育部门最初资金的4%。政府提出更高的大众化目标。到2010年,60%的中学毕业生接受了高等教育,通过私立教育机构的快速增长,美国学士学位的课程体系很快作为自筹资金的模范被介绍到中国香港,并且已经成为中国香港高等教育结构的一部分。根据政府"2002年香港的高等教育"报告,

第二部分　学术资本主义和全球化

只有被选拔的机构应该在战略上得到公共部门的和私人的支持，以使它们在最高国际水平中保持竞争力。[1] 在以行为为驱动的学术职业情境下，研究生产力，在国际水平上竞争，将会得到很好的回报。报告提出了关于"金钱的价值"的叙述，并且向香港大学学术项目的拨款机构传授了各自的思想。在 2003 年 3 月，政府突然宣布在接下来的学术年，大学拨款委员会将削减 10%的资金。更重要的是，政府通过让研究生和副学位项目在自筹资金的基础上运行来诱导高等教育的市场化。为了打开内地和国际学生的市场，政府取消了非当地研究生的定额限制，而且放宽了非当地学生享受公共资金的本科生和研究生名额限制，达到了 4%。大学为了花费的回升，可能宁愿探索中国内地和国际学生市场，以保持当地学生的教育。大学赠款委员会的工资级别与公民服务脱钩，作为一项政策也帮助了香港地区的大学教师职业更适应学者劳动力市场。

政府紧缩高等教育资金，大学肯定是不赞成的。在它们表达了对此结果的不满之后（比如，通过新媒体），也已经做好准备应对这一新的现实。节省学术活动的开支变成香港地区的学术职业人员尤其是领导者和实施者战略上的核心思考问题。为了增加责任，也为了保证毕业生的质量和满足社会变化的需求，香港中文大学的校长支持改善课程，而且他鼓励大学组织更多的研究申请，与商业和工业部门建立更多的联系，尤其是吸引外界资金。

在普遍的竞争政策和通过各种各样的全球排名追求世界一流和国际威望的学术文化下，政府职能已经由服务教育的资助者转变为一个监管机构。据说，香港地区学术界的管理主义可以给动态协商带来方便，是取决于竞争和业绩的高等教育系统的学术文化。一个自上而下的管理主义的反例证是 21 世纪前 10 年机构合并的计划。大学拨款委员会成立了临时工作小组、机构综合工作组，并在 2004 年公布了一个报告，建议香港中文大学和香港科技大学及香港教育学会合并。机

---

[1] Sutherland, Stewart, R., "Higher Education in Hong Kong: Report of the University Grants Committee", *Hong Kong*: University Grants Committee of Hong Kong, 2002, pp. 6-7.

构合并的提案没有取得这些机构的学者的普遍支持，而且这一计划并没有实行。相对但是普遍来说，香港高等教育类似于"理想型"的职业模式。

中国澳门的赌场经济和学术资本主义

中国澳门高等教育的历史是短暂的。人口数量少是影响政府对高等教育投资的一个不利因素。受殖民统治时期，葡萄牙政府对澳门的高等教育关注较少，并且偏重于鼓励送学生去外面接受大学教育。高中系统的多样化使得在若干复杂的可能动机驱使下建立了第一所大学。因此1981年建立的第一所大学——东亚大学，既不是葡萄牙澳门政府的一次冒险，也不是澳门某私立部门的主动探索，而是当时香港的一个商业领导团想要扩大香港年轻人的学习机会而建立的。由于有关私立教育的规定与当时港英政府普遍的教育哲学体系不一致，所以东亚大学的创建者们更倾向于同意支持东亚大学提议的澳门政府。这一冒险忽略了一个现实，即东亚大学的使命是服务来自中国内地、中国香港和马来西亚等国家和地区的学生，而且授课语言是英语。澳门第一所现代大学的建立，作为一个私立的实体，反映了葡萄牙管理的教育哲学体系，这一哲学体系塑造了未来澳门高等教育的市场化。

关于教育服务的规定，澳门地区针对多种类型的高等教育机构采取了多样化规定的策略。自从20世纪90年代以来，私有化已经成为澳门地区高等教育扩张的趋势。澳门地区有4所公立高等教育机构和6所私立高等教育机构。高等教育机构类型的多样化及它们各自的规定一直维持着，而并没有把较小的机构合并到较大的机构里。这10所院校规模大小和类型都各不相同，小到只有270个学生的护理院校，大到有超过8000学生的大学。最近，大部分院校都充分扩大了它们的学士学位课程，其中包括亚洲国际开放大学、旅游研究学院、千年大学、圣约瑟夫大学和科技大学。这5所大学中有4所是私立机构。在澳门地区高等教育的发展中，私立机构与公立机构一样活跃。私立机构的注册学生人数比例从1999—2000年的39.5%迅速增长到

2008—2009 年的 67.4%。在十年的时间内，实际的注册学生经历了超过六倍的扩张，从 3385 名学生增加到 21059 名学生。

在知识经济全球化期间，教育服务提供了一个有前景的创业机会和经济收入的来源。私有化也成为整个亚洲地区[①]高等教育扩张战略发展的一种形式。中国澳门的大学在这方面扮演了积极的角色。2011 年 3 月，中国澳门科技大学与日本、韩国和中国台湾的私立大学共同主办大学校长论坛，促进了亚太地区的跨境高等教育的发展合作和战略规划。这个论坛被来自超过 20 个亚洲私立大学的校长接受，并且澳门政府也相当支持。[②]

在全国范围内，澳门是来自中国内地的学生寻求学习机会的目的地。如 2008—2009 学年年鉴，有超过一半的学生（52%）来自澳门以外的地方，而当地居民仅占 48%。具体来说，澳门的博士课程、硕士课程和研究生文凭课程中非本地学生的数量超过了当地人。澳门的研究生课程对于希望毕业后工作和居住在澳门的，以及那些可能以后使用澳门作为海外教育的一个跳板的内地毕业生，是有吸引力的。十所院校中，有四所提供着研究生课程。澳门科技大学一直对博士研究生数量的不断增加最为敏感，它增加了约 70% 的学生。收入增长不足和高等教育扩张要求澳门充分利用创业机会。澳门需要规划它的招生。在 2006—2007 学年，57.4% 的学生就读于商务或博彩管理，10.3% 就读于旅游及娱乐（为第二大），但只有 0.2% 的学生就读于人文，其可能在澳门一直是最不受欢迎的学科。在联合国教科文组织的 2008 年以国别为分类的报告中，中国澳门高等教育辅助办公室强调为了使制度更灵活，需要修改高等教育条例（如信贷和双学位制），并为学生的经济援助建立一个第三方的教育基金，[③] 希望以此

[①] Shin, Jung Cheol, and Grant Harman, "New Challenges for Higher Education: Global and Asia-Pacific Perspectives", *Asia Pacific Education Review* 10, 2009 (1), pp. 1 – 13.

[②] "Asia-Pacific Private University Presidents Forum Was Launched Yesterday", *Macao Daily News*, March 29, 2011.

[③] Gabinete de Apoio ao Ensino Superior, "Documentation Provided for the Country Report to the UNESCO Asia-Pacific Sub-Regional Preparatory Conference", Paper presented at the 2009 World Conference on Higher Education, Macao, Bangkok, September 25 – 26, 2008.

吸引更多的学生在澳门学习。Sou Chio Fai 教授是 2011 年 3 月新上任的高等教育辅助办公室的主任，他支持奖学金制度，以帮助广东学生在澳门接受高等教育。① 澳门政府也尽力解决辍学问题（在其他中国高等教育系统中，这是相当不寻常的），并且增加其高等院校作为高中毕业生的第一选择的吸引力，尤其是对男学生。

资本家对高等教育慈善捐款的增加也反映了大学部门和企业界之间的联系日益紧密。从 2007—2008 年，拉斯维加斯金沙集团旗下的豪华酒店和俱乐部威"威尼斯"，两次给了澳门大学 650000 澳元捐款，是为了在澳门大学设立一项新的奖学金及奖学金计划。这是有史以来这个大学从一个单一的赞助商处收到的最大一笔捐赠。2008 年 5 月，这所大学的合资伙伴签署了一项协议，建立 1435 平方米的澳门大学阿德尔森高级教育中心，位于公司在路氹城的俱乐部—酒店综合体大楼。根据附庸关系，澳门大学负责运行在接待、娱乐以及零售领域的专业培训课程。② 可以预见的是，为了给高等教育活动提供一个更好的财政支持，更多的高校企业合作将在未来开展。学术资本主义在中国澳门正在加强。

学术资本主义在中国台湾

中国台湾地区拥有 160 多所大学，台湾高等教育包容了公立/私立分水岭，大小和学术方向的多样性。但是根据台湾地区高等教育的历史，它并没有一个"民主的开端"。自从在 1945 年摆脱日本殖民统治，中国台湾的教育部门抓紧控制高等院校，不论是公立还是私立。大学部门的其中一个职能就是保护台湾当局在那个时候的意识形态力量，即国家党（被称为国民党的意识形态）。与此同时，关于政治事务的意见和评论受到限制，高校的数量也被限制。在 1954 年，

---

① "Gradual Implementation of the Framework in Socio-Culture Aspects", *Hou Kong Daily*, March 10, 2011.

② "University of Macau, Venetian Sign Deal on Education Center", *Macao Post News*, May 13, 2008.

当时只有 2 所大学和 12 所学院，少于 1500 名学者。

为了提供熟练劳动力，高等教育机构的数量在 20 世纪 50 年代末和 60 年代激增，特别是占主导地位的私立院校的工业专科学校。在此期间，大学生人数也增加了超过十倍。考虑到如此迅速的增长，台湾当局在 20 世纪 70 年代到 80 年代早期进行干预，通过限制高校的增长速度以及不准许工业专科学校升级为学院的手段。唯一的例外是当局鼓励研究生院的建立。

通过提供补贴，台湾教育主管部门介入台湾的私立高校的治理。已经有对私立大学如何管理其财政资源的严格审查。尽管是全权负责财务管理，台湾的私立高校仍需要按照教育部规定的金额收取费用。

台湾当局通过严格的立法控制了大学事务中的各个环节，名为"国家安全"，[1] Mok（2002）[2] 理解为与流行的政治权威相一致自上而下的"国有化"计划。关于高等教育经费分配的决定不是依据学术，而是从政治上考虑。台湾高校之中可观察到有高度一致性的规范，直到 20 世纪 80 年代末。在奖学金的模式方面，人文和社会科学比自然科学少，较少的民主思想出现在政治学、社会学[3]等相似的软科学。

民主化在 20 世纪 80 年代末出现在中国台湾。尤其是随着《戒严令》在 1987 年 7 月 15 日的废止，民主思想广泛传播。在知识界和高等教育界，中国台湾的学者们卷入了各种各样的活动企图去实现学术的民主化，尤其是寻求学术自由和大学自治。袁哲李，中国台湾第一位诺贝尔文学奖获得者，于 1994 年主持了一个综述组织，设计了民主的口号——"教授治校"，这在当时受到了欢迎。[4] 同年，教育改革委员会接受了自由主义的主题（或者用普通话说，"松绑"，意思是"从严格控制走向解放"）。有关大学的法律进行了修订，允许台

---

[1] Chiang, Li-Chuan, "The Relationship between University Autonomy and Funding in England and Taiwan", *Higher Education* 48, 2004（2）, pp.189 - 212.

[2] Mok, Ka-Ho, "From Nationalization to Marketization: Changing Governance in Taiwan's Higher-Education System", *Governance* 15, 2002（2）, pp.137 - 159.

[3] Chan, Sheng-Ju, "Shifting Governance Patterns in Taiwanese Higher Education", In *The Search for New Governance of Higher Education in Asia*, 2010, pp.139 - 152.

[4] Ibid.

湾大学民主管理。大学成员可以选举他们自己的校长,而对于大学事务,一个更高级别的委员会将做出民主的大学政策。

教育改革委员会发起自由主义两年后,在1996年,一些挑选出来的公立大学得到了资金募集和管理非政府来源的金钱的财政自主权。非集权化的理念之后被并入了2001年的相关高等教育文件。[①] 它提议台湾的大学应该享有大学财政、人力资源管理以及课程设计的自治权。在这"学术民主化"的时期,民营企业被允许开办新的大学和学院。高校数量持续增长,从1996年的105所增加到2006年的165所。

大众化进程超过十年之后,确保质量的问题被提上了议程。全球化加快了知识经济的发展,它把大学作为生产知识经济的发动机中的一部分。自上而下的政策实施,使得有效生产和应用知识成为可能,从而建设尖端研究机构、世界一流大学以及先进的知识经济。举例来说,2001年的一个倡议提出将较小的公立大学与已建成相当规模的大学合并,它的引入是为了弥补经济规模的不足和进行有效的资源配置。

尽管它们有作为公共机构的地位,台湾大学和学院只有不到80%的机构预算是由教育主管部门资助。[②] 鉴于2005年《大学法》的修正,公立大学被赋予了拥有资产和所有权的法律地位。不像其他的高校,它们是企业化的,追求多种资金来源。在中国台湾,学术资本主义的体现是通过国家教育政策的方式,民主价值观对这种方式的影响并不显著。

结　　论

本篇文章研究中国内地、香港、澳门和台湾高等教育体制的政治结构,尤其集中研究学术资本主义是如何在中国多样化地体现。我借

---

① Chan, Sheng-Ju, "Shifting Governance Patterns in Taiwanese Higher Education", In *The Search for New Governance of Higher Education in Asia*, 2010, pp. 139–152.

② Mok, Ka-Ho, "From Nationalization to Marketization: Changing Governance in Taiwan's Higher-Education System", *Governance* 15, 2002 (2), pp. 137–159.

鉴了克拉克（1983）的关于国家、市场、学术专业之间权力的协调的想法，探究它们高等教育体制的发展途径。本研究结果表明：在一个比较但不标准的意义上，中国内地类似于国家体制的"理想类型"，中国香港类似于一个专业体制，中国澳门和中国台湾则类似于一个市场体制。特别要说明的是，调查结果是从一个比较的视野，依据它们各自的高等教育部门获得。在中国设置知识和教育文凭资本化的进程中，合作和紧张以多种多样的模式出现在国家、经济和学术界之间。

本研究建立的模型并非静态的。在全球化与21世纪中国兴起的背景下，中国高等教育体制的内部逻辑开始受到中国区域的经济、政治、文化圈的跨国化社会关系的影响。从中国内地流入中国香港和中国澳门的学生重组了学生人口并重塑了校园文化。因为在中国香港，世界一流大学高度集中，一些中国内地学生认为中国香港是一个进入更负有盛名的西方大学的跳板。学术的流动，包括在西方学习的学生的返回，在一定程度上促进了学术文化的改变。中国内地不断增长的创新产业对知识的需求激励来自香港的知识跨边界转移，例如，通过相邻的深圳市。[①] 然而由于中国内地的政治经济力量的崛起，影响力的分配趋向于内地占主导地位。因此中国微妙的转变被理解为"本土化"的现实过程。也就是说，全球化并不一定会加快学术资本主义在中国的转化速度。在此基础上，我们发现不同的学术/制度结构、文凭制度、学术文化、思想基础和当地的文化，它们一起充当由学术资本主义跨国传播产生的变化的障碍。由于学术资本主义和全球化，改变高等教育是新的现实。但转变是复杂过程的结果，涉及国家、市场和响应学术资本主义全球化趋势的学术机构之间的紧张关系和协作的结果。在中国，时间会告诉我们在被称为"一个中国"的视角下各种响应能否达到一种汇合。但到目前为止，这还未完成。

---

① Sharif, N., and Hei-hang Hayes Tang, Forthcoming, "Hong Kong and Shenzhen: New Trends in Innovation Strategy at Chinese Universities", *International Journal of Technology Management*.

第十二章 中国的学术资本主义：主题与变革

注　释

1. "高等教育的政治结构和学术资本主义"和"澳门赌场经济和学术资本主义"这两部分的内容来源于Tang即将出版的著作。
2. 就此概念的深度理论讨论，参见本书的第二章和第七章。
3. 香港大学拨款委员会在1964年由香港立法委员会制订预算时建立。委员会建议香港应该建立一个与英国大学拨款委员会类似的委员会，以给香港政府满足大学的设施、发展和财政需求等方面提供建议。1965年10月，该委员会建立。这些年来，依照香港的具体情况，根据大学的具体需要，仍然执行当年的原则和规定（相关信息见 www.ugc.edu.hk）。例如，Postiglione 和 Tang 发现一大半（53.8%）的香港学术人员认为自己所处的大学支持学术自由。①

---

① Postiglone, Gerard, A., and Hei-hang Hayes Tang, "A Preliminary Review of the Hong Kong CAP data", In *The Changing Academic Profession in International, Comparative and Quantitative Perspectives: Report of the International Conference on the Changing Academic Profession Project*, 2008, pp. 227–249.

第十三章

风险经营型企业：学术资本主义，全球化和风险大学

[英] 罗杰·金

这一章论述了作为一个组织型和政策型样板的风险型大学的发展以及它潜在的全球扩散力。尽管在日常话语中，风险通常被视作潜在的灾害和危险，但它作为一种具有潜在价值和创新性的资源一直以来都与资本主义商业活动息息相关。除了具有欺诈性的、利己的和投机的行为，风险也展现了人类能力范围之内的现代主义信仰，这种信仰使人类能够通过合理的计划和管控去应对变幻莫测的未来。对于一个（尤其看重声誉的）组织或更广泛的公共群体来说，为了最终能有效地组织创新性活动，同时也为了收获符合预期的结果，使用具有风险的手段是有必要的。因此，随着资本主义的广泛普及，风险展现出企业的创造力和通过组织计划实现其收益的稳定趋势。

尽管关于风险的研究经常论述它对于个体或整个社会的影响，但在这里我认为风险是具有组织性和政策性的。结合具有企业性质的学术资本主义，学者们期待着去寻求不断上升的风险，并且试图在激励风险的同时也将风险值降到最低。为了寻求价值和竞争优势（例如海外投机），高校采取了市场驱动的风险措施，但这些高校同时也通过日益完备的内部监控系统从而具备舒缓风险的组织协调能力。

在高等教育中，风险作为一个关键的组织原则，它反映出当代许多大学不断增长的竞争意识和责任意识，同时也反映出新自由主义的公共管理模式的扩张。实质上，大学及其他部门中风险模式的发展更

进一步印证了实践性的公共组织和有着明确标准的经济商业体的成长。有时它会应用于国际范围内的公私合作之中。然而，尽管存在着明显扩张动力使得风险大学模式在全球范围内被采用，但是它们在普及的过程中仍存在着显而易见的阻碍。

同　　构

高等教育系统在世界范围内的课程、运作、管理模式的融合中越来越倾向于同质性。制度同质性可能反映出高校有组织的探索并致力于许多部门的合法化。但是社会经济和文化所产生的大规模变化同样起着重要的作用，这些变化包括在那些指向创新性、知识主导和创业经济的新兴市场中产生的变化，这些变化同样会对高校系统产生影响。例如，在东亚的一些国家，这种经济的发展与风险中存在的持续增长的政策利益是密切相关的，由于一些长期组织或机构如家庭具有吸收风险的特征，这些特征在面对社会和人口变化时会失去它们的效力。

虽然在一些东亚国家，风险性观念依然没有占据统治地位，但有证据表明更为正式的风险管理和协调政策已出台，这些政策对大学的管理与教学内容产生影响。例如，中国、中国香港、马来西亚和新加坡等地的商业院校课程不断地在增加风险、创业、创新尤其是针对经营者的MBA课程，这些课程是由本校的教师和欧洲以及美国一些名牌大学里的教师联合起来进行教授的。由于政府中政策制定者寻求经济结构完成从低成本制造业和依赖外资的现状向具有创新性产业的转型，这些变化也反映出社会（环境）和课程同质化所产生的巨大转变。政策制定者期待着高等教育系统能够支持这种变化。正如他们所期待的那样，大学也开始在他们有组织的实践中同化风险观念。像世界上的其他地方一样，在全球学术资本主义浪潮下，这些进步显示出正在扩张的大学风险模式的发展前景。

风险大学这种思想的产生与风险治理尤为相关，特别是大学中战略性风险管理的出现、大学外部质量保证体系的更加明确及基于风险的正式监管制度的产生。风险治理涉及风险管理,这种管理通过更加强大的内部行政控制和风险监管模式来进行,那些在实现管理目标的过程中承担较少风险的机构可以不必承受标准周期性复审的压力,从某方面来说,使得它们拥有时间和资源去成为更加具有创业性的大学。与此相关,国家支持系统的外部官僚干预观念在提高教育质量上没有起太大的作用,它与给予学生和其他人自主选择权利的消费者满意观念相比是处于劣势的。大学的市场竞争行为基于对学生选择的更好了解,这种行为被认为能够提高学生的学习质量,但是在面对大学系统中的科研压力时这种行为逐渐趋于消失。

然而,与此同时,风险治理中建立起来的外部机构审查制度也起着十分重要的作用,它也意在提高监管性能,并且作为一种监管手段更加具有均衡性、针对性和明确性。此外,英国高等教育拨款委员会发现这种基于风险的方式刺激了对法规的遵从,通过承诺放松对高校的监管使遵从和良好的行为得以产生,因此这种方式在成熟的系统和大学中沿着自主权和自我管理权力持续增加的轨迹建立起来了。

基于风险的管理越来越成为一种基础管理模式,即它是用来规范监管体制的。也就是说,机构和认可机构对于大学自主管理的控制和对大学使用内部机构数据过程的监管已经由内部审查转向外部审查。所以,这种组织风险管理是大学自主管理的一种模式,这种模式是基于风险的管理所大力提倡的,风险管理和基于风险的外部管理的模式,在实践过程中自发地紧密相联。管理者和质量保证人员常常处于非常不稳定的政治环境中,因此,他们也需要像机构那样管理好他们自己的风险。

风险大学

风险大学具有以下四个关键特征:

(1) 在与其他类似的地方性大学进行地位和经济竞争时,它既将创业风险视为一种潜在的价值资源,同时也将其视作一个危险来源。

（2）它越来越受到风险的影响，不仅是因为市场化的发展和人均公共财政的持续下降，而且也是由于标准制定者对其组织声望的外部评价，这种评价通常会被媒体放大，例如这种现象存在于国内和全世界的大学排名、专业评审过程以及质量保证机构和其他管理者的活动。

（3）它越来越需要引入风险管理模型来作为大学治理的关键问题，这一方面是为了回应外部威胁的增加，另一方面也是监管者鼓励的一种结果。

（4）在一些国家，它越来越受到基于风险的监管方式的影响，这种监管方式是由政府支持的质量保证和财政监管机构所引入的。考虑到它要在尽可能地放松管制的目标（背景）下才能得以运作，这些监管机构有选择地将注意力集中在那些被认为是为自身和整个系统承担最大风险的大学。因此，它们将对大多数被认为是低风险的大学放松监管力度。

风险大学的观念表明在学术资本主义的影响下，有关于风险的思想已经渗透到高等教育领域，影响了组织策略和行动，并且逐渐扩散到外部担保的理念中。逐渐成长的市场化、竞争和商业化将大学置于风险之中。但是正如传媒、科研评价机构、大学相关排名和其他统计机构所呈现的结果，大学自身为了它们的未来也在加强与企业的联系。

大学中正式的风险管理和基于风险的外部管理理念如今已在澳大利亚和英国等国家建立起来了。例如英国高等教育拨款委员会要求大学引入风险管理控制机制和相关的风险登记，委员会以此来作为向大学提供资金援助的条件。它也定期地发布各种来自私人企业的风险管理模板和标准，来使大学建立基于良好的风险改善内部控制的有益实践。同时，随着风险管理在其他领域也日益得到发展，英国高等教育拨款委员会将风险管理视为大学具有高水平治理能力和高度责任感的表现，它不是一种专门活动，而是一种技术性行为。

风　险

　　尽管风险理念有相当长的历史，通常被认为是风险评估中的核心教学工具——概率论也存在了多个世纪，但仅仅在近些年在鉴别和理性对待组织中的风险时，概率论才有了更多系统且科学的尝试。尤其是在金融学领域，过去十年间，许多大型的公共企业遭遇了一连串的失败，这种情况更加有力地促进了这种意识的发展，因此组织所面临的风险越大，升值也会越快。所以，风险管理作为在资本主义社会进行新型公共管理中时稳健且有效的工具，已经成为企业和政府最为关注的问题，并且也开始成为大学战略和声誉问题的具体表现形式。

　　在复杂性、偶然性和相互依存性不断增长的时代，风险在有效控制不确定性方面反映出了一种自信。对于一些人来说，这种对于风险的理解表达出启蒙时代的信念，即人们有一种理性的力量去控制自然界和社会。然而，到了中世纪，未来在很大程度上由宗教来决定，并且相对不再受人为地干预，在全球商业资本主义和科学推理浪潮中这两种截然不同的进程膨胀中，这种分级系统由于支持"控制未来"思想而瓦解。在这种观点中，未来是可以被改变和事先计划的，因此，作为一种能够预测和控制未来不确定性的方法，风险意识得以扩张。每一件事被视作相互影响的概率统计模型之中的一部分，这种思想得到了来自客观科学规律信条和已被认识到的宇宙因果关系的支持。

　　当代科学领域的变革——特别是量子物理——以及复杂和混浊理论的发展已经瓦解了有关于宇宙中固定的因果律的陈旧观念，并且用一种新的观念取代了它，即风险有更多的概率维度。在这种观点下，风险管理自身可能也会产生风险，这种管理被视为一系列应急措施中的最佳组成部分。尽管如此，风险已经被视为一种合理决断：未来可能是不确定的，但是风险创造了一种手段来操纵它，仿佛未来是可被控制的。

　　近几十年来，社会学家也对风险观产生了兴趣。例如，风险社会学理论家认为，由于教育和媒体技术的发展，知识在迅速地传播，因此，现代社会中的善于自我反思的个体日趋增加。所以，在当代，人们对于潜在的风险有了更强的意识，也更加无法再容忍它们，人们更加有信心利用自己的知识去评估和管理风险。在政策和组织方面，风险观由于新自由主义和学术资本主义的扩张而得到强化。历史上，受集体意识影响个体的风险管理更多为国家和政府系统所承担，但如今，至少在西方社会，人们需要为自己的风险管理承担更多责任。

风险和社会

一般来说，社会科学家已经开始采用社会建构主义的方式来应对风险。风险不是客观存在的，它需要由心理上的想象来变为现实。也就是说，对于风险的察觉深受社会变化的影响，就像是不同群体所具有的对于风险的期望也是不同的。即使是在一个国家内部，不同的部门间也存在着相当大的差异，这些差异与监管行为中所选择的风险及惩罚制裁的方式有关。这种国家之间和国家内部在风险上的文化差异将会使人们对于全球风险管理在高等教育领域和其他领域如何运行产生怀疑。

尽管如此，风险管理和风险监管模式在高等教育管理系统之中的发展反映出在学术资本主义的浪潮中，私营企业所发挥的作用越来越大，这种作用不仅仅是作为大学的商业联盟与大学间存在着公私合作的伙伴关系。Robertson、Mundy、Verger 和 Menashy 认为[1]虽然这种组织的假定目标是将大多数风险转移到私人合作伙伴身上，使这些风险远离高等教育系统。"对于领导者、基本机制和动机的期待通常会产生显著的差异"。但是与转移风险相比，管理者如果没有足够的能力去协调好合作关系以及估算出风险分担的最佳水平，实际上那将会给大学带来更多风险的同时，为私营企业提供更多的利润。

---

[1] Robertson, Susan, Karen Mundy, Antoni Verger, and Francine Menashy, "An Introduction to Public-Private Partnerships and Education Governance", In *Public-Private Partnerships in a Globalizing World*, 2012, pp. 1 – 17.

风险观作为一种社会建构的概念，对于大学和其他组织管理风险以及建立风险战略具有深远意义。例如，Bradbury[①]注意到关于风险的不同概念会产生政策上不同的结果。一种定义方式将风险视为客观事实，它可以被人们科学地理解、预见和管理。第二种定义方式从心理测量和社会建构的层面出发认为风险承载着价值并且具有可解释性。在第一种方式中，风险沟通包括劝说他人相信由专家和公司领导人员所提出的观点的客观正确性。这些风险战略需要被"出售"给那些受这些风险影响的人或者是那些专门从事管理控制自上而下的组织风险的人。然而，第二种定义方式认识到风险认知的社会可变性和社会性构造，并且基于"所有人都是专家"这一观念之上，通过所有利益相关者之间的协商来寻求解决和折中方案。

一般来说，在组织机构中（包括大学），最近关于整体企业和策略性风险管理的观念以说服和解释的分层形式得以出现，这种分层形式往往忽略了员工对于风险投资和风险缓解措施的重要性。风险决策的"推出"把其实施所必需的其他组织一体化，但很大程度上是在取得了战略决策后（这样可能会使其他不同的观点被考虑进去）。然而风险作为一个社会建构理念，取决于个人和团体的文化和其他环境。仅仅依靠试图说服他人（如学者、学生、外部利益相关者）来相信基于风险决策的目标的正确性不太可能有效。

风险治理

风险通常被定义为一件事情发生的可能性与对其（积极的和消极的）影响的估计的组合。风险实质上指的是事件或环境的变化，其中潜在的危险和机会十分明确。在企业化（或商业化）的大学和学院中，控制和相对可预测性（不确定性）是风险管理系统预期产生的结果。因此，大学治理者和其他领导者不愿意接受意想不到的损

---

① Bradbury, Judith, A., "The Policy Implications of Differing Concepts of Risk", In *The Earthscan Reader on Risk*, 2009, pp. 27 – 42.

第十三章 风险经营型企业：学术资本主义，全球化和风险大学

失逆境，不管是名誉上的损失还是财政上的损失。如果出现了损失，他们希望立即采取补救措施。因此，风险管理过程也被认为是问责制、透明度以及组织应变能力有意增强的另一种形式。

大学和其他组织机构通常面临三类风险："灾害"风险，如根据个体所能接受的标准而设定的健康和安全规范之下的较轻的犯罪行为；"控制"风险，这种风险往往发生在项目管理中（如设立海外分校），这个时候不是每一个事件都可以被精确地计划；"机遇"风险，它涉及从投资中获取高价值成果的可能性，这种投资在增加市场、利益或地位预期上可能具有很高的投机性。有些机会本身就有风险（例如，大学特许经营或将品牌授予相对未知的第三方），（与此同时）有些风险在经过内部监控系统筛查后仍旧残存。在这种情况下，可选择的措施就是接受风险（通过买保险，买卖衍生工具，或与私营部门的供应商合作），或者是放弃这个机会。但是，如果未能在动态的环境中抓住机会，那么最终这种方式可能也不会起作用。这种动态的环境意味着与日俱增的企业竞争者们需冒着失败的风险将名誉与市场拱手让给竞争对手，因此什么都不做也存在着风险。

尽管包括大学的一些组织，越来越多地在尝试"企业风险管理"——一个被企业决策层在进行战略思考时所采用的整体或综合模型——一般来说，大学去效仿它是不太容易的。企业风险管理的目的是避免在组织贮仓（部门）存在着风险的潜在可能及风险的集中显现，然而大学并不是像大型私营部门的企业一样完全公司化和分级化。如果大学和学院的"松散耦合"比以前少，那么学术自由和部门自治的观念仍然强大到足以抵御纯粹的自上而下的管理。因此，高校通过其他领域的经典风险管控策略和模型对教学和科研进行风险管控存在着困难。它们倾向于使用"代理"，特别是用声誉风险的理念来作为"风险管理的一个通用的工具，允许大学介入（或参与）有关风险的所有可能的挑战和问题"。

此外，传统上（大学）委员会和校董事会的理事们一直不愿意强行进入"学术问题"的领域，即使学术风险是声誉风险产生的主要原因。如2011年利比亚（领导人）卡扎菲上校之子在伦敦经济学

院攻读博士学位期间的表现和其对该校的财政支持被媒体曝光后，校董事会的理事们可能会发起对其子在学术及其他相关问题上的调查。

在风险大学中，风险管理和遵约机制不仅被视作为了维持战略性和运营性控制以及外部监管的合法性而需要投入的成本，也可以作为产生和保护价值的创业资源。企业既需要机会主义，也需要系统的规划。风险管理将被视为增加自身商业价值的"产品"，而不仅仅是一种谨慎的交易审查行为。例如，与国外商业伙伴的海外合作对高等院校来说特别有风险，并且需要战略性的风险建议以确保在预期风险内使（经济的和非经济的）预期收益最大化。

一些大学和学院越来越认识到，预测机构的风险偏好是重要的，它的重要性在于确保组织风险的增加不是由于在对高风险的厌恶中丧失机会。在其他领域，高级风险顾问已经成为企业的战略合作伙伴，而非对企业活动提供谨慎建议的控制仪。如处于首席风险官这样的职位的人可能会像他们在大多数商业部门（尤其是金融服务）所做的那样来尽可能多地标记现代大学，专业化和"管理至上"的风险管理偏离其当前在高等教育中的"学术"方法（尤其是在审计委员会的主要风险管理的角色中建立起来的），而成了更高层执行者的责任。

高等教育中的认证机构、质量担保机构和资助机构，同它们监督的大学和学院一样，也要受制于更高的风险管理流程，即使它们需要正式承担风险监管模式运行的责任。面对来自外部利益相关者（如政府、媒体和更广泛的公众群体）的充满着竞争性和可变性的监管要求，基于风险的监管者，像他们监管的组织一样，也必须管理与他们自身的声誉、资金和寿命有关的风险。在这种情况下，总会发生组织目标被替代的危险，从而偏离保护消费者和公众的主要目的，而转向主要保护监管组织自身。这可能包括监管机构为了"免责"而重新引入官僚主义和标准化内部流程，取代那些基于选择性风险分析机构的程序，尽管公众授权（他们）进行风险监管的运作。

由于企业化和责任制的推行，大学需要形成一套可识别的内部风险管理系统。一旦这种系统建立起来，那么监管机构就处于一个对不同大学的风险管理进行排名（也许先是非正式的）的位置，这种地位（或角色）是促进其自身进行风险管控的基础。随着监管机构逐渐获得经验，大学风险管控系统不仅仅是一种合法需要，它（也将）成为一种有助于同监管机构建立联系的信誉资源。

资本主义和民主

一系列的风险管理标准正日益在全球范围内使用，如国际标准化组织 ISO31000，这表明跨部门和国家的风险管理框架正在迅速蔓延。国际组织如欧盟委员会、经济合作与发展组织和世界银行鼓励使用这些标准。例如，在 2010 年，OECD 发布了案例研究和指导，"旨在协调制定帮助成员国政府实现监管政策下的风险治理的框架"，包括鼓励与风险监管相关的"更好的监管"的议程。

正如我们在高等教育中所看到的那样，尤其是在澳大利亚和英国（以英格兰为主），基于风险的质量担保而进行目标选择和引进是具有资本主义色彩的歧视性行为，它与法治国家所倡导的平等主义不符。并不是每个人都受到同样的对待。就保险政策来说，覆盖率和保险费成本取决于相关实体的追踪记录和风险概率。它们不依赖于平等地对待每个人。相较于传统集权式的公共管理，风险监管机构在其关注的领域和资源上享有平等的选择权，它的目的并非通过程序化、标准化和公平决断的过程以确保（人们）对一系列规则的普遍遵守。①

我们可以称之为新公共风险管理，或制定提案公告，利用资本主义经济解决民主政治问题。对个人和组织的差别性对待取决于他们带来的不同的风险正如在保险中一样，而并非基于平等观的方式。但它创造了强大的张力，这种张力来自于民主和资本主义所依赖的社会组织的不同原则。

现代民主政治的核心是对公民权利平等的假定。司法系统的运作

---

① Organization for Economic Co-operation and Development (OECD), *Risk and Regulatory Policy: Improving the Governance of Risk*, Paris: OECD, 2010.

背后，是法律面前人人平等的假设。相反，资本主义经济的原则假定生产力资源的分配和市场力产生的结果是不平等的（它的拥护者认为，不平等对于鼓励企业和风险承担是必要的）。随着把基于风险的监管引入高等教育，分配以及由于市场化和地位再生系统产生的不平等渗透到监管系统当中，并保有其实现公民的民主、平等原则。基于风险的监管还可能通过服从以增强市场力为主要目的的监管来抑制民主观念及社会庇护方面的监管。

经济风险的监管机构（包括政府寻求高等教育部门的市场化）根据经济新自由主义的监管原则来重新诠释风险，它认为，监管是合理的，主要是其在纠正市场失灵方面的作用，如控制垄断、进入壁垒、外部性、信息不对称，或委托代理问题。在某种程度上，这些举措反映出各国之间关于风险的构成缺乏共识：它是一个高度文明的有争议的概念。风险类别和经济学之间的高替代性，至少部分反映了在提供理论上可行的、以全球化为基础的风险概念的困难。因此，存在着一种将风险监管目标转化为经济学术语的倾向，例如环境污染被认为是具有负面的外部性、信息不对称和委托代理问题的一个经典的例子，也就是说市场风险而非公共风险需为保障公民权利而加以规范。①

新自由主义经济原则在某些监管领域被视为能提供更多可接受性，明确性和稳定性的基础而不是提供了决定何时以及如何监管的风险概念，因此，在新自由主义经济原则下，"风险"被译成"市场风险"。经济学为其提供了理论层面通用的市场模型，也为其提供了国际化的基础。竞争而不是垄断、将信息披露给消费者和公众、负成本的内部化以及影响的最小化成为缺乏足够的理论和通用模型的风险治理的普遍目标。正是风险概念的社会性结构限制了它的全球化发展。

与此相反，市场被广泛认为在世界各地都是相同的，有共同的特征和过程，这确保了新自由主义经济模式能够很容易地跨越国界。市

---

① Black, Julia, "The Role of Risk in Regulatory Processes", In *The Oxford Handbook of Regulation*, 2010, pp. 302 – 348.

场所具有的争议性要比风险小得多。例如，最近英国政府开始了高等教育的改革，尽管他们坚持将风险作为一个关键的治理原则，但并没有像新自由主义那样对风险有过多的争论。竞争、市场准入机制、消费者的满意度以及持续增加的公共信息是监管建议的基石。风险目标开始被认为是放松管制的一种形式；本质上，它是由经济决定的。

不过，尽管没有与新自由主义经济和市场化理论类似的风险理论模型，这种模型有助于为组织和监管干预提供目标和理由，风险模型和风险大学的全球化的责任可能性可能比描述得有更大的希望，如下所述。

跨文化传播

一些国家机构和文化及它们的高等教育系统，可能对 NPRM 有更强的抵抗力。风险是具有高语境和社会解释性的一个概念，因此，它也许不能很好地在国与国之间传播。例如，伦敦金融人士认为的"适度风险"在日本投资人眼里可能就是具有高度风险的行为了。毫无疑问，在东亚，风险管理在组织和政策话语中的传播范围要比西方国家小得多。

迄今为止，亚洲的大学采用风险模式的迹象很少。一些人认为这种现象一方面是由于孔子宿命论的传统思想根深蒂固，另一方面是由于扩大的家庭支持网络具有强大的力量和风险吸收力，还有一方面的原因是强大的中央集权的官僚主义传统。具有自上而下精英主导色彩的"技术统治论"很大程度上抵抗着风险系统正式化和普及化的压力，在组织实践和政策表征中都是如此。尽管如此，这些态度可能会因经济全球化或其他压力而改变，许多亚洲国家正面临着和西方国家相似的转变和冲突，包括传统家庭结构的解体、离婚率的上升、广泛的家庭网在应对疾病时的无能为力、不稳定的雇用关系以及老龄化，结果就产生了对更多包括国家出台的风险管理集体模式的需求。

在世界的其他地方，尽管风险治理方式具有如一些影响力的国际组织表述的科学现代主义和理性主义的普遍特征。基于风险的方式在各个国家中的传播是不均衡的，例如，这种方式在法国和德国比在英国和美国的应用有更多的限制。欧洲大陆国家普遍具有强大的中央集权、官僚机构及在法律面前人人平等的深远传统，这些机构发现在（欧洲大陆国家）采用具有本质上歧视性和选择性的市场风险概念是极为困难的。这很可能是这些国家传统在高等教育组织里的反映，并且我们期望能基于欧洲大陆国家建立起一个（新的）风险模型，但缺乏相关经验。忽略在应对风险的文化路径中所产生的变化对大学领导者们来说是具有危险性的。由于大学正在将他们的行为全球化并且变得更加像跨国公司，这里存在着一定的危险性，即大学的高层行政和治理人员可能会相信在国内对风险导向和风险管理行为的满足在国外依然会发生作用。并且，凭借他们的经验，解释和在不同司法管辖区的操作而对风险进行评估，对于组织将他们的活动在国际间传播来说是非常重要的。全球化增强了大学内声誉风险管理的感知功能，并且强调了企业需要通过联合的努力来保护跨地区的组织的品牌资产。

当全球范围内向上发展的大学进入海外环境中时，监管和合作的风险就更加凸显，在这种环境中，选择一个国外的合作伙伴（大学、房地产开发商或者是政府）是必须的。但是，不理想的（合作）关系，尤其是对周围的质量控制和审慎的财务管理问题的文化和制度的差异可能会带来更严重的声誉风险。

来自英国研究中有限的证据显示，有着较高的地位、较强的科研能力的大学主要寻求通过建立生态的国际伙伴关系来扩大在全球范围的科学化和声誉，如果这种行为没有被完全地正式化，那么在付出努力之前，这种行为可能会采用强大的和具有参与性的风险管理模式，并且有大量的包括委员会在内的利益相关者会参与其中。这些大学给予地位保护以很高的评价，并且十分关心大学为了海外扩张所选择的优势学科和从那些精心挑选出的合作者中积累的可能性的科研优势。

然而，排名较低的大学与私营企业（如地产开发商或没有学位授予权的私立学校）进行海外商业投资时缺乏类似企业针对风险而做出的决策。这可能让人感到意想不到，因为，风险模型普遍被视作商业化部门获取利益的主要工具，也更适合被认为是一种提升收入风

第十三章 风险经营型企业：学术资本主义，全球化和风险大学

险的治理工具。而形成正式的风险计划可能已隶属于资本主义风险投资的第二阶段。这种情况可能会发生在高度创业化的初始阶段后的大学和非大学组织中。有迹象表明，在英国（和澳大利亚），对于大学产生的国际金融联合风险的各种负面报道及评论正在促使大学采用一种更具目标导向性的方法来应对全球风险，同时也激励治理机构要意识到为了海外活动而建立更加具有系统性和责任性的风险策略的必要性。

具有较高地位的研究型大学，（一般）只在国外提供一个或几个大学尤其擅长的项目课题，这可能是一种很有效的将风险降到最低的策略，特别是如果它们的关键合作伙伴是政府或者类似的公共机构（尽管预料之外的预算降低对于政府财政支出可能会带来一种意想不到的风险），在某些情况下，例如，伦敦大学学院在许多国家设有分校，这种策略就是集中在科研上而并非招收大量的本科生。在这种环境下，风险的损益往往仅局限于某个特定学科而非整个机构。但是，这种相对范围较小的运作也可能会使潜在的融资模式更具有挑战性，尤其是一旦从国际合作伙伴（通常是政府）那里获得的政府财政支持停止的时候。

建立国际合作伙伴关系在大多数情况下是一项高风险的活动，因为在合作失败的情况下可能会面临重要的财政和名誉损失。然而，一般而言，很少有研究涉及大学决定开始建立海外合作关系例如建立分校和决定反对建立合作关系。我们尤其缺少在这种深思熟虑之下的风险管理过程的证据以及可能被使用的风险框架模式。而且，我们还缺少对东亚的大学在与其他国家的大学建立合作关系的过程中是否在做出决策时使用了正式的风险模式的研究。风险管理和监管模式——NPRM——有在全球范围内推广的可能吗？

全球风险

尽管在更多的公共维护机构内，以营利为目的的集团、强大的资本家以及企业行为在不断增加，大学在很大程度上仍然是提升自身地

位的组织机构。地位较高的研究型大学的一个主要特点就是将焦点放在声望上，而不是增加利益和市场份额，这种特点通常反映在它们应对国际企业和商业合作伙伴关系的规避风险方式中。对于名誉危机的持续增长的担心更加促使将风险管理提高到董事会层面。除去外部因素，比如大学排名和类似的排序，当然还有媒体对大学和学院商业的尤其是全球范围内活动兴趣的不断增长，增强市场化的紧迫要求，加强风险识别和更详尽的对组织高层的检测过程。

我们已经在上文解释过了资深大学领导在引进非大学的规范化风险管理过程时受到的限制，比如对学术自由和自治的论述。因此，由于大学的教职人员在实际的商业活动中缺乏经验，他们可能会开展缺少足够的风险评估和控制的商业化以及国际化活动。在这种情况下，风险可能就会如学术能力一样在大学内部产生。而且，自上而下的企业风险管理会导致在做决定前没有将相关利益者考虑在内的战略性思维的缺乏。在一些情况下，学者们会强烈要求大学撤回至关重要的全球计划，比如英国华威大学。在新加坡，建立海外分校的先进蓝图也被放弃了，因为教员们对远离英国的资源分配表示出严重的质疑，同时也是由于教员们担心新加坡学术自由的运作可能会遭到阻碍。尽管此项计划已在进行，学者们可能会觉得他们的研究和晋升前景会因为进入国外分校而受到影响，并且这种情况会因为在一个新的国外的环境中难以获得研究资金而更恶化。

然而，为了满足人们对新兴市场中的高等教育持续增长的需求，澳大利亚、英国、美国主要的一些大学以及其他先进的系统已经开展了国际合作，以使在国内市场不断上升的风险最小化，与此同时产生新的风险。在某种程度上，为了进行国外传输而建立国际合作伙伴关系是风险担保的一种模式，它能够对抗住学生人数不断减少、限制针对国际学生的新的签证系统以及国内公共财政水平降低带来的风险。对高度市场化的大学负有责任的政治家嘱托大学要具有企业家精神和国际化意识（比如在澳大利亚、英国、美国），以使这种发展模式合法化，并帮助它们克服风险危机。英国政府鼓励英格兰的大学用借来的私人资产来处理国外的进一步的风险，并且为这些大学提供了跨政

第十三章　风险经营型企业：学术资本主义，全球化和风险大学

府的咨询服务。然而，私人跨国经营在产生巨大风险的同时也带来了机遇。这样的活动应该毫无疑问地从属于高度专业化的风险管理，但是到目前尚不清楚是不是总是如此。

虽然大学没有一直进行更正式的风险识别的培训，但有证据表明风险思考是正在发生的。例如，西方大学建立的一些国际分校往往倾向于集中在与本国制度相似或者有适应现实的前景的地方，以此来帮助它们自身降低风险（主要集中在中国、卡塔尔、新加坡、阿拉伯联合酋长国等国）。然而，精英大学为了支持保持和增加国内的投资、声誉和对本国学生的优惠政策，似乎已经倾向于放弃这种机遇，它们可能已经觉察到海外投资的风险所带来的威胁。

结　论

高等教育的风险观以及它在体制和监管政策及管理中的表现可能不会在世界其他一些地方找到，这些国家的文化和其他机构的配置可能会降低新的公共风险管理模式成为普遍的可能性。然而，在这些地方会产生经济和同构的压力，这种压力可能会削弱有关风险的传统文化假设。由于雄心勃勃的、有竞争力的和高度自治的大学开始在一些领域明显地看起来像全球化企业，因此风险大学的模式就有可能得到传播。

全球高等教育是一个社会体系，近些年在其自身的社会关系中变得越来越重要，反映出不断增加的互动和政策同构。也就是说，某些模式和标准（尤其是治理标准）已经开始广泛传播，并且占据着十分优势的地位。尽管全球网络是人们与组织相联系的协调设备，但其也是这个过程中的动力。这种动力通过标准和模式来表示，这种标准和模式能够去定义网络并且能够描述网络运行方式的特征。NPRM能够将诸如新公共管理和全球研究型大学这类的全球化动力模式聚集起来吗？

像 NPRM 的这种模式能帮助我们利用互联网实现社会合作。它们类似于使计算机网络运行的协议和代码。接受这样的模式就预示着

有一种在全球政策环境中避免被边缘化的愿望,也预示着确信这种模式能带来功能强大的工具性回报。政策性网络能够保证,通过这样的过程,一些观点和模式可以变得更加强大,尤其是当它们在满足由于经济和政治背景的变化而产生的新的需求时。一旦一种模式的传播或使用达到一定水平时——一个引爆点——然后它就难以被抵消了。随着网络电信的发展,一个特定的网络拥有的用户越多,就会有更多吸引用户的机会。[1]

NPRM 的传播从长远来说就意味着在高等教育系统(以及其他领域)中监管和治理模式更加普遍化,我们见证着新的监管技术和责任制跨时空的引进和传播,NPRM 就是一个例子。风险管理的困难和强大的线性程序正在慢慢地得到基于沟通、协商和妥协的软技术的支持,这更加反映出社会建构主义的方法对风险管理思想的影响。但是,文化障碍、文化采用以及适用仍束缚着风险管理模式扩散到更大范围,体现跨地区的社会解释。只有节制的风险被视为一种非文化的、深刻的经济和资本主义的观念,这是另一种描述新自由主义的方式,它会产生一个基于资本主义市场理论的更加同质化的过程。但是这种方法缺乏对基于风险的特殊的模式更加明确和充分的解释。

---

[1] Grewal, David, S., *Network Power: The Social Dynamics of Globalization*, New Haven, CT: Yale University Press, 2008.

第十四章

发展一种概念模型研究国际学生市场

［芬］伊尔·科皮伦　　［芬］查尔斯·马西斯
［芬］莉莎·韦默

新经济的崛起,即由工业导向基于知识追求的市场转变,改变了不同群体的使用,或者至少是改变了对知识的理解、知识对经济发展重要性的认识,以及社会评价知识的方式。①②③④ 因此,当代民族国家的生产力和竞争力普遍依赖知识作为原料,以及人们和组织如何围绕知识创造和传播而组织起来的方式。⑤ 在本章中,面向全球的商业教育出口是政府和高校用来提高它们竞争力的一个策略性行动手段。⑥ 在本章中,我们将看到国际学生市场作为学术资本主义的一个典型例证,相当清楚地反映了后者不仅是不同的、与全球化有关的子

---

① Castells, Manuel, "The Information Age: Economy, Society and Culture", *The Rise of the Network Society*, Oxford: Blackwell, 1996, p. 1.

② Jessop, Bob, "A Culture Political Economy of Competitiveness and Its Implications for Higher Education", In *Education and the Knowledge-Based Economy in Europe*, 2008, pp. 13 – 39.

③ Slaughter, Sheila, and Larry L. Leslie, *Academic Capitalism: Politics, Policies, and the Entrepreneurial University*, Baltimore: Johns Hopkins University Press, 1997.

④ Slaughter, Sheila, and Gary Rhoades, *Academic Capitalism and the New Economy: Markets, State, and Higher Education*, Baltimore: Johns Hopkins University Press, 2004.

⑤ Marginson, "Imagining the Global, In *Handbook on Globalization and Higher Education*, edited by Rober king, Simon Marginson, and Rajani Naidoo, Cheltenhan: Edaord Elgar, 2011.

⑥ Castells, Manuel, The Information Age: Economy, Society and Culture, Vol. 1, The Rise of the Network Society. Oxford: Blackwell, 1996.

过程的一个结果，而且也是多中心全球化的一部分。

我们了解国际学生市场的建立和内部动力的策略是基于"知识是商品"这样一种理念。① Karl Polanyi（1944）在他有重大影响的作品《伟大的变革》中指出，19世纪土地、劳动力和金钱的商品化导致了社会理想市场的转变，即市场更加自治和自我调节的社会形态。在这一层面可以归纳出目前全球知识经济的一个显著特征是系统和强化的知识商品化。与土地、劳动力和金钱的转型相似，知识形式的多样化已经积极地转化为商品并进入市场以至它能够被交换（例如，被买和卖）。当知识被当作商品的理念已经出现，人们意识到知识具有物质性的先决条件是重要的，它必须被储存在一种或另一种形式中，不论它是书籍、期刊杂志、计算机还是人脑。而且，知识的用法暗示着存在"使用者"，即个体的人、研究小组等。最后，各自知识的"容器"和"器皿"被安置在一些特别的结构性环境中，以此来授权或限制别人使用它们的知识或者获得新知识的可能性。

高校（作为一个可转让知识的关键来源）对于提高经济竞争力的重要作用在不断增强，这一共识促使知识商品化程度的增加。这一提升已经促进了如"虚构的霸权经济"②的发展。在这种虚构经济中，知识和高等教育被誉为经济竞争力、经济增长、财富和工作的先决条件。这一观点最明显的例证是技术或知识的转化（也就是下列的研究活动）。如知识转化中，研究成果可以受到《知识产权法》中专利等的保护并能进行买卖（也就是得到许可的行动者）。高等教育领域的知识商品化不只与下列的研究活动有关。③ 在本章，我们将集中于国际学生市场视角下的知识商品化。

我们认为知识作为商品这一概念增加了对国际学生市场复杂性的

---

① Kauppinen, Ilkka, "Different Meanings of 'Knowledge as Commodity' in the Context of Higher Education", *Critical Sociology*, 2013.

② Jessop, Bob, "A Culture Political Economy of Competitiveness and Its Implications for Higher Education", In *Education and the Knowledge-Based Economy in Europe*, 2008, pp.13 - 39.

③ Kauppinen, Ilkka, "Different Meanings of 'Knowledge as Commodity' in the Context of Higher Education", *Critical Sociology*, 2013.

理解，这一结论通过分析和综合高等教育学、社会学领域现存的理论性和经验性的研究而获得。我们开发了一个概念化的模型，将国际学生市场作为一个多维度的、现实的研究客体。然而我们不分析特定个案，我们讨论并举出两个个体的四种市场行为行动者、国际学生、大学和政府市场行为的例子，以及其如何互相影响。最后总结对于国际学生市场的启示。

知识的商品化

商品和商品化的概念作为社会过程在社会科学领域被广泛的讨论。商品化是指一个物体变成一个实体在市场上被卖和买的过程，如玉米、铜或咖啡等具有商品价值，能够被买和卖。新物品的商品化因而扩大了市场的边界。

直接或间接地讨论知识商品化文献的持续增长反映了基于知识经济的一个转变，或者至少它作为虚拟霸权经济的出现。[①] 同样真实的是，着眼于高等教育商品化的文献也在增长。[②] 这里我们没有呈现关于商品和商品化，甚至知识和高等教育商品化的概念。[③] 然而，我们旨在厘清知识商品化和知识作为商品在国际学生市场中的不同含义。

关于商品化，"劳动力不能与劳动者相分离"因为"有效工作的能力不能从物质上与劳动者分离"。[④] 而且，"劳动力无法存放在书架上，等到需要它时才激增，没有收入来源，它的'器皿'（劳动者）无法生

---

① Jessop, "A Culture Political Economy of Competitiveness and Its Implications for Higher Education", In *Education and the Knowledge-Based Economy in Europe*, Rotterdam: Sense, 2008.

② Jessop, Bod, "Knowledge as a Fictitious lommodity: In sights and Limits of a Polanyian Perspective", In Reading Karl Polanyi for the Twenty First Lentary: Market Elonomyas a political Projut New Tork: Palgrave Macmillion 2007.

③ Radder, Hans, "The Commodification of Academic Research", In *The Commodification of Academic Research: Science and the Modern University*, 2010, pp. 1 – 23.

④ Paton, Joy, "Labor as a (Fictitious) Commodity: Polanyi and the Capitalist' Market Economy", *Economy and Labor Relations Review* 21, 2010 (1), pp. 77 – 88.

存和再生产"。① 更详细地说,学生的劳动能力(如从事知识工作的能力)也不能与他们的身体相分离。按这种方式,学生可以被视为知识的容器,因为政府、企业和高校渴望获得经济上有用的知识,它们对保护学生的劳动能力很感兴趣,即被认为是经济上重要的知识容器。

上述观点可被作为探索知识商品化的启发性的起点。与劳动力相类似,知识或人力资本也被认为无法与劳动力本身相分离。但知识毫无疑问可以被存放"在书架上",例如知识至少能在一些情形中被出售(以书籍或文章的形式),而不售卖生产或储存知识的容器(也就是人体或人脑)。知识的商品化经常通过知识产权得到加强,因为知识产权规定谁可以或者不可以拥有一些东西、什么能够或者不能够被拥有,所有者可以利用他的产权做什么。换句话说,知识产权通过建立不平等的地位构造了社会关系:所有者和非所有者。②③

高等教育的商品化

在高等教育领域,至少有两种形式的知识商品化。第一种是"学术研究的商品化",④ 这一种类反过来涉及"商业化,也就是高校通过出售它们研究的专利或探究的成果来获得利润"。第二种是高校为了"商业交易的目的"使教育过程商业化。⑤ 教育过程的商业化指学生日益增长地被视为顾客,他们的"需求和需要被放在组织目标

---

① Paton, Joy, "Labor as a (Fictitious) Commodity: Polanyi and the Capitalist 'Market Economy.'" *Economy and Labor Relations Review* 21, 2010 (1), pp. 77 – 88, doi: 10.1177/1035 30461002100107.

② Carruthers, Bruce G, and Laura Ariovich, "The Sociology of Property Rights", *Annual Review of Sociology* 30, 2004, pp. 23 – 46.

③ May, Christopher, and Susan K. Sell, *Intellectual Property Rights: A Critical History*, Boulder, CO: Lynne Rienner, 2006.

④ Radder, Hans, "The Commodification of Academic Research", In *The Commodification of Academic Research: Science and the Modern University*, 2010, pp. 1 – 23.

⑤ Noble, David, F., "Technology and Commodification of Higher Education", *Monthly Review* 53, 2002. http://monthlyreview.org/2002/03/01/technology-and-commodification-of-higher-education.

第二部分 学术资本主义和全球化

市场的概念化是个复杂的努力，从无数的社会学文献中可见一斑。[1][2]"市场"这一术语不仅表示个人和国际买方、卖方之间的商品交换，也表示知识产权的交易，还可表示允许和加强市场交换的规则、标准、实践时间和环境。[3] 基于这一定义，我们可以涉及许多实际市场。一些市场有明确的定位（一些镇上的农产品市场），一些是全球性的市场（如金融市场），而国际学生市场是介于两者之间的。此外，在社会术语中，国际学生市场总是嵌入在社会中。它的运行涉及文化上、经济上和政治上多样化的社会环境，以及假定的信任和主体间对于规章制度的理解。

但是声称国际学生市场像其他市场那样运行是合理的吗？在高等教育的文献中，一些学者把高等教育定义为准市场。[4] De Wit 和 Verhoeven（2009）认为，高等教育市场"至多是个准市场"，因为"大多数顾客没有为他们的产品买单；大多数'生产者'从政府获得基本的资金；而且'市场'也不是自由的而是有规章的"[5]。确实，"所有部门的市场，特别是国家调控的高等教育，部分受到政府行为的影响和受到社会利益的调节"[6]。因为政府干预（津贴和规则）把市场机制引进高等教育而刺激市场行为。在这个意义上，高等教育可以被概念化为一个准市场，而且国际学生市场是其中的亚市场之一。[7]

国际学生市场可能不是买方和卖方交易活动的自发性成果，而是被社会上熟练的参与者引导以及不同程度地受到国家机关、国际组织

---

[1] Manicas, Peter, T., *A Realist Philosophy of Social Science: Explanation and Understanding*, Cambridge: Cambridge University Press, 2006.

[2] Sayer, Andrew, *Radical Political Economy: A Critique*, London: SAGE, 1995.

[3] Ibid..

[4] Dill, David, D., "Higher Education Markets and Public Policy", *Higher Education Policy* 10, 1997 (3-4), pp. 167-185.

[5] De Wit, Kurt, and Jef C. Verhoeven, "Features and Future of the Network Society: The Demographic, Technological and Social Context of Higher Education", In *The European Higher Education Area: Perspectives on a Moving Target*, 2009, pp. 263-280.

[6] Marginson, Simon, "Competition and Markets in Higher Education: A 'Glonacal' Analysis", *Policy Futures in Education* 2, 2004 (2), pp. 175-244.

[7] Teixeira, Pedro, Ben B. Jongbloed, David D. Dill, and Alberto Amaral, eds., *Markets in Higher Education: Rhetoric or Reality?* Dordrecht: Kluwer Academic, 2004.

和策略的中心"。① 本章集中于国际学生市场中多种多样的买卖交易，如学生作为知识的购买者、大学作为知识的出售者。

在基于知识经济的环境中，政府和私人企业视学生为某一特殊财产——知识财产事实上的或至少潜在的所有者。而且，学生被各种各样的行动者作为一种形式的商品可以被购买和出售，也就是说，他们被视为事实上或潜在的商品，可以携带或将携带他们之外的其他形式的商品，也就是知识。简而言之，学生可以被当作携带有经济价值的知识的容器。

但是，学生本身以其他商品形式为导向。如 Marginson（2004）指出大学之间不同层面的竞争（地位、经济和资本主义竞争），"高等教育被理解为商品可以通过个人来保护他们的私人利益"。② 而且，"目前的观点认为国际高等教育作为一种商品可以被自由地交易，把高等教育视为一种私人产品而不是公共责任"③。最后，高等教育内的知识可以有很多不同的表现形式，它可以用来增加一个人经济上、文化上、社会上、理智上和学术上的资本。

国际学生市场

大学为市场生产例如学位等教育性产品，除非大学或者政府愿意为他们的学业提供资助，否则国际学生只能自付学费获得这些教育产品。重要的一点是为高等教育定价，以便它们可以在市场上被购买或者出售。为了阐明国际学生市场是如何概念化的，我们转而关注市场的概念。

---

① Sappey, Jennifer, "The Commmodification of Higher Education: Flexible Delivery and Its Implications for the Academic Labor Process", Paper presented at the Reworking World conference, Sydney, Australia, February 9 – 11, 2005, p. 496.

② Marginson, Simon, "Competition and Markets in Higher Education: A 'Glonacal' Analysis", *Policy Futures in Education* 2, 2004 (2), pp. 175 – 244.

③ Altbach, Philip, and Jane Knight, "The Internationalization of Higher Education: Motivations and Realities", *Journal of Studies in International Education* 11, 2007 (3 – 4), pp. 290 – 305.

（例如世界贸易组织）、超国家实体（例如欧盟）或者其他正式组织的调控。此外，事实上的国际市场通常涉及一些会集买方和卖方的"信息通道"。① 至于国际学生市场的案例，高等教育交易的顺利进行得益于信息通道，使来自不同国家的卖方和买方会集。但它绝不表明国际学生市场在绝对的"普适性必要信息"意义上的竞争中运行，② 它暗示着具体地理解国际学生市场需要我们考虑除了学生和政府之外的其他参与者。但由于篇幅的局限性，我们只集中讨论这些参与者和政府。

概念模型的综述

尽管国际学生市场十分复杂，是多维的，并且有许多参与者，但是我们已经总结了一个揭示市场参与者不同行为的概念模型。或许把知识当作国际学生市场的产品这种最普遍的想法是把学生当作教育产品的购买者，把高等教育机构当作为他们提供服务/知识的供应商。但是在本章中我们的观点不仅仅只是为了证明教育产品买方和卖方市场的存在。我们也越来越多地把在当代知识经济下的国际流动学生看作商品，或者更精确地看作是具有经济价值的知识的载体。利奥塔（1984）认为"终有一天，民族国家可能将会为信息的控制权作斗争，正如在过去他们为了领土，以及之后为了获得原材料开采和廉价劳动力的控制权而进行战争"。利奥塔认为国际学生数量的增多是和全球大学的排名、国家创新体系以及民族国家对于知识经济特殊的策略和愿景相关的。从这个角度看，不是仅仅把国际学生当作购买者，我们扩展了教育产品的内涵，也把他们定义为知识、技能、人力资本、潜在知识和技能获取的购买者。这个驱动力（促使学生考虑国际教育的自己本国的因素）和牵引力（东道国吸引国际

---

① Sayer, Andrew, *Radical Political Economy: A Critique*, London: SAGE.1995, pp. 83-85.

② Ibid..

学生的因素)①② 在概念模型中是有内在关系的。

我们的概念模型把国际学生看作知识的载体和原材料,他们可以被知识(由大学所提供)填充或者被知识的内涵(学术能力、技能等)增加其价值并且发挥他们的潜力。我们假定两种市场行为(买和卖)存在于国际学生市场中,而且我们强调两组参与者:国际学生和大学、政府。我们认为,在这个特殊的市场,正如它们共同致力于吸引国际学生一样,大学和政府应该被分为一组。大学和政府的行为它们有不同的原因和动机,但是在很大程度上它们一起工作。我们预想每一个买方和卖方参与者的角色,他们在整个过程中角色的转换;也就是说,参与者的角色不是僵化的,而且在学生一生中的(导致很多的转换)很多事情上这种角色的转换是反反复复的(对买卖双方来说)。

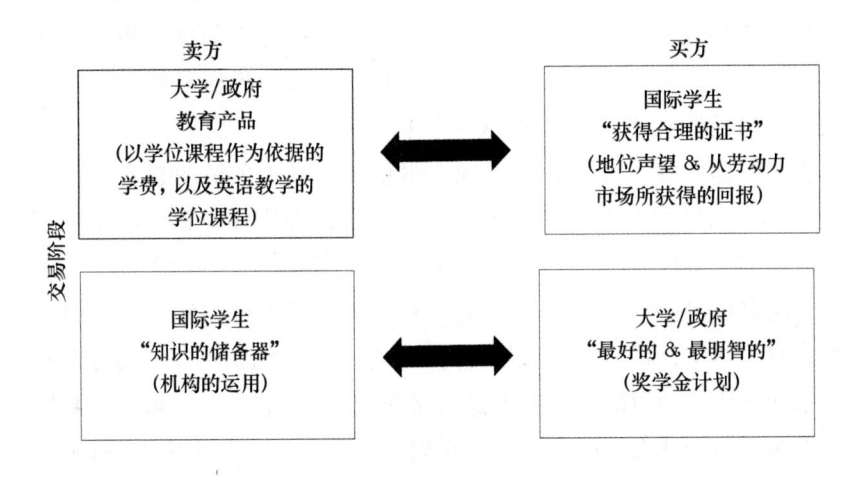

交易阶段	卖方		买方
	大学/政府 教育产品 (以学位课程作为依据的学费,以及英语教学的学位课程)	⇔	国际学生 "获得合理的证书" (地位声望 & 从劳动力市场所获得的回报)
	国际学生 "知识的储备器" (机构的运用)	⇔	大学/政府 "最好的 & 最明智的" (奖学金计划)

图 14-1 国际学生市场的转换

图 14-1 是双方参与者以及他们的市场行为转换的一个形象化的展示。当一方是卖方,另一方就是买方,这两个参与者的角色是双重

---

① Becker, Rosa, and Renze Kolster, *International Student Recruitment: Policies and Developments in Selected Countries*, The Hague: Nuffic, 2012.
② Weimer, Leasa, "Economics of the International Student Market", *Journal of the European Higher Education Area* 3, 2012, pp. 84-98.

的。当一方的参与者的角色转换了,另一方则给予回应。我们的模型是在市场交换概念的基础上产生的,而市场交换是在资本概念的基础上产生的。然而,关于多种资本形式的充分讨论(文化、经济、人力、信息和社会等),以及多种资本形式对于国际学生市场的关系已经超出了本章所要讨论的范围。① 尽管"市场力量在调整需求和供给方面的作用越来越显著",但是学生经常使用他们自己的社会和文化资本(也就是个人社交网络)去选择国家和项目,"而不是通过政府和机构的赞助"。② 各种各样的资本形式——特别是融资渠道——都和对国际学生市场的理解相关联。

大学和政府出售教育

许多政府和大学投资于将要出售给国际学生市场的教育产品的研发、推广以及市场营销。我们可以把远程学习、英语学位课程和海外学习项目类型的教育产品看作商品。教育学位和经历可以被包装、贴标签、印商标、市场宣传以及出售(常以学费的形式),来促使学生主观上寻求一个有价值的国际教育经历,这个经历会为他们在国际劳动力市场中的未来成功打下基础。

有一个假设认为国际学生可以是经济资本的一种新的来源。"民族国家对能带来经济发展和竞争力优势的国际学生增加了兴趣。"③ 旨在建立跨国界商业的新自由主义机构一直认为国际学生是消费者。④ 学校通过提供无数的教育产品,来满足增加收入的新来源和争

---

① Weimer, Leasa, Charles Mathies, and Ilkka Kauppinen, "Knowledge as a Commodity? The Case of International Students Markets", Paper presented at the Conference on Higher Education and Innovation Research: University in Transition, Helsinki, Finland, April 12 – 13, 2012.

② Li, Mei, and Mark Bray, "Cross-Border Flows of Students for Higher Education: Push-Pull Factors and Motivations of Mainland Chinese Students in Hong Kong and Macau", *Higher Education* 53, 2007 (6), pp. 791 – 818.

③ Weimer, Leasa, "Economics of the International Student Market", *Journal of the European Higher Education Area* 3, 2012, pp. 84 – 98.

④ Britez, Rodrigo, and Michael A. Peters, "Internationalization and the Cosmopolitical University", *Policy Futures in Education* 8, 2010 (2), pp. 201 – 216.

夺学习权利的国际学生的双方需求。然而，国际学生是否真的可以带来巨大的收益或者即使产生了收益，它是否仅仅可以抵消在市场活动中市场营销、建立品牌以及行政能力所额外付出的花费，这些问题仍然存在。①

引入学费的这种倾向证明了从国际学生身上获取收益的变化。丹麦和瑞士向非来源于欧盟/欧洲经济区的学生引入学费，这些各种各样的改革使得高等教育向市场化发生了巨大的改变。作为2006年一次大规模大学改革的一部分，丹麦是第一个向国际学生征收学费的北欧国家。在2010年的6月，瑞士通过立法，《根本质量竞争》对外国学生征收学费，结果就是对非来源于欧盟/欧洲经济区在2011年秋季注册修读本科以及硕士课程的学生收取费用。② 除了900克朗（140美元）新的强制的申请费之外，非欧洲学生依据不同的学校和研究领域每年要付出80000（12400美元）至245000克朗的学费。③

另外一个北欧国家芬兰，也转向了出售高等教育。出口高等教育已经成为过去五年高等教育改革的一个共同话题。2007年，有关大学和理工学院法律的修正案允许学院在定制的教育课程中从第三方组织收取费用，而不是学生个人。④《教育出口战略》中强调，"教育贸易已经成为一个逐渐增长的行业，而且它为芬兰提供了很多的机遇"，暗示着从事出售教育产业中的大学："高等教育机构将会受到鼓励而越发活跃，并且在教育出口操作者中承担主要的责任。"⑤ 另外，

---

① Knight, Jane, "Internationalization Remodeled: Definition, Approaches, and Rationales", *Journal of Studies in International Education* 8, 2004 (1), pp. 5 – 31.

② "Swedish Universities Prep for Tuition Fee Fallout", *Local*, December 1, 2010. www.thelocal.se/30544/20101201/.

③ Myklebust, Jan Petter, "Sweden: Fees Deter Foreign Applicants", *University World News*, January, 30, 2011, www.universityworldnews.com/article.php? story = 20110128224609573.

④ Cai, Yuzhuo, and Jussi Kivistö, J., "Towards a Fee-Based Education in Finland: Where to Go?" Paper presented at the Organization for Economic Co-operation and Development Institutional Management Higher Education General Conference, Paris. 2010.

⑤ Ministry of Education and Culture, *Finish Education Export Strategy: Summary of the Strategic Lines and Measures*, Helsinki: Ministry of Education and Culture, 2010, p. 13.

芬兰在2010年开展了一个对于国际学生的学费试点项目,这个项目把学费从一个禁忌话题变成了一个政策工具。①

另外一种倾向是英语语言教育产品的增长,特别是专门设计吸引国际学生的学士和硕士学位。在2008年,学术合作协会进行了一次探究英语教学学位课程的增长研究,以及在27个英语非母语的国家调查了2200个高等教育机构。② 调查研究揭示了英语教学学位在未来的五年里会成三倍地增长,直到2400个项目;实施这些项目的主要动机是吸引更多的国际学生(84%)。而以英语为母语的国家,也在竭尽全力在国际学生市场上把知识商品化。每年,英国文化委员会(一个代表英国高等教育的非营利组织)会在世界巡回对国际学生出售英语教育品牌,在此期间出售比如英语语言课程和国外考试这类教育产品,可以获得成千上百万的英镑。③

大学和政府购买学生

对全球人才的竞争是确保劳动力市场安全的一种方式,也是一个国家,在某些情况下是一个地区对于未来经济资本的投资。当一个国家或地区没有自己的人才去生产知识经济所需要的知识,另外一个选择就是去购买全球人才,也常被大家所称之为"人才引进"。这场"思维的战争"④ 逐渐发展成为主要的发达国家对于一些项目和雇用"最好的和最聪明的"国际学生营销活动的投资。诱人的奖学金项目和永久居住权项目都常常被用来吸引全球人才。

---

① Weimer, Leasa, "Tuition Fees for International Students in Finland: A Case Study Analysis of Collective Action and Social Change", PhD diss., University of Georgia, 2013.

② Wächter, Bernd, and Friedhelm Maiworm, *English-Taught Programs in European Higher Education: The Picture in 2007*, ACA Papers on International Cooperation in Education. Bonn: Lemmens, 2008.

③ Brooks, Rachel, and Johanna Waters, *Student Mobilities, Migration and the Internationalization of Higher Education*, New York: Palgrave Macmillan, 2011.

④ Robertson, Susan L., and Ruth Keeling, "Stirring the Lions: Strategy and Tactics in Global Higher Education", *Globalization, Societies and Education* 63, 2008 (3), pp. 221 – 240.

第二部分 学术资本主义和全球化

2000年,《里斯本战略》呼吁来自区域更多的努力,旨在使欧盟市场化,使之成为世界领先的知识经济,以此作为创建2004年伊拉斯谟蒙德斯项目的政治背景。伊拉斯谟蒙德斯是一个地区奖学金项目,目的是雇佣最好的和最聪明的在欧洲地区进行研究生学习(硕士和博士)的非欧洲国籍人才。伊拉斯谟蒙德斯项目的一个显著特点是包含联合学位项目,在这个联合学位项目里至少包含三个合作大学(在欧洲地区)的合作课程,一个学生灵活的计划和联合学分认证所产生的一个联合学位。这些特别的联合学位项目,以及一个利润丰厚的奖学金计划,吸引了许多国际学生来此修读硕士和博士学位。伊拉斯谟蒙德斯项目没有需要国际学生返回自己祖国的规定,而是提供他们在毕业之后继续待在此地区的机会。

另外,个别国家为了竞争"人才",开创了更多的国家奖学金计划,目的是吸引国际学生。在法国,埃菲尔卓越奖学金计划开始于1999年,目的是"在发达国家竞争愈演愈烈的环境下,来吸引国外有关硕士、工程和哲学博士学位的精英"[1]。在英国,志奋领奖学金项目开始于1983年,志在吸引"具有可论证的潜力成为未来的领导者、决策者和意见创始者"的国际学生。[2] 自从在2012年引入了学费制度,瑞典也引进了瑞典学院研究奖学金,这个奖学金为来自精心挑选的发展中国家高质量的学生提供了日常生活费用和学费。[3]

此外,签证快速通道和居住权项目吸引了全球人才。在2010年,加拿大对任何一个国外出生的拥有加拿大博士学位的个人实施了居住权快速通道项目;这个项目是为了在加拿大劳动力市场上保留在加拿大学习的全球人才。在欧洲,区域人才资源的发展是受到了2008年创立的"蓝卡"的促进。这种新型技术移民签证的目的在于把两千

---

[1] "Eiffel Scholarships, Call for Applications", *Égide*, 2012 (www.egide.asso.fr/jahia/Jahia/lang/en/accueil/appels/eiffel).

[2] UK Foreign Commonwealth Office, "Chevening Scholarships", 2012 (www.Fco.gov.uk/en/about-us/what-we-do/scholarships/chevening/).

[3] *Study in Sweden*, "Swedish Institute Study Scholarships", 2012 (www.studyinsweden.se/Scholarships/SI-Scholarships/The-Swedish-Institute-Study-Scholarships/).

万全球卓越人才引进欧洲。① 这个劳动力项目宣布了欧洲在接下来的十年高级技能劳动力的急速短缺。CEDEFOP（欧洲职业培训发展中心）（2010）计划将会使高级技能人才从2010年的29%增加到2020年的35%；② 因此，比如像加拿大正在做的，对于"吸纳、培训和留住"高级技能员工在欧洲政策制定中是具有很高的优先地位的。

学生们出售自己

虽然学生们并不真正把他们自己卖给了大学，然而他们却把自己定位为被需要的教育产品。在这样的情境中，学生们体现出未经加工的材料或者教育容器的特有本质，在容器中，信息（知识）能被放入或者提取。国际学生进入那个市场出卖自己的技能和能力或者是他们的获得技能和能力的潜力。照此，他们在商业化的程序中，将自己市场化为原始产品出售，并试图把自己置于最有利的位置。

Choudaha、Orosz 和 Chang 根据学生的学术背景（高/低）和经济资源（高/低）把国际学生分成四组。按比例增减能够被构想出来，最受欢迎的学生能够协商获得精英项目的接纳（高/高），其余的是努力以求得被关注和被剩下的不那么具备挑选资格的学生（低/低）。一个学生属于哪一组也决定了他们怎样把自己出售给大学。那些高学术背景的学生强调他们的能力或者潜力，而那些有着强大经济资源的学生更可能强调他们为完成这个项目付全款的能力。③

然而，并不新奇的是，一种新的正在成长的趋势是，国际学生们雇佣第三方招聘人员和代理人来协助他们确保能在国外学校获得准入

---

① EurActiv 23 Network, "An EU Blue Card for High-Skilled Immigrants?" 2012 (www.euractive.com/en/socialeurope/eu-blue-card-high-skilled-immigrants/article – 170986).

② CEDEFOP, "Skills Supply and Demand in Europe: Medium-Term Forecast up to 2020", Luxembourg: Publications Office of the European Union, 2010, www.cedefop.europa.eu/EN/Files/3052_en.pdf.

③ Choudaha, Rahul, Kata Orosz, and Li Chang, "Not All International Students Are the Same: Understanding Segments, Mapping Behavior", New York: World Education Services, 2012 (www.wes.org/ras/downloads/NotAllInternationalStudentsAretheSame.pdf).

资格。①② 学生们（和家庭成员们）通常高度依赖第三方代理，帮助他们解读关于可获得的国外大学的过量信息和在选拔程序中指导自己。③ 代理人有时候被称为咨询师，通常受雇于学生以帮助准备申请材料、写附函、论文、提供练习测试和模拟面试来提高学生们的能力和潜力。亚洲的一些地方，尤其是中国、印度和韩国有着广泛的代理人网络，且是全世界大学主要的招募市场。

然而，国际上对在国际学生市场中使用代理人是有重大批评的。主要的批评是代理人引导学生进入与他们有经济关系的项目和大学，结果使得无学术和社会准备的学生（典型的是语言的精通）进入大学并引导他们留学仅仅是为了钱。④⑤ 一个对于使用付费代理人的引人注目的例子是美国州立部门禁止美国教育机构⑥与付费代理人形成合作关系，因为那样的招募缺乏客观性，并可能限制国外学生对学院的选择。⑦

虽然学生们目的在于以最好的方式展现自己，但是也曾有学生伪造文件的情形。在学生中，三种主要国际骗子的类型是从合法机构中伪造文件、使用或者购买假文凭（从学位证书工厂）以及抬高学生

---

① Altbach, Philip, "Agents and Third-Party Recruiters in International Higher Education", *International Higher Education* 62, 2011, pp. 11 – 14.

② Dessoff, Alan, "Recruiting's Brave New World", *International Educator* 18, 2009 (6), pp. 16 – 26.

③ Dessoff, Alan, "Recruiting's Brave New World", International Educator 18 (6), 2009, pp. 16 – 26.

④ Altbach, Philip, "Agerts and Third-Party Recraiters in International Higher Education", *International Migher Education* 62, pp. 11 – 14.

⑤ Dessoff, Alan, "Recruiting's Brave New World", *International Educator* 18 (6), pp. 16 – 26.

⑥ "Policy Guidance for Education USA Centers on Commercial Recruitment Agents", *Washington, DC: EducationUSA*, 2009 (www.educationusa.info/pdf/Policy_ Guidance_ for_ EducationUSA_ Centers.pdf).

⑦ Fischer, Karin, "State Department Issues Guidance on Student-Recruitment Agents", Chronicle of Higher Education, September 2, 2009 (http://chronicle.com/article/State-Department-Issues/48276/).

交流项目的教育意义。① 然而，学术界的骗子并不新鲜，国际骗子（特别是学生方面的）很难监控和评估，因为电子交流的便利跨越了边界和各种各样的交流文化和代理人（学院、社会、政府等）。总而言之，对于大学来说，辨别哪个学生的文凭是否合法是很困难的。

学生们购买教育

在全球化市场，学生们逐渐感觉到对"国际学位"的需要，并且愿意离开祖国去获得国际学位。国际学生十分关心获得合适的文凭和其他具体的特征，这最终将被转变为社会地位和经济资本。② 当一个学生在考虑出国留学时，他们面临许多选择。学位项目、费用、质量、学院类型、位置只是国际学生所做选择的其中的一部分考虑。Altbach 和 Knight（2007）把这称作"国外消费模式"，学生作为消费者为了特定的目的到另一个国家去接受教育。③ 按照普通经济学和人力资本术语，当一个学生购买了一种教育，这被看作一段时间后能给学生们带来利益的一项投资。④ 对于国际留学生来说，这个同样的原理也是适用的，因为国际学生会首先确定他们清晰的花费（包括旅行及住宿、饮食上的细小花费）和预期的收益（像高收入、语言能力的提高、文化意识的增强），以此作为做决定的前提。⑤

国际学生对教育提供者的选择，是基于他们对国外高等教育的知

---

① Tobenkin, David, "Keeping It Honest", nternational Educator 20, 2011 (1), pp. 32-42.

② Waters, Johanna, and Rachel Brooks, "Accidental Achievers? International Higher Education, Class Reproduction, and Privilege in the Experience of UK Students Overseas", British Journal of Sociology of Education 31, 2010 (2), pp. 217-228.

③ Altbach, Philip, and Jane Knight, "The Internationalization of Higher Education: Motivations and Realities", Journal of Studies in International Education 11, 2007 (3-4), pp. 290-305.

④ Throsby, Charles David, Financing and Effects of Internationalization in Higher Education: The Economic Costs and Benefits of International Student Flows, Paris: OECD Center for Educational Research and Innovation, 1998.

⑤ Ibid..

识和他们对教育提供者的价值的认知。总而言之，正如他们为国内学生所做的那样，国际学生的教育机会由社会地位决定。[①] 在招生决定方面，劳动力市场的回报通常是个关键的影响因素。国际学生对学位项目的选择常常与特定的事业和就业目标相联系。[②] 如此，对学位项目、学院、（国家的）高等教育系统的质量和声望的关注是国际学生做选择的关键动力，国际学生不仅关心学什么，还关心去哪里学。例如，在一项英国的关于学生出国留学攻读学士学位的研究中，美国常春藤联盟（地位高的大学）是学生们最普遍的目的地。[③]

但是经济原理并不是国际学生选择去哪里学习和学习什么的唯一考虑因素。在土耳其，来自西方和经济发达国家的国际学生考虑个人因素（如气候偏爱、城市/农村环境、语言能力等），而来自东方和发展中国家的留学生考虑经济和学术（如机构和程序的声望）原理。[④] 一项对于中国学生的研究表明，在香港学习的学生考虑学术、社会、文化、经济原因，在澳门学习的学生考虑经济、社会、文化和学术因素。总之，虽然国际学生用许多不同的原理来考虑去哪里学习和学习什么，但是他们所拥有的资本（经济、社会、人口特征等）是影响他们决定的最重要的因素。

结 论

在本章中被描述的概念模式，说明了在最初的国际留学生市场中参与者是如何相互影响的。总的来说，我们认为国际学生市场既满足学生对国际教育的需求，又是国家进入这个市场的根据。在学生们增

---

① Waters, Johanna, and Rachel Brooks, "Accidental Achievers? International Higher Education, Class Reproduction, and Privilege in the Experience of UK Students Overseas", *British Journal of Sociology of Education* 31, 2010 (2), pp. 217 – 228, doi: 10.1080/01425690903539164.

② Ibid..

③ Ibid..

④ Kondacki, Yasar, "Student Mobility Reviewed: Attraction and Satisfaction of International Students in Turkey", *Higher Education* 62, 2011 (5), pp. 573 – 592.

加他们人力资本的同时，国家投资于经济竞争策略。另外，现在的学生组成未来的劳动力，在资本主义市场经济中，劳动力仿佛被作为资本主义社会的商品用作市场交易。对于国际学生来说，知识、技能、产品和知识的应用使得他们成为具有吸引力的虚拟商品，[1] 因为他们（作为人类）原本并不是为市场而产生的。市场参与者对高等教育感兴趣，因为市场假定高等教育会为劳动力市场提供高质量的工人。私人企业想要购买学生们的人力资本，而国家代理机构通过从国际留学生市场中招募人才来增加直接对外投资创新系统的吸引力。国家把熟练劳动力[2][3][4]看作经济发展策略的关键因素。欧洲委员会（2011）的现代化议程是一个明显的例子，它声明到2020年欧盟还需一百万熟练工人（研究人员）以满足经济发展目标。它认为加强国际学生流动性项目和网络（研究人员和学生）是一种满足欧盟经济发展目标的方式。

国际留学生市场的参与是不对称的，并且这种模式不假定标准的位置，但是这个模式被设计来提供描述性的远景。富有的和说英语的国家主导了全球潮流。[5] 经济合作与发展组织发现，2010年有410多万学生在国外入学，数字表明比上一年增加了超过10%。[6] 但是国际学生在全球的分配显示77%的学生被国际经济与合作组织的国家录取了。按绝对值计算，最大数量的国际学生来自中国、印度和韩国。全球的留学生中，亚洲学生占52%。在给定的一年中，六个国家

---

[1] Polanyi, Karl, *The Great Transformation*, New York: Beacon, 1944.

[2] Carey, Kevin, "Breaking the Mold: New Approaches for Higher Education in Tough Economic Times", Briefing Paper, Washington, DC: National Governors Association, 2011.

[3] European Commission, *Europe 2010: A Strategy for Smart, Sustainable, and Inclusive Growth*, Brussels: European Commission, 2010, European Commission, *Supporting Growth and Jobs: An Agenda for the Modernization of Europe*, Brussels: European Commission, 2011.

[4] World Bank, *China 2030: Building a Modern, Harmonious, and Creative High-Income Society*, Washington, DC: International Bank for Reconstruction and Development, World Bank, and Development Research Center of the State Council, P. R. China, 2012.

[5] Marginson, Simon, "Global Position and Position Taking: The Case of Australia", *Journal of Studies in International Education* 11, 2007 (1), pp. 5–32.

[6] Organization for Economic Co-operation and Development, *Education at a Glance 2011: OECD Indicators*, Paris: OECD, 2011.

(澳大利亚、加拿大、法国、德国、英国和美国)容纳了世界半数的留学生。这种分层指向了学术资本主义,并且表明有许多学生、学术科目(不包括科学、技术、工程和数学)、大学和国家正在被落在后面。例如,Slaughter 和 Cantwell(2012)指出,在竞争国际学生的过程中,小国家远比大国家困难。[1]

在新经济时代,富有的国家和发达国家繁荣昌盛并有更多的资源区进行国际化的投资,这并不令人吃惊。Huang(2007)说发达国家在国际化策略中更具创业精神这种奢侈品,而发展中国家更依靠发达国家。[2] 国家的资本模式也影响着政府选择实施的国际化策略的类型。[3] 例如,因为英国是基于市场保护的资本主义模式,它是参与国际学生市场并在其中竞争的发起国家之一。再如像中国和日本这样的国家,它们的资本模式不同,导致了它们实施追赶发起人的策略。[4][5] 在国际留学生市场,有些国家没有能力(资源、基础设施等)竞争并吸引国际学生,导致国内人才流失并被迫引进人才,当一个国家的高等教育系统对另一个国家的人民产生影响时,国际化的外部效应就出现了。[6] 好的外部效应包括穿越界限的研究和知识潮流,使得世界联系更紧密,也给引进全球化人才的国家带来了

---

[1] Slaughter, Sheila, and Brendan Cantwell, "Transatlantic Moves to the Market: Academic Capitalism in the United States and European Union", *Higher Education* 63, 2012 (5), pp. 583 – 603.

[2] Huang, Futao, "Internationalization of Higher Education in the Era of Globalization: What Have Been Its Implications in China and Japan?" *Higher Education Management and Policy* 19, 2007 (1), pp. 1 – 16.

[3] Graf, Lukas, "Applying the Varieties of Capitalism Approach to Higher Education: Comparing the Internationalization of German and British Universities", *European Journal of Education* 44, 2009 (4), pp. 569 – 585.

[4] Graf, Lukas, "Applying the Varieties of Capitalism Approach to Higher Education: Comparing the Internationalization of German and British Universities", *European Journal of Education* 44, 2009 (4), pp. 569 – 585, doi: 10.1111/j.1465 – 3435.2009.01401.x.

[5] Huang, Futao, "Internationalization of Higher Education in the Era of Globalization: What Have Been Its Implications in China and Japan?" *Higher Education Management and Policy* 19, 2007 (1), pp. 1 – 16, doi: 10.1787/hemp – v19 – art3 – en.

[6] Marginson, Simon, "Global Position and Position Taking: The Case of Australia", *Journal of Studies in International Education* 11, 2007 (1), pp. 5 – 32.

利益。但是，有好的一面，也会有坏的一面。坏的外部效应包括人才流失，其中人才流出的国家失去了全球化人才，而人才输入了其他的人才流入国家。

高等教育机构通常被看作社会地位的产生和定位的主要行动者，[1] 这就是高等教育商品化的主意吸引了许多人的原因之一。很明显，高等教育机构不仅能够提供具有使用价值和交换价值的产品和服务，并能为潜在的购买者标记价值。关于国内学生的教育选择、入学和成就的研究通常使用资本概念，同样的概念也可以应用于国际学生。[2] 在我们对国际留学生市场的分析中，资本对于参与市场的重要性是显而易见的。学生们必须拥有教育产品的知识（社会的），理解教育产品的价值（经济的和文化的），并拥有参与的学术资格（信息）。对于大学和政府来说，声望或品牌（文化的）和财务（经济的）决定了谁能成功地参与市场。总而言之，一个学生、大学或政府拥有越多的资本资金，就越能更好地参与市场。但是参与市场是要付出代价的。[3] 换句话说，大学不得不投资于收集信息、做广告、市场化和其他活动以吸引潜在的学生来就读。这就是积极参与国际留学生市场的大学们倾向于增加雇佣非学术性员工的原因之一。另一方面，国际学生市场把学生转变成为消费者。学生们的消费意识导致他们减少了对学识和不愿意被评价的责任。[4] 它把学习转变成了一种包括吸收、消化、再产信息的一系列程序，这些程序之间是无关联的、简短和成套的。

在这一章中，我们认为国际留学生市场组成了社会上的一个斗争

---

[1] Marginson, Simon, "Competition and Markets in Higher Education: A 'Glonacal' Analysis", *Policy Futures in Education* 2 (2), pp. 175-244.

[2] Waters, Johanna, "Geographies of Culture Capital: Education, International Migration and Family Strategies between Hong Kong and Canada", *Transactions of the Institute of British Geographers* 31, 2006 (2), pp. 179-192.

[3] Sayer, Andrew, *Radical Political Economy: A Critique*, London: SAGE, 1995.

[4] Naidoo, Rajani, Avi Shankar, and Ekant Veer, "The Consumerist Turn in Higher Education: Policy Aspirations and Outcomes", *Journal of Marketing Management* 17, 2011 (11-12), pp. 1142-1162.

和竞争激烈的有结构性的领域，并且实现了高等教育机构、国家、国际组织、超民族实体和公司之间的联合。在这个分层市场，高等教育机构之间互相竞争，并一定程度上根据它们在国际市场上的不同位置使用不同的策略来吸引最好的和最聪明的人才。主权国家和超民族政治组织通过提供激励和补贴给高等教育产业来吸引国际学生，留住最优秀的人才或把他们招募回祖国。公司也通过雇用处于或度过变动时期的学生来竞争优秀人才。国际学生竞争著名大学和项目的奖学金、入学名额，这常常是由学生所拥有的资本所决定（例如社会的、文化的和经济的）。

国际留学生市场根本上是关于人才、资本和知识的跨区域流动。例如，国际留学生市场整合不同国家的代理人、大学和学生于同样不均匀的系统，与此同时，说民族的和跨民族的学术资本是可能的。这一章说明，当我们在全球化和知识经济的背景下研究学术资本时，国际留学生市场可以被看作某种现象出现的经验标识，这允许我们超越民族主义来流动。

译者后记

自 2014 年在第一时间得知本书由约翰·霍普金斯大学出版社（Johns Hopkings University Press）出版后，我就开始和中国社会科学出版社王琪老师联系出版译著事宜。因为我在美访学期间，就知道本书在希拉·斯劳特教授的策划和推荐下，美国学者布莱登·坎特维尔和芬兰学者伊尔·科皮伦组织了多国研究学术资本主义理论的高等教育学领域的专家在编著此书。他们都热切地希望这些最新的研究成果能早日与中国读者见面，而我也坚信这本书国际化的研究视野必将推动我国高等教育的理论研究和实践活动。

本书的翻译断断续续地持续了两年的时间，让我深刻地体会到了翻译工作的不易。为了使译文能够忠于作者的本意和表达出文章的精髓，我在翻译每一篇文章时，都会尽量去查阅和了解相关的背景知识。对于文中的专业术语，更是反复阅读、仔细琢磨，有时还不得不发邮件请教，而本书的编著者总是在第一时间耐心细致地回复。那一封封深夜发出的邮件，记载着这段艰辛却又收获颇丰的翻译历程。

本书能够顺利完成并付诸出版，还得益于中国社会科学出版社的编辑王琪老师的辛勤付出。王老师对译稿进行了认真的审阅，从译文的文字表达到格式规范都一一批注指正，督促着我对译文逐字逐句地认真推敲，不断地完善译文的质量。

感谢武汉大学教育科学研究院的王鑫、李瑞君和吴玉琼等 2014 级和 2015 级的硕士研究生们，她们协助我编排了本书的注释、参考

译者后记

文献及进行了其他繁琐的基础性工作。感谢我的同事王郢博士的支持。

本译著作为武汉大学人文社会科学青年学者学术团队建设计划的成果之一，受到了武汉大学人文社会科学研究院的资助。

由于译者的能力有限，译文难免存在着一些瑕疵，恳请读者朋友不吝批评指教。

殷朝晖

2018 年元月